Las 13 Tareas Fundamentales

Un Enfoque Inverso para Resolver Más Delincuencia con armas de fuego

por

Pete Gagliardi

Este libro está dedicado a todas las víctimas de violencia con armas de fuego y sus familias, todos los hombres y mujeres agentes de policía, los científicos forenses, fiscales, y personal de tribunales y correccionales que están en al frente, que tratan con criminales armados y las secuelas de sus actos violentos; a todos los administradores públicos, funcionarios que diseñan las políticas, y negocios del sector privado que apoyan a quienes están al frente brindando la guía, recursos, y herramientas necesarias para enfrentar los delitos violentos; y por último, pero no por ello menos importante, a cada uno de nosotros que aspira a una forma de vida más pacífica y justa.

Índice

Agradecimientos

Gracias a las múltiples agencias y profesionales de las fuerzas de seguridad y forenses que marcan el camino en el diseño e implementación de las mejores prácticas descritas en este libro. Gracias a los investigadores cuyo trabajo se destaca aquí. Gracias a los hombres y mujeres de Forensic Technology cuya dedicación a la innovación ha llevado a la introducción de nuevas y revolucionarias herramientas para los cuerpos de seguridad.

Gracias al Grupo de Trabajo para el Desarrollo de las 13 Tareas Fundamentales: Dr. Anthony Braga, Universidad de Harvard; Cresha Cason, Patty Xenos, Mike McLean, Forensic Technology ; Catherine Doherty, Departamento de Policía de Boston; Michelle Kuehner, Oficina del Forense del Condado de Allegheny; John O'Neil, los hombres y mujeres de Forensic Technology ; and Dr. Glenn Pierce, Universidad el Noreste.

Forensic Technology también quisiera agradecer las contribuciones del Departamento de Justicia de los E.U., el Departamento de Alcohol, Tabaco, Armas de Fuego y Explosivos, el Departamento de Policía de Boston, el Departamento de Policía de Nueva York, el Departamento de Policía de Los Ángeles, la SKL - Kriminaltekniska de Suecia, la Kriminalpolitisentralen de Noruega, la Rigspolitichefen de Dinamarca, el Servicio Policial Sudafricano, la Fuerza Policial de Gales del Sur, y los muchos otros que nos han ilustrado a lo largo de camino.

Gracias especiales a Dale Armstrong, Bill Casey, Laurie Van Deusen, Wayne Hoffman, Ed Jachimowicz, Pat Maney, al equipo NIBIN, Virginia O'Brien, Nannette Rudolf, Alex D'Atri, Chris Sadowski, Jim Stephenson, Neil Van Niekerk, y John Ward por los comentarios y acciones en apoyo del concepto de Protocolos Regionales para Armas Criminales.

Este libro nunca hubiera sido posible sin el apoyo y ayuda de Patrick Doyon, Andre Demers, Marlene Reed, y Anthony Gagliardi.

Finalmente, gracias a Robert Walsh y René Bélanger de Forensic Technology , cuya generosidad nos permitió imprimir y distribuir esta publicación sin costo alguno.

Agradecimientos

Lo que la Gente Dice Acerca de Las 13 Tareas Fundamentales

"Si a usted le interesan en algo las armas y el delito, tiene que leer el nuevo libro de Pete Gagliardi. No sólo lo ponga en el librero. Léalo. Léalo una y otra vez hasta que necesite uno nuevo. Gagliardi escribe con un estilo cautivador y presenta claramente todo lo que se necesita saber acerca de la mecánica y soluciones para investigar la delincuencia con armas de fuego. Aunque se abstiene de enredarse en los problemas sociales de delitos y control de armas—con buena razón—este libro debe ser leído por quienes lo hacen. Demasiada gente que se preocupa por ese aspecto y que se jacta de ser "experta" en realidad no sabe virtualmente nada acerca de los detalles escabrosos de la delincuencia con armas de fuego y cómo los verdaderos detectives los resuelven. Si cinco estrellas es lo máximo, ¡a este libro le doy un diez!"—Tom Diaz, Escritor

---

"Este libro demuestra el extraordinario potencial de la tecnología balística para resolver delitos. Un arma de fuego en las manos de un delincuente es una potente fuerza destructiva, al mismo tiempo que la misma arma de fuego puede ser también el talón de Aquiles que exponga al criminal a su detección, arresto y condena. La plena utilización de las herramientas y mejores prácticas identificadas en este libro también debiera convertirse en la materia esencial para la creación profesional de políticas que haga a nuestras comunidades más seguras al tener a criminales armados en la mira."—Bradley Buckles, Ex director– Departamento de Alcohol, Tabaco, Armas de Fuego y Explosivos (ATF)

"Miles son asesinados por disparos cada año y cientos de miles más son amenazados o lesionados en robos y ataques. En *Las 13 Tareas Fundamentales*, Pete Gagliardi presenta un práctico conjunto de ideas, apoyadas con ejemplos del mundo real, que pueden ayudar a las ciudades a tratar con sus problemas de delincuencia con armas de fuego hoy en día. Muestra claramente que el daño causado por delincuentes armados puede paliarse a través de la recolección y análisis exhaustivos de información de armas criminales, y logrando un equilibrio en la gente, procesos y tecnologías que se movilicen para aprehender a delincuentes armados reincidentes. Este libro es obligatorio para oficiales de las fuerzas del orden público de todas partes."—Dr. Anthony A. Braga, Universidad de Harvard

Acerca de Este Libro

Este libro habla de reducir la violencia asociada con armas de fuego.

Habla de exponer al **delincuente armado** que disparó su arma ayer, la disparó nuevamente hoy, y muy probablemente la disparará mañana.

Habla de desarrollar mejores formas de identificar a delincuentes armados que hacen un mal uso de las armas y dañan a otros, para que puedan ser llevados ante la justicia y aislados de las comunidades que asedian.

Este no es un libro sobre los motivadores sociales o económicos de delitos violentos. Al reconocer que la sociedad debe trabajar para encarar las causas sociales subyacentes de los delitos violentos, debe mientras tanto perseguir incansablemente a cada delincuente armado que se haya involucrado en un acto violento.

La intención de este libro es compartir la experiencia y pericia de casi 40 años del autor en los campos de investigación de armas de fuego y tecnología balística.

La sincera esperanza del autor y de Forensic Technology, el editor independiente, es que los demás quienes estén interesados en mejorar la forma en que se investigan la delincuencia con armas de fuego pueda beneficiarse de la información de este libro y del ahorro en tiempo al no tener que repetir los pasos de autor.

The 13 Critical Tasks

Este libro defiende el punto de vista presuntivo en la investigación de delitos que involucran el mal uso de armas de fuego, y hace un llamado a la acción.

La información de este libro se basa en una combinación de lecciones personales aprendidas y las mejores prácticas desarrolladas por otros. El valor del libro se desprende de la singular oportunidad que el autor y el editor independiente han tenido para recolectar información a partir de su interacción casi cotidiana con los más destacados expertos en el cumplimiento de la ley y forenses de todo el mundo.

Este libro se centra en asumir el "punto de vista presuntivo" en la investigación de delitos que involucran el mal uso de armas de fuego. Este enfoque supone que cada arma de fuego genera información que, al manejarse correctamente, puede ser de valor significativo para ayudar a resolver delitos con armas de fuego. El libro enfrenta este complejo tema dividiéndolo en una serie de tareas ordenadas lógicamente que involucran gente, procesos y tecnología. Cada tarea se explica en términos de por qué es importante, lo que conlleva, y cómo otros la están implementando de forma más eficiente y efectiva.

Si bien se requiere un entendimiento de todas las áreas para implementar por completo un programa integrado y sustentable para la reducción de la delincuencia con armas de fuego, este libro se diseñó para ser una consulta flexible y accesible para aquellos lectores interesados en sólo una tarea o un grupo de tareas en particular. Ya que este libro pudiera no leerse necesariamente en secuencia—tal como se lee un capítulo tras otro en una novela—cierta información se repitió en varios capítulos para lograr una comprensión más clara.

Prólogo

El joven agente del ATF[1] había estado trabajando más o menos cuatro años cuando aprendió una lección que cambiaría para siempre la forma en que veía los delitos. Este cambio alteró la forma en que abordaba la labor de su vida y, aún más importante, ayudaría más tarde a conformar la manera en que se investigan los delitos con armas de fuego en todo el mundo. El paradigma que él ayudó a cambiar, aún se usa hoy en día—30 años después.

No fue tanto una epifanía, sino más bien una serie de lecciones en aumento aprendidas durante el transcurso de la investigación de un asesinato no muy común que ocurrió en New Haven, Connecticut, en 1980.

El tiroteo sucedió una noche de viernes, como dos semanas antes de Navidad. La víctima, Perry Farnham, era un hombre que había estado cooperando con la policía. En Hamden, una ciudad contigua a New Haven, la policía investigaba el robo de más de medio millón de dólares en aceite para calefacción doméstica. Farnham operaba un negocio de limpieza ambiental ubicado junto al puente de la Calle Ferry. Un empleado que regresaba ya tarde de limpiar un derrame de aceite lo encontró muerto sobre el piso de concreto en el muelle de carga del garaje—su cuerpo yacía junto a uno de los camiones cisterna estacionados.

Nadie vio a quienes dispararon, pero había muchas evidencias físicas: balas disparadas y casquillos. Se recuperó una serie de balas de una de las paredes del muelle de carga del garaje y después se extrajeron más del cuerpo de Farnham durante la autopsia. Casquillos disparados cubrían el piso del muelle de carga del garaje y también se recolectaron. Nada de esto era particularmente inusual, dadas las circunstancias.

Las muestras, incluyendo los casquillos sobre el piso, se enviaron a Balística para hacer peritaje. Ahí, peritos examinarían las singulares marcas que dejaron los componentes recuperados de las municiones disparadas.

---

[1] Siglas en ingles del Departamento de Alcohol, Tabaco, Armas de Fuego y Explosivos, E.U.

Cuando las municiones se descargan, sus componentes—balas y casquillos—entran en contacto extremo con algunas de las superficies internas del arma. La naturaleza del contacto es tal, que las marcas que quedan en ciertas partes dentro del arma durante el proceso de fabricación se imprimen sobre las superficies de las balas y casquillos disparados.

Para la mañana siguiente, empezó a llegar una enorme cantidad de información de la Unidad de Balística. Elaborando opiniones a partir exclusivamente de los peritajes de las balas y casquillos disparados, los peritos en balística pudieron decir a los detectives que el arma homicida era muy probablemente una pistola de Industrias RPB, modelo SM-10, .45 Auto/ACP—pariente semiautomática de la ametralladora totalmente automática MAC 10. La pistola RPB podía convertirse fácilmente en una ametralladora y mucha gente sabía cómo hacerlo; con sencillas herramientas manuales y unas cuantas modificaciones, el arma podría hacer una ráfaga automática con un simple jalón del gatillo. Este hecho, aunado a una foto de la escena del crimen que ilustraba el revelador patrón rápido y violento de los agujeros de bala en la pared del muelle de carga del garaje, incitó el interés del joven agente del ATF.

El experto en armas de fuego del ATF en Washington, D.C. añadiría una interesante pieza al rompecabezas: a partir del patrón del estriado de las balas, se concluiría que el arma homicida era una de aproximadamente 3 mil que habían sido fabricadas desde que Industrias RPB empezó a usar un nuevo diseño para la configuración del barril, tan sólo tres meses antes del tiroteo. Esta útil información fue el motivador de la estrategia de investigación para tratar de identificar todas las pistolas RPB, modelo SM-10, .45 Auto/ACP con el nuevo diseño de barril que habían ingresado al estado de Connecticut. Después de todo, las probabilidades no eran tan adversas; se fabricaron 3 mil armas y, con 50 estados, ¿exactamente cuántas podían haber sido posiblemente vendidas al público en un pequeño estado como Connecticut? De ser necesario, el siguiente paso estratégico hubiera sido ampliar la búsqueda hacia afuera, desde Connecticut hacia los demás estados.

Ese paso nunca se llevó a cabo.

Lo bueno acerca de una agencia federal como el ATF es que tiene oficinas estratégicamente ubicadas por todo Estados Unidos, así como en otros países. Lo mejor del ATF es que tiene varios investigadores sobresalientes trabajando en esas oficinas.

El ATF y los detectives del Departamento de Policía de New Haven lanzaron una "solicitud de investigación colateral" para indagar los registros del distribuidor primario de Industrias RPB, situado en Georgia. La solicitud de ayuda llegó a la oficina de ATF en Atlanta, no lejos de donde se localizaba el principal distribuidor. En cuestión de días, los detectives tuvieron una respuesta a su pregunta "¿cuántas armas del tipo que se usó en el asesinato de New Haven podrían haberse enviado a Connecticut?" La respuesta era tres—y todas al mismo distribuidor de armas.

El joven agente del ATF y un detective del Departamento de Policía de New Haven visitaron al distribuidor de armas y pudieron identificar a los tres compradores de las armas en cuestión, basándose en la información contenida en el exterior de las armas: marca, modelo, y número de serie.

En un punto durante la investigación, un compinche trató de tranquilizar al otro diciéndole que no podrían ser atrapados. Mientras trataba de probar su alegato de que la policía no tenía ninguna pista, dijo durante una conversación que fue monitoreada y grabada electrónicamente: **"no tienen nada—todo lo que tienen son algunos casquillos sobre el piso"**. Esa podría haber sido la actitud de ciertos criminales hacia las capacidades de la ciencia forense de la policía en 1980—pero demostraría ser un gran error de cálculo aún entonces.

La lección aprendida aquí fue abordar cada delito cometido con un arma suponiendo que cada arma homicida y pieza de muestra balística pueden brindar información útil de valor táctico y estratégico para la resolución de delitos.

Algunos pudieran calificar como obvia esta lección aprendida unos 30 años atrás. Quizás, pero ¿por qué algo tan obvio aún sigue sin hacerse o desorganizado en la mayoría de las ciudades alrededor del mundo hoy en día?

Sin duda alguna, las agencias policiales y forenses que asumen este punto de vista presuntivo están entre las más exitosas al enfrentar delitos violentos asociados con armas de fuego.

El Punto de vista presuntivo: Cada Arma Homicida Tiene una Historia que Contar

¿Por Qué se Necesita el Punto de vista presuntivo?

La violencia asociada con armas de fuego es a menudo cíclica y repetitiva. El Profesor de Harvard Anthony Braga, quien ha realizado una gran cantidad de investigaciones en esta área, dijo recientemente: "Las pandillas callejeras tienden a verse atrapadas en ciclos de represalias. Un tiroteo o un homicidio tiende a engendrar una serie de homicidios..."[2]

Este tipo de violencia repetitiva tiene graves consecuencias sociales en términos de sufrimiento humano y el miedo que genera entre quienes viven a su alcance. También tiene el drástico impacto económico en términos del costo del delito para la sociedad en general y, más específicamente, sobre la estructura socioeconómica del vecindario afectado. El hecho es que la gente evita hacer negociaciones y socializar en áreas donde se reporta que la violencia con armas de fuego es frecuente.

Los reportes de todo el mundo son todos muy similares en cuanto a la creencia de que los delitos que involucran el mal uso de armas de fuego van en aumento, particularmente los que involucran a jóvenes que sienten que se les falta al respeto "en la calle" y pandillas criminales que operan más allá tanto de las fronteras regionales como nacionales.

¿Qué es el Pronóstico?

Debe implementarse un equilibrio de distintas soluciones que vayan desde atender las causas sociales y económicas subyacentes hasta mejorar el

---

[2] Entrevistado por Molly el 21 de marzo de 2006.

sistema de justicia criminal y fuerzas del orden público. La finalidad de este libro es delinear dos puntos que son esenciales para estas soluciones:

- Pude extraerse información valiosa de las armas homicidas y muestras asociadas para uso de las fuerzas del orden público.

- Existen gente, procesos y soluciones tecnológicas disponibles para ayudar a sustentar la producción de información útil a partir de estos datos, lo cual puede ayudar a la policía para resolver y evitar delitos asociados con armas.

The 13 Critical Tasks

Definición: El punto de vista presuntivo hacia la investigación de delitos que involucran armas de fuego supone que hay una abundancia de datos tanto dentro (la cual se transfiere a las balas y casquillos) como fuera de cada arma homicida. Al aprovecharse al máximo en su totalidad, estos datos pueden usarse para generar información útil de valor táctico y estratégico para la resolución de delitos.

Hoy en día existe tecnología valiosa para la resolución de delitos. Por ejemplo, los sistemas automatizados de identificación balística, como **IBIS®**[3], pueden ayudar a la policía a procesar un arma de fuego que haya sido decomisada justificadamente durante la detención rutinaria de un auto hacia una serie de delitos previos. Las balas disparadas y casquillos recolectados en la escena de un crimen pueden asociarse a una serie de delitos anteriores. La policía puede entonces combinar y apalancar las piezas de información que se conozcan sobre cada delito. Con más "piezas del rompecabezas" en la mano, la policía puede tener una imagen más clara de lo que sucedió, ayudándoles a encontrar a un sospechoso más rápidamente. Los sistemas automatizados de identificación balística se han estudiado cuidadosamente y han comprobado proveer un servicio valioso para ayudar a resolver delitos asociados con armas, particularmente

---

[3] Sistema Integrado de Identificación Balística, creado por Tecnología Forense.

delitos que carecen de sospechosos o de pistas. Al interrelacionarse, estos sistemas permiten la búsqueda rápida de múltiples bases de datos de balística por todas las jurisdicciones locales, regionales e internacionales, ayudando a generar pistas que de otra forma hubieran quedado sin descubrir.

Otro ejemplo son los sistemas para gestionar la información de armas de fuego, que se usan para rastrear el ciclo vital de un arma de fuego. Estos sistemas permiten a la policía rastrear el historial de un arma homicida. Conocido comúnmente como "rastreo de arma homicida", este proceso de rastreo puede suministrar pistas a los investigadores que ayuden a identificar a delincuentes armados y traficantes de armas de fuego. También ayuda a la policía y a quienes diseñan políticas a identificar con exactitud patrones y tendencias en mercados ilegales de armas, con el fin de diseñar nuevas estrategias y tácticas para las fuerzas del orden público.

De la experiencia práctica una cosa es clara: a menos que se pueda recolectar y analizar información precisa sobre el mal uso delictivo de armas de fuego por toda una ciudad, estado, provincia o país, no podremos empezar a aplicar tácticas efectivas para la aplicación de la ley y diseñar nuevas estrategias para enfrentar el problema. Sin esta información crítica reunida de forma oportuna, estamos destinados a usar ineficientes procesos de trabajo que den como resultado recursos mal orientados y desperdiciados. Sin información oportuna de la cual podamos generar inteligencia útil, nos quedaremos con los ojos vendados, con una mano atada a nuestras espaldas.

Con testigos que generalmente se muestran reacios a ofrecerse en casos de tiroteos—especialmente los asociados con pandillas—lo más importante para la policía es tener información útil sobre la cual pueda actuarse.

¿Qué Información Hay Disponible para Resolver Delitos con Armas de Fuego?

Generalmente, la información cae en dos categorías generales: la asociada con delitos y la no asociada con delitos.

La información asociada con delitos desencadena el momento en que el arma de fuego es obtenida ilegalmente o se usa para cometer un delito. Incluye los componentes de las municiones disparadas—las balas y casquillos descargados durante la comisión del delito. La información asociada con delitos también incluye otros datos forenses, tales como

ADN, huellas digitales, y cabellos y fibras que pueden ayudar a la policía identificar al poseedor ilegal del arma.

La información no asociada con delitos se recolecta conforme a la ley en el transcurso del comercio controlado asociado con la fabricación, distribución, venta, y transferencia de armas de fuego. Históricamente, quienes diseñan políticas han visto los controles normativos como un medio para prevenir o minimizar el mal uso de las armas de fuego. Los sistemas normativos que apoyan estos controles recolectan una enorme cantidad de información que también puede ser de valor significativo para la policía en el desarrollo de tácticas y estrategias para enfrentar delitos asociados con armas.

The 13 Critical Tasks

La ley tiene la capacidad para acceder de forma legal y eficiente a esta información no asociada con delitos que suministre la capacidad para rastrear el historial de transacciones legales en lo que comúnmente se conoce como un rastreo de arma en cumplimiento de una investigación de delito

Los agentes de la ley tienen la capacidad para acceder de forma legal y eficiente a esta información no asociada con delitos que suministre la capacidad para rastrear el historial de transacciones legales en lo que se conoce comúnmente como un rastreo de arma en cumplimiento de una investigación de delito. Sin embargo, una vez que se ha llevado a cabo el rastreo, ésta información cae entonces en la categoría de información asociada con un delito y debe gestionarse de forma eficiente y efectiva a fin de que sea de valor táctico o estratégico para las fuerzas del orden público en investigaciones asociadas con armas.

Algunos países también están tomando medidas para capturar datos de balística de armas no asociadas con delitos como parte del proceso normativo de armas de fuego. Estos datos se convierten en un identificador adicional a correlacionarse con la demás información no asociada con delitos que se requiere en el transcurso normal del comercio legal de armas de fuego.

¿Dónde Está la Información?

La información se encuentra en dos lugares: dentro del arma y fuera del arma.

Del interior del arma hay datos de balística en forma de singulares marcas que las partes funcionales internas de un arma dejan en los componentes de las municiones disparadas.

Del exterior hay datos de identificación en la forma de marca, modelo, y número de serie, que pueden usarse para rastrear el historial de transacciones del arma. Por ejemplo, cada arma que se fabrica en los E.U. desde 1968, debe llevar por ley cierta información de identificación que esté visible en el exterior, como el nombre y ubicación del fabricante y un número de serie que sea único. Además, los fabricantes y distribuidores de armas deben mantener ciertos registros que documenten sus transacciones de compras y disposición de armas en el transcurso regular de sus negociaciones. Al llevar a cabo lo que se llama un rastreo de arma homicida, la policía puede rastrear el historial de un arma homicida recuperada, siguiendo en orden inverso la "ruta en papel" de transacciones de armas de fuego desde el día en que se fabricó el arma hasta su primer venta al público.

Además, otros datos forenses valiosos, tales como ADN, huellas digitales, y evidencia de rastros, que pueden ayudar a la policía para identificar al poseedor del arma, pueden hallarse sobre las áreas de superficie de contacto del arma de fuego y componentes de las municiones.

¿Cómo Puede la Información Ser de Valía, Tanto Táctica Como Estratégicamente?

Para fines de esta exposición, información táctica por lo general se considera como información que se genera en el corto plazo, que tiene relación y valor inmediatos con un evento particular o una serie de eventos asociados.

Información estratégica por lo general se entiende aquí como información que se recolecta en el largo plazo, que puede usarse para identificar patrones y tendencias para fines de cuantificación y objetivación, toma informada de decisiones y alineación de recursos.

La información desde dentro y fuera de un arma puede tener valor táctico para la resolución de delitos. Por ejemplo, datos balísticos desde dentro del arma pueden asociar el arma del miembro de una pandilla a un delito o serie de delitos.

También puede asociar delitos en los que se usó la misma arma de fuego de forma tal que la policía pueda apalancar la información que se conozca sobre cada delito para generar pistas adicionales de investigación.

Las datos de rastreo de armas homicidas desde fuera del arma, tales como el número de serie, pueden usarse tácticamente para ayudar a la policía para identificar al primer comprador legal del arma de fuego, lo cual puede a su vez llevarlos a la persona que hizo mal uso de ella en un acto delictivo. También puede usarse estratégicamente para identificar patrones y tendencias en los mercados de armas homicidas. Datos de ADN y huellas digitales del exterior del arma pueden ayudar a la policía para identificar al poseedor real cuando exista más de una posibilidad. Por ejemplo, piense en la detención policial común de un vehículo en que un arma criminal se decomise de debajo del asiento de un auto en el cual viajan cuatro personas. La pregunta es: ¿Quién estuvo realmente en posesión del arma—uno, dos, o los cuatro? Obviamente, esta información es importante para sustentar una condena cuando la posesión del arma de fuego sea ilegal. Sin embargo, si los datos balísticos llegaran a asociar el arma con un asesinato previo, la respuesta a la pregunta de la posesión adquiere un nivel aún mayor de importancia.

En capítulos posteriores se comentará este tema de la información táctica y estratégica de valía que se reunió al emplear el punto de vista presuntivo.

Consideraciones Clave

- Asegúrese que haya una estructura normativa para armas de fuego implementada en cualquier nivel de gobierno por medio de la cual se registre la información sobre el comercio legal de armas de fuego y que esté accesible a las autoridades legales para el rastreo de armas homicidas.

- Piense si las fuerzas del orden público y forense tienen la capacidad para recolectar y procesar toda la información disponible asociada y la no asociada con delitos de dentro y fuera del arma, tales como balística, redes de balística, ADN, huellas digitales, cabellos, fibras, evidencia de rastreo, y registros de transacciones de armas de fuego.

- Determine si hay protocolos y procesos eficientes y vigentes implementados para recolectar, gestionar, y compartir la información entrante y saliente de forma sustentable y legalmente apropiada.

- Piense si los procesos que se han implementado están institucionalizados en todos los niveles de las organizaciones afectadas.

- Piense hasta qué grado se ha usado el punto de vista presuntivo. Como mínimo, debe hacerse un rastreo electrónico de armas homicidas y pruebas automáticas de balística.

- Determine si la información generada a través del punto de vista presuntivo se está usando tanto para fines tácticos como estratégicos.

Resumen

<u>Lo Más Importante</u>: Usar el punto de vista presuntivo en la investigación de delitos que involucren armas de fuego. Supone que hay una abundancia de datos dentro y fuera de toda arma homicida. Al aprovecharse al máximo, estos datos pueden usarse para generar información útil de valor táctico y estratégico para la resolución de delitos.

<u>El Paso Siguiente:</u> El siguiente capítulo habla del papel importante que la tecnología puede jugar para ayudar a sustentar el punto de vista presuntivo y generar beneficios sustanciales para la resolución y prevención de delitos.

2 Chapter

La Tecnología Ayuda a Sustentar Procesos

¿Por Qué Adoptar y Adaptar?

Las partes interesadas deben adoptar y adaptar a fin de brindar a la gente las herramientas necesarias para ayudar a aumentar la eficiencia y efectividad, así como sustentar procesos.

La gente siempre será el motivador principal de cualquier solución para reducir la delincuencia. Sin embargo, la gente puede hacerse más eficiente y efectiva a través del uso de buenos procesos apoyados en la tecnología.

Piense en la ciencia de hacer peritaje de armas de fuego o, como algunos le llaman, balística forense. Uno de los procesos clave en el punto de vista presuntivo de la investigación de armas homicidas es el peritaje forense del arma de fuego con la finalidad de aprovechar al máximo los datos balísticos que se generen desde dentro del arma.

Durante los últimos 80 años, la policía ha dependido de la balística forense para asociar las balas y casquillos disparados entre sí, y con las armas homicidas que hubiera bajo custodia policial. La teoría comprobada en tribunales ha permanecido sin cambio durante casi 80 años: cada arma deja marcas microscópicas singulares sobre el área de superficie de las balas y casquillos disparados. Los peritos usan microscopios de comparación para cotejar estas marcas, tratando de identificar similitudes que las asocien positivamente entre sí, concluyendo posteriormente que los componentes de las municiones se dispararon desde la misma arma.

Sin embargo, hasta hace 15 años, el proceso de hacer peritaje de muestras balísticas era una tarea que llevaba mucho trabajo y tiempo.

Sólo los peritos en balística podían llevar a cabo análisis, y el trabajo era a menudo de naturaleza reactiva. Normalmente involucraba una situación en la que la policía tenía una víctima de impacto de bala, un sospechoso, un arma delatora. El trabajo del perito en balística era validar si la bala extraída de la víctima había sido disparada desde el arma delatora que se encontró en la mano del sospechoso, y prepararse para atestiguar ese hecho en el tribunal.

La naturaleza proactiva de la disciplina de balística estaba en cierta forma limitada por la naturaleza del trabajo, el cual incluye infinitas combinaciones de marcas microscópicas que desafiaban la capacidad humana de memorización. Ocurría, de vez en cuando, que un perito en balística recordaba una marca particular o serie de marcas que se distinguían de las demás por alguna razón, pero esto era más una excepción que la regla. Más frecuentemente, el uso proactivo de la disciplina involucraba presentimientos. Por ejemplo, un detective que acababa de recuperar un arma de un sospechoso tenía el presentimiento de que podría haberse usado en un asesinato en especial. El detective pediría al perito en balística hacer disparos de prueba con el arma y comparar las muestras disparadas de prueba con la bala y casquillos disparados con las muestras que se habían recolectado de la escena del crimen.

Durante muchos años fue así como se hicieron las cosas. Era una tarea imposible e improbable que un laboratorio de balística con grandes cajas llenas con muestras de armas de fuego pudiera sustentar la comparación de cada pieza de muestra balística que llegara al laboratorio contra todas las demás piezas de todo el inventario. Era imposible por las restricciones de recursos y tiempo, y era improbable que los recursos se hubieran destinado de forma exclusiva a un proceso manual sin la ayuda de la tecnología.

El capítulo anterior concluyó que la capacidad para sustentar los tipos de procesos que se requieren para tomar el punto de vista presuntivo al investigar crímenes con armas de fuego es la clave para el éxito en la resolución de los delitos. La tecnología puede ayudar a la gente a sustentar estos procesos.

¿Cómo Podemos Adoptar y Adaptar?

A través de los avances tecnológicos en sistemas automatizados de identificación balística, redes para compartir información balística, sistemas para rastreo de armas de fuego, sistemas automatizados para identificación de huellas digitales, así como otras áreas.

Sistemas Automatizados de Identificación Balística

A principios de la década de 1990, los procesos manuales de análisis balístico forense tuvieron un gran avance en velocidad y sustentabilidad con la introducción de tecnología automatizada para identificación balística con sistemas como IBIS y Drugfire[4].

Al apalancar el poder de las computadoras, la tecnología para digitalización balística como IBIS captura las imágenes digitales de las marcas singulares que las partes funcionales internas de un arma dejan en las balas y casquillos disparados, y luego almacena esta información en una base de datos. A la velocidad del rayo, la tecnología es capaz de comparar la imagen particular de una bala o casquillo contra el inventario de otras imágenes en la base de datos y clasificarlas en orden de la mayor probabilidad de una concordancia, que será confirmada posteriormente por un perito. Las más recientes tecnologías IBIS como **IBIS®** TRAX-3D™ procesan información tanto en dos como en tres dimensiones, suministrando una nueva y más potente concordancia, visualización y herramientas para comparación de datos.

El valor de la tecnología IBIS para la resolución de delitos se estableció claramente a través de rigurosos estudios académicos y científicos. IBIS y NIBIN[5] fueron refrendados de forma vehemente por la Asociación Internacional de Jefes de Policía (IACP), y por líderes de gobierno y diseñadores de políticas de todo el mundo.

Los beneficios de adoptar una nueva tecnología que apoye el punto de vista presuntivo superan por mucho a la velocidad en sí. La tecnología puede romper barreras—ayudando al personal de las fuerzas del orden público a hacer una pronta revisión de las listas pendientes y demoras,

---

[4] Drugfire fue una tecnología desarrollada bajo el FBI. En 1999, ATF y el FBI acordaron seleccionar a IBIS como la tecnología estándar para la Red Nacional Integrada de Información Balística (NIBIN) y los sistemas Drugfire fueron reemplazados por IBIS.

[5] NIBIN: La Red Nacional Integrada de Información Balística. ATF ha puesto a NIBIN a disposición de las agencias de seguridad pública en cada área metropolitana de importancia en los E.U. La red que conecta a los usuarios de IBIS a nivel nacional se llama NIBIN. Actualmente hay casi 200 miembros NIBIN (la mayoría, agencias de seguridad pública o laboratorios de criminalística de estados, municipios y ciudades) que poseen sistemas IBIS en más de 200 ubicaciones. ATF administra la red de alta velocidad por la cual las unidades se comunican. [Fuente: Revista Police Chief, Diciembre, 2009]

para identificar más rápidamente a los delincuentes antes de que tengan una oportunidad de disparar y matar otra vez.

También, debido a que la tecnología IBIS permite a los técnicos generar trabajo crucial de laboratorio que puede ser utilizado por los peritos en balística, se pueden lograr eficiencias en costo con los técnicos sobre los peritos en balística, en términos de menor tiempo de capacitación y necesidades de pago. El tiempo que se requiere para capacitar a un técnico es mucho menor que el tiempo que se requiere para capacitar a un perito en balística. Los técnicos que hacen el ingreso de datos y demás tareas ayudan apoyando a los peritos, a fin de mantenerlos enfocados sobre los resultados que sean más productivos y de mayor nivel. Las eficiencias que se ganan mediante el uso de técnicos también posibilitan a un laboratorio sustentar la digitalización exhaustiva de más datos balísticos, así como la generación de más pistas proactivas de investigación.

La tecnología también puede ayudar a sustentar niveles más altos de eficiencia y efectividad cuando los usuarios pueden adaptarse a los cambios que la nueva tecnología requiere, y adoptar nuevos procesos que ayuden a optimizar los beneficios de la tecnología, tal como lo ha hecho la policía en Los Ángeles, Nueva York, Boston, Chicago, Phoenix, West Palm Beach, Orlando, Pittsburgh, y en otros países y continentes, tales como Sudáfrica, el Reino Unido, Australia, Israel, India, y Europa (INTERPOL: La Organización Internacional de Policía Criminal).

Doreen Hudson, Director Auxiliar del Laboratorio de Criminalística de la Policía de Los Ángeles, nos demuestra cómo se adaptó al cambio y adoptó nuevos procesos en su laboratorio. Después de adaptarse al uso de tecnología balística en su laboratorio, llevó a cabo un estudio para determinar si necesitaba adoptar nuevos procesos de trabajo centrados en la tecnología. Quiso determinar qué factor o factores deberían ser determinantes en el trabajo de comparación balística de la Unidad de Balística. ¿Debía el laboratorio seguir dependiendo de las formas antiguas de hacer su trabajo en los que un oficial de policía solicitaría una comparación balística en base a información recibida o al presentimiento de que un arma se había usado en un delito particular? O, ¿sería mejor dejar que la tecnología identificara posibles concordancias balísticas y pedir a los peritos en balística que enfocaran su tiempo en hacer dichas comparaciones y confirmaciones?

Al operar en base a presentimientos, su estudio concluyó que sus peritos en balística producían información positiva para los investigadores tan solo cerca del 30 por ciento del tiempo (información que hacía coincidir muestras de 2 escenas del crimen distintas, o una pieza de muestra balística con el arma que la había disparado). Esto no quiere decir que los peritos en balística no hicieran un buen trabajo—ciertamente lo hacían. El problema, según lo percibió la Srta. Hudson, era que 70 por ciento del tiempo, al seguir los presentimientos, los peritos en balística confirmaban, según la vieja jerga policial, un "resultado negativo". En otras palabras, gastaban su valioso tiempo probando que el arma de la cual se estaba haciendo peritaje no era el arma homicida. Si bien este tipo de información puede ser útil para descartar a un sospechoso o un arma específica de entre un grupo de armas sospechosas, la realidad era que no contribuía gran cosa para ayudar a los detectives a avanzar en sus investigaciones de delitos por tiroteos.

Con recursos limitados y la llegada masiva a su laboratorio de muestras provenientes de violenta actividad pandillera creciente, la Srta. Hudson trató de encontrar una mejor manera. Llevó a cabo un estudio mediante el cual la tecnología IBIS se vinculaba a la base de datos NIBIN a fin de impulsar el desahogo de casos del laboratorio. La premisa era sencilla, todas las muestras balísticas de los tiroteos y todos los disparos de prueba de las armas decomisadas durante las investigaciones policiales serían entrados en los sistemas IBIS de su laboratorio, y después se haría una búsqueda de posibles concordancias contra la base de datos NIBIN. De hallar concordancias, su equipo de peritos en balística se pondría en contacto con los detectives involucrados para dar seguimiento a los casos, si así correspondía. Cuando la Srta. Hudson comparó las mediciones de desempeño de este estudio, reportó que al usar la tecnología para dirigir sus procesos, los peritos en balística suministraban información positiva a los detectives mucho más del 70 por ciento del tiempo—un giro total de 180 grados de lo que habían generado los presentimientos. Apoyándose en los beneficios de la tecnología para dirigir la labor balística del DPLA, la Srta. Hudson posteriormente vio dicha estadística de 70 por ciento de resultados positivos aumentar al 80 por ciento.

La capacidad de IBIS para la interconexión de datos representa un beneficio enorme que cambia esencialmente las reglas del juego. Muchas barreras para el punto de vista presuntivo pueden vencerse a través del uso de redes de cobertura amplia para la transmisión de datos.

Piense en este muy trillado ejemplo de la vida real: Policía en New Haven, Connecticut, recupera una pistola 9 milímetros de un traficante callejero durante una redada anti-drogas. Tomando en cuenta el hecho de que ha habido muchos tiroteos asociados con drogas en el vecindario donde se recuperó la pistola, los oficiales de policía quisieran que el arma se

13

verifique a través de NIBIN. Muchas ciudades como New Haven dependen de los servicios que proveen los laboratorios de criminalística del estado o del municipio, mismos que atienden a varias agencias policiales de toda la región. Por lo tanto, los oficiales de policía deben generalmente realizar los pasos siguientes a fin de que un arma de fuego, como la pistola del ejemplo anterior, se verifique contra NIBIN:

- Completar el proceso de la agencia para tomar un bien bajo custodia.

- Indicar que la pistola se está enviando al laboratorio regional de criminalística estatal para hacer peritaje.

- Preparar el papeleo para transmitir la pistola al laboratorio y para la solicitud de servicios forenses.

- Preservar la integridad de posibles muestras sobre, o dentro de, la pistola y empacarla para su transporte al laboratorio.

- Llevar o enviar el paquete al laboratorio.

- El laboratorio debe entonces recibir el paquete y verificar el inventario de su contenido.

- El laboratorio sigue su proceso para abrir un paquete y asumir la custodia de la pistola.

- El laboratorio asigna prioridad al peritaje y la pistola permanece en el área de almacenaje esperando su turno para hacer peritaje.

- Finalmente llega el momento para que hacer el peritaje y la pistola se procesa conforme al protocolo del laboratorio, no solo para la verificación específica solicitada por los oficiales de policía.

- Más frecuentemente, se hace peritaje completo de las armas de fuego; esto incluye una serie de mediciones, tales como diversas dimensiones del barril, características de clase, mecanismos de seguridad, y mecanismos de percución.

- Las armas de fuego también deben procesarse para buscar ADN y huellas digitales latentes.

- Con el tiempo se harán disparos de prueba con la pistola y los disparos de prueba serán ingresados para una búsqueda contra NIBIN.

- La persona a quien se le asigne el caso preparará un reporte de laboratorio para documentar todos los procedimientos que se llevaron a cabo en el arma de fuego y luego lo remitirá para un proceso de revisión interna.

- Una vez que se hayan completado las revisiones del reporte, se liberarán las muestras y se enviará un reporte al solicitante.

- El solicitante tendrá que hacer arreglos para recolectar las muestras y ver que se transporten de regreso al departamento de policía.

- Las muestras deberán reingresarse en el registro de inventario de bienes de la agencia y área de almacenaje.

En el mejor de los casos, este proceso puede llevar semanas; más probablemente llevará meses y quizás hasta años.

La pregunta que debe hacerse es: ¿Cuánto tiempo lleva ejecutar estos 15 pasos en su jurisdicción? No crea cualquier respuesta que no vaya acompañada de datos concretos recolectados en una prueba de tiempo monitoreada de forma independiente. Si no se ha hecho una prueba de tiempo—entonces haga una. Los comentarios o decisiones que se hagan sobre resultados actuales de desempeño, al igual que el tiempo, deben basarse en hechos, más que en especulación.

De regreso al ejemplo anterior de New Haven: piense en las consecuencias si el reporte que el laboratorio regresó a New Haven indicara resultados negativos—sin concordancias con muestras algunas en la base nacional de datos. Todo ese esfuerzo se hizo sólo para generar un reporte de resultados negativos. Esto solo ocurriría unas cuantas veces antes de que un oficial de policía piense dos veces antes de tomarse toda esa molestia otra vez.

Los policías se arriesgan cada día en la calle y después se convierten rápidamente en expertos para calcular y arriesgar las probabilidades. Pudieran cansarse rápidamente de seguirle el juego a los demás solo para recibir reportes con resultados negativos. Si no hay un atajo, pudieran sencillamente evadir la situación. Los laboratorios también analizan estos problemas y usan dicha retroalimentación al establecer las prioridades para el desahogo de casos. **Por lo general, los laboratorios dan las prioridades más bajas a las armas que no se asocien inmediatamente con delitos al momento de la recuperación—así de sencillo.**

Si la policía y los técnicos en la escena del crimen dejan de entregar al laboratorio muestras de armas de fuego, todos pierden. Los policías pierden el beneficio de la información útil que se obtiene a través del punto de vista presuntivo, no se hace justicia, y el público lo padece. Los únicos ganadores son los delincuentes. Este estado de las cosas es probablemente más común de lo que mucha gente pudiera pensar. En el mundode las fuerzas del orden público se sabe comúnmente que hay muchas agencias federales, estatales y locales de seguridad que no envían al laboratorio todas las armas que recuperan para hacer pruebas balísticas, aún cuando haya una base tecnológicamente interconectada de datos balísticos contra la cual hacer la búsqueda. ¿Por qué? Muy probablemente porque el proceso para hacerlo sea muy burocrático, laborioso, o quizás no sustentable.

Si bien los policías en las calles odian los procesos burocráticos llenos de papeleo—y esto es comprensible—agradecen cualquier cosa que pueda realmente ayudarles en su tarea de resolver delitos.

¿Y si el reporte del laboratorio en el caso de New Haven hubiera indicado un resultado positivo; que la pistola que se entregó para disparos de prueba estuviera realmente ligada a uno o más crímenes en el vecindario? El hecho se traduciría a "un marcador a favor", pero solo si el tiempo de respuesta fuese tal que la información represente una pista de investigación lo bastante fresca como para ser seguida por la policía. Entre más tiempo tarde la respuesta, ésta tendrá menor valía potencial, será recibida con menor entusiasmo, y tendrá menor probabilidad de servir para algo. Hay una excepción a esta dura realidad—los casos cerrados; cualquier información que reabra un caso cerrado siempre se traduce en "un marcador a favor".

Independientemente de la situación y del valor motivacional de la información, por lo general un proceso largo para la generación de datos es indeseable. **Entre más tiempo lleve identificar a quienes dispararon (como habitualmente delincuentes armados, traficantes de droga, y pandillas callejeras violentas), más oportunidades tendrán de disparar y quizás lisiar o matar nuevamente.**

La cantidad aceptable de tiempo que debería llevarse procesar estos datos y desarrollar este tipo de datos deberá ser determinado no por los profesionales o burócratas, sino por el público a quienes ambos sirven.

Al enfrentar una familia en duelo por el asesinato de un ser querido, ¿alguno de los enunciados siguientes comunica que se hará justicia?

- "Abordaremos este caso cuando podamos."

- "Tenemos pocos recursos."

- "Nuestras primeras prioridades son tiroteos de la policía y casos que van a juicio."

Hoy en día existen tecnologías que se han comprobado en el campo y son ampliamente accesibles. Al adoptarse y adaptarse según se necesite, pueden suministrar formas sustentables de acelerar procesos como verificaciones en la base nacional de datos de información balística, y superar los innecesarios y burocráticos procesos descritos en el caso anterior de la ciudad de New Haven.

Eso esjustamente lo que una serie de agencias de seguridad pública ilustradas y enfocadas hicieron. Adoptaron nueva tecnología y adaptaron sus procedimientos para incluir una nueva forma de trabajar que fue posible gracias a la tecnología. Por ejemplo, los Departamentos de Policía de West Palm Beach y Phoenix adoptaron la altamente automatizada tecnología IBIS TRAX-3D, que les posibilita hacer disparos de prueba con un arma sospechosa en tan solo unos minutos u horas, y lanzar de forma electrónica una búsqueda en la base de datos NIBIN desde sus oficinas en los departamentos de policía. Al día siguiente, el laboratorio puede determinar si hay una concordancia probable. A partir de este punto, el proceso avanza con la confianza de que el tiempo y los recursos se están utilizando correctamente. El hecho de que el ingreso de datos a NIBIN se haya hecho por parte de la policía desde fuera del laboratorio significa que el laboratorio no tuvo que hacerlo. El departamento de policía quitó esa carga de los hombros del laboratorio. Los expertos del laboratorio pueden entonces enfocarse a lo que hacen mejor—dar su opinión experta. Es una ganancia para la policía en cuanto a que han acortado significativamente un proceso que—en el mejor de los casos— alguna vez llevaba varias semanas (o nunca se hacía) y lo redujeron a un tiempo menor del que se necesita para que la tintorería regrese un traje.

Pudiera haber quienes traten de encontrar fallas en este proceso más efectivo y eficiente, y tienen derecho a disentir. Sus motivos pueden ir desde estar puramente orientados a procesos, hasta "proteger su territorio"—algunas veces no es fácil saberlo. Es por esto que **no debe darse a ninguna de las partes interesadas la autoridad y poder incuestionables para tomar una decisión tan importante y de tanto alcance, sin la colaboración de las demás partes interesadas.** Todas las partes interesadas afectadas debieran colaborar en el desarrollo de un protocolo de procesamiento de armas homicidas. Las partes interesadas incluyen, pero no están limitadas a:

- Policía

- Personal forense

- Fiscales

Redes para Compartir Información Balística

A medida que los negocios se han hecho más globales, también el crimen lo ha hecho. Los carteles de droga se están juntando con las pandillas callejeras organizadas para ampliar su cobertura y alcance. A medida que las drogas y demás contrabando se mueven a través de canales que trascienden las fronteras internacionales, las armas y la violencia les vienen siguiendo. Hay un creciente interés por compartir información sobre delitos asociados con armas de fuego entre los países—y el movimiento sigue en pleno desarrollo.

A finales de la década de los años 90, Dinamarca, Noruega, y Suecia se atribuyen la primera iniciativa de compartición balística entre los tres países. De hecho, el primer Acierto IBIS internacional fue producto de esa iniciativa escandinava.

En 2006, los Estados Unidos y Canadá también empezaron a compartir datos balísticos IBIS entre sus respectivas redes nacionales, NIBIN en los Estados Unidos y la Red Canadiense Integrada de Identificación Balística (CIBIN) en Canadá.

En mayo de 2009, INTERPOL y Forensic Technology , los desarrolladores de IBIS, lanzaron una nueva sociedad pública y privada que permite a la INTERPOL actuar como el primer centro internacional para el intercambio de datos balísticos a través de fronteras.

En un intento por dar a los países miembros de la INTERPOL acceso a herramientas básicas de investigación, la INTERPOL suministra la red a través de la cual cualquier país miembro de la INTERPOL que esté equipado con IBIS podrá compartir y comparar datos balísticos. Esta Red de Información Balística de la INTERPOL (IBIN) es la única red internacional de compartición de datos balísticos en el mundo.

En abril de 2009, el Presidente Obama anunció, durante un viaje a México, que entre una serie de iniciativas conjuntas para combatir el tráfico de armas y la violencia entre los Estados Unidos y México, éstos dos países habrían de "crear un puente entre sus sistemas IBIS a fin de compartir imágenes digitales, marcas de balística, y demás información asociada con armas para ayudar a identificar pistas en delitos violentos tanto en México como en los Estados Unidos."

Este acuerdo es ahora parte de la Estrategia Nacional Antinarcóticos de la Frontera Sureste de los Estados Unidos, emitida por el Departamento de la Casa Blanca de Política Nacional para el Control de Drogas.

Sistemas para Rastreo de Armas de Fuego

IBIS® Firecycle™ es una solución para la gestión por Internet de información de armas de fuego, que puede rastrear de forma eficiente el ciclo vital de un arma de fuego desde la fabricación, pasando por diversas transacciones y, en última instancia, hasta la disposición o destrucción final. Una de las fuerzas de Firecycle es su integración con datos balísticos generados en IBIS dentro de un programa exhaustivo para la prevención de la delincuencia con armas de fuego y aplicación de la ley. Debido a que están diseñadas como soluciones de informática compatible, Firecycle e IBIS pueden compartir datos rápida y fácilmente a través de redes de comunicaciones y a lo largo de varias jurisdicciones. Juntas, Firecycle e IBIS permiten una solución sustentable para mejorar y aumentar la capacidad para recolectar, guardar, y compartir información crítica de armas de fuego.

eTrace[6] (Sistema Electrónico de Rastreo) es un sistema por Internet que permite a las agencias de seguridad pública participantes enviar rastreos de armas de fuego de origen estadunidense (p. ej., fabricadas o importadas

---

[6] www.atfonline.gov/etrace

por E.U.) al Centro Nacional de Rastreo (NTC) del ATF. Los usuarios autorizados pueden recibir resultados de rastreo de armas de fuego a través de este mismo sitio en la Web, hacer una búsqueda en una base de datos de todos los rastreos de armas de fuego enviados por su agencia individual, y llevar a cabo funciones analíticas.

Sistemas para Identificar Huellas Digitales

AFIS (Sistema Automatizado para Identificación de Huellas Digitales) se usa en el proceso de buscar automáticamente huellas digitales desconocidas contra una base de datos de huellas conocidas y desconocidas. Los sistemas automatizados para identificación de huellas digitales son principalmente usados por agencias de seguridad pública para iniciativas de identificación criminal, que entre lo más importante incluyen identificar a una persona sospechosa de haber cometido un delito y correlacionar a un sospechoso con otros delitos no resueltos.

Sistemas para Indexar ADN

CODIS[7] (Sistema Combinado de Índice ADN) es una aplicación que opera bases de datos locales, estatales y nacionales de perfiles de ADN de reos, muestras de escena de crimen no resuelto, y personas extraviadas. Cada estado de los Estados Unidos tiene una disposición legal para el establecimiento de una base de datos de ADN que permita la recolección de perfiles de ADN de delincuentes acusados de delitos particulares. La aplicación CODIS permite a todos los laboratorios de las fuerzas del orden público comparar perfiles de ADN de forma electrónica, y de este modo correlacionar entre sí crímenes en serie e identificar a los sospechosos, vinculando perfiles de ADN de escenas de crimen con perfiles de reos.

En general, la tecnología ha probado ser una herramienta indispensable en la lucha contra el crimen para las fuerzas del orden público. Algunas tecnologías pueden aplicarse en una amplia gama de delitos. Por ejemplo, las tecnologías de huellas digitales y ADN se aplican a delitos que involucran desde incendios hasta armas de fuego de fabricación casera, ayudando a vincular a una persona en particular con un crimen en particular.

---

[7] www.dna.gov

Las tecnologías automatizadas para identificación balística por lo general correlacionan un arma a un crimen particular o serie de crímenes, y vinculan a dos o más crímenes entre sí al identificar que se cometieron con la misma arma de fuego. Las tecnologías de balística ayudan a la policía a correlacionar crímenes, armas, y sospechosos, y han probado ser particularmente efectivas en situaciones que involucran violencia entre pandillas.

Un Estudio de Caso: Stockton, California

En Stockton, California, los investigadores de Pandillas y Homicidios hicieron equipo con sus propios especialistas en digitalización balística, fiscales estatales, y expertos forenses a fin de conformar una verdadera sociedad para la resolución de delitos orientada contra las Pandillas Callejeras Camboyanas.

A lo largo de un periodo de tres años, los miembros se apoyaron en la red NIBIN y la tecnología para digitalización balística IBIS para buscar concordancias con muestras de 83 tiroteos asociados con pandillas y disparos de prueba de 35 armas de fuego decomisadas, dos de las cuales eran ametralladoras.

A partir de las concordancias IBIS, la policía generó información útil que llevó a la ejecución de 55 órdenes de cateo y al arresto de 25 "pandilleros" por seis asesinatos, 22 ataques con armas de fuego, y 50 tiroteos desde vehículos en movimiento.

Al final, 16 delincuentes fueron condenados por delitos que incluían los asesinatos y tiroteos. Los delincuentes recibieron largas condenas en prisión incluyendo perpetua sin libertad condicional así como un veredicto de pena de muerte.

Redes tales como NIBIN pueden compartir datos fundamentales rápidamente a través de jurisdicciones múltiples. Estas redes suministran enorme fuerza y valía porque ciertas muestras que pudieran parecer insignificantes para la agencia que esté ingresando los datos pueden ser el eslabón que permita a una agencia en una jurisdicción cercana resolver un caso. Entre más muestras se ingresen al sistema, más delitos, armas, y sospechosos serán correlacionados, y más información tendrán los investigadores para poner a los delincuentes violentos tras las rejas. Las muestras de uno ahora pueden ser las muestras de todos.

Mejores Prácticas Recomendadas

- Adoptar y adaptarse a la tecnología disponible. Adoptar lo que se necesite y adaptarse hasta su mayor grado de utilidad y estar preparado para adoptar cualquier nuevo proceso que se requiera para alcanzar ese nivel.

- Mapear los procesos actuales que estén implementados para gestionar la información de dentro y fuera del arma (p. ej., mantener registros de transacciones de armas de fuego, exámenes de balística, huellas digitales, ADN, cabellos, y fibras) para identificar los cuellos de botella.

Consideraciones Clave

- Entender dónde se está y a dónde se quiere llegar en términos de las capacidades actuales para recolectar y procesar la información asociada y la no asociada con delitos que sea necesaria para aprovechar al máximo la información de dentro y fuera del arma.

- Identificar redes potenciales de cobertura amplia para procesamiento y compartición de datos de jurisdicciones cruzadas y disciplinas cruzadas (p. ej., balística, huellas digitales, ADN, registros de transacción de armas de fuego).

Resumen

Lo Más Importante: Adoptar nuevas tecnologías para combatir el crimen y adaptarse al cambio en los procesos que se requieran para optimizar los beneficios de la tecnología de velocidad y productividad aumentadas, a fin de identificar más rápidamente a los delincuentes armados, antes de que tengan una oportunidad de disparar y matar otra vez.

El Paso Siguiente: Si bien la tecnología juega un papel clave para ayudar a sustentar el punto de vista presuntivo, el éxito en la resolución de delitos depende de mucho más. El siguiente capítulo habla de la importancia de equilibrar a la gente, procesos y tecnología para un éxito sostenido en la resolución de delitos.

3

Gente, Procesos, y Tecnología

El asesinato es singular en tanto que deroga a la parte que lesiona, de manera que la sociedad tiene que tomar el lugar de la víctima y en su nombre exigir expiación o bien otorgar el perdón; es el único crimen en el que la sociedad tiene un interés directo.

W. H. Auden, crítico y poeta (1907–1973)

¿Por Qué Necesitamos los Tres?

Cuando un miembro de la sociedad daña a otro intencionalmente, generalmente se le llama delito. Una sociedad que anhele la paz y justicia para todos debe hacer pagar a los delincuentes. Es así que la gente que tiene la responsabilidad de hallar a los infractores, los enjuicia en un tribunal legal y, de encontrarlos culpables, evitan que hagan más daño.

La gente puede hacerse más eficiente y efectiva para resolver y evitar delitos a través del uso de procesos innovadores y tecnología aplicada. La tecnología puede ayudar para acelerar y sustentar procesos, y ayudar a la gente a ser más productiva. Sin embargo, la tecnología es inútil sin gente que pueda usarla de una forma eficiente.

Un Estudio de Caso: Chicago, Illinois

Septiembre 30, 1995 (Chicago): Un tiroteo desde un vehículo en movimiento en el que un hombre de 19 años fue asesinado y otro fue lesionado. Se retuvieron casquillos disparados como muestras de la escena de crimen y se ingresaron en la base de datos NIBIN usando tecnología IBIS.

Septiembre 28, 2003: La policía detuvo un vehículo con un medallón estrellado e decomisó una pistola Glock.

Junio 22, 2004: El laboratorio de criminalística usó IBIS para hacer una búsqueda de los disparos de prueba de la pistola Glock contra la base de datos NIBIN. La consulta en NIBIN vinculó los disparos de prueba a las muestras de un tiroteo anterior desde un vehículo en movimiento. La policía supo que tenían el arma homicida en mano.

Octubre 7, 2004: El ATF rastreó el historial de transacciones del arma homicida a una mujer que dijo haberla comprado para su novio, llamado Coggs. Coggs era un criminal y por lo tanto no podía comprar armas ilegalmente. Ella dio a la policía los nombres de más testigos.

Mayo 17, 2005: La policía entrevistó a uno de esos testigos—él había estado con Coggs cuando asesinó al hombre de 19 años durante el tiroteo desde un vehículo en movimiento. El testigo declaró frente a un jurado acusatorio.

Mayo 18, 2005: Coggs, un ex-sicario de la pandilla callejera "Discípulos de Gángster" fue arrestado y acusado del asesinato.

Este caso destaca tres puntos fundamentales:

- Se necesitan gente, procesos y tecnología para asumir el punto de vista presuntivo.

- Deben aprovecharse al máximo los datos balísticos de dentro del arma y datos de identificación del exterior.

- Debe generarse la información y tomar acción sobre ella de manera oportuna.

El Banquillo de Tres Patas

Así como cada pata del banquillo de tres patas depende de las otras dos para hacer su parte para cargar el peso, hoy en día se necesita una combinación debidamente equilibrada de gente, procesos y tecnología para resolver delitos en la sociedad.

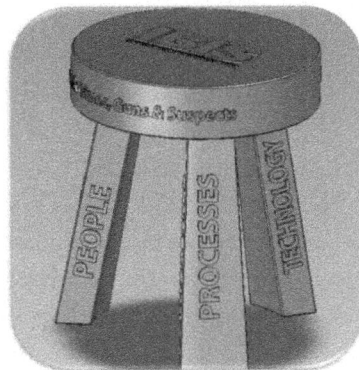

El caso de Chicago es un ejemplo excelente de que "cada arma homicida tiene una historia qué contar". También llama la atención hacia la necesidad de determinar el equilibrio correcto que debe darse a un problema delictivo dado, a fin de desarrollar soluciones oportunas.

Encontrar la combinación correcta de gente, procesos y tecnología y aplicarlo de una forma adecuadamente correcta requiere de un esfuerzo deliberado y de colaboración por parte de todos los interesados (p. ej., policiales, forenses, procesales).

Existe la tentación para algunas de las partes interesadas de intentar implementar programas que trabajen en favor de los intereses propios de su propio grupo. Esto es peligroso porque puede reprimir la innovación, colapsar el espíritu de colaboración entre las partes interesadas, y desviar la atención de la resolución del delito. La iniciativa a la cual se conducirán la gente, procesos y tecnología debe tener un objetivo bien orientado: **brindar al público beneficios para la resolución de casos, de forma oportuna y sustentable.** Poner el interés público a la cabeza del proceso de las pláticas y toma de decisiones cambiará el enfoque de la parte interesada de un enfoque interno hacia un enfoque externo. Un enfoque externo hará que la parte interesada piense de forma distinta acerca de las soluciones potenciales, en lugar de ver los problemas desde sus propias perspectivas internas. Los impedimentos, tales como las políticas inter-agencias y la "protección del territorio" tienden a desvanecerse cuando las pláticas se redirigen hacia el exterior para la protección del público. Permitir que estos obstáculos e intenciones introspectivas alteren el equilibro adecuado con el tiempo hará que el banquillo de tres patas se venga abajo.

Mejores Prácticas Recomendadas

- *El Taller de las 13 Tareas Fundamentales* (impartido por Forensic Technology) reúne a las principales partes interesadas de la justicia penal y los conduce a través de un proceso de colaboración paso a paso para generar consenso sobre las mejores formas en que la delincuencia con armas de fuego en su región pueda investigarse y evitarse. El taller promueve la adecuada utilización táctica y estratégica de importantes datos delictivos, de manera que puedan traducirse en acciones por parte de las fuerzas del orden público, derivadas de información útil. El taller también introduce a las partes interesadas a una serie de mejores prácticas bien establecidas que han probado ser de ayuda a otros para atender de mejor manera sus problemas de armas homicidas. Más importante aún, el taller brinda un foro moderado para que las partes interesadas desarrollen un programa sustentable para la reducción de homicidios por armas que equilibre la gente, procesos y tecnología de manera que sirvan de la mejor manera posible a los intereses del público.

Consideraciones Clave

- Gente: Identifique a las partes interesadas, y piensen y actúen juntos como grupo para diseñar una solución bien equilibrada y exhaustiva que pueda institucionalizarse.

- Procesos: Asegúrese que toda la información disponible en el interior y exterior del arma se recolecte y aproveche al máximo para fines de resolución de delitos, como parte del procedimiento operativo estándar (SOP) para investigar delitos cometidos con armas de fuego. El SOP debe institucionalizarse—en todos los niveles de las organizaciones de las partes interesadas afectadas.

- Tecnología: Adoptar y adaptarse a la tecnología con el fin de brindar a las partes interesadas las herramientas que necesiten para ser más eficientes y efectivos en su labor.

- Gente, procesos y tecnología: Equilibre los tres de forma que suministren al público beneficios óptimos para la resolución de delitos.

Resumen

Lo Más Importante: Entender que el hecho de equilibrar la gente, los procesos y la tecnología no es solo un objetivo, sino que también significa un medio para superar los obstáculos y salvar las elementos faltantes con el fin de lograr la meta, que es brindar beneficios sustentables y sustanciales para la resolución de delitos al público a quien todos servimos.

El Paso Siguiente: El deseo por lograr beneficios sustentables para el público será lo que motivó el desarrollo de *Las 13 Tareas Fundamentales*. El capítulo siguiente detalla el razonamiento que se siguió en el desarrollo de este proyecto, y el resultado de estos esfuerzos.

4 Chapter

El Desarrollo de las 13 Tareas Fundamentales

¿Por Qué se Desarrollaron?

Forensic Technology   brinda soluciones que ayudan a las agencias de seguridad pública en todo el mundo en su esfuerzo por reducir los delitos violentos. Como proveedor de soluciones, Forensic Technology   ha visto algunas agencias destacar como usuarios altamente exitosos de IBIS, mientras que a otras no. Estos "usuarios avanzados" comparten mucho en común en términos de las áreas Fundamentales que desempeñan a fin de sustentar su éxito.

¿Cómo se Desarrollaron?

En mayo de 2005, en un intento porque tantos clientes como fuera posible obtuvieran los máximos beneficios de su inversión en IBIS, Forensic Technology   inició un agresivo proyecto para identificar las tareas que son Fundamentales para operar una red eficiente y efectiva para compartir información balística. Se conformó un grupo central de trabajo; consistía de experimentados usuarios avanzados de IBIS, miembros de la comunicad académica, y personal de Forensic Technology   con experiencia en balística forense, investigación de la delincuencia con armas de fuego, y la tecnología IBIS.

El grupo central de trabajo contribuyó las mejores prácticas recurriendo a sus experiencias personales con IBIS o reportando observaciones que habían hecho durante visitas a otros usuarios avanzados de IBIS de todo el mundo. El grupo central de trabajo también buscó características en común en la forma en la que los usuarios avanzados integraban la tecnología balística a sus procesos para la resolución de delitos.

El grupo central de trabajo usó toda esta información para responder a una pregunta muy cuidadosamente elaborada: **"¿Qué tareas Fundamentales deben llevarse a cabo para operar una programa eficiente y efectivo de red integrada de información balística que**

suministre al público beneficios sustanciales y sustentables para la resolución de delitos?"

Se tomó un gran cuidado al redactar la pregunta porque la calidad y de las respuestas obtenidas a menudo dependen del contenido de la pregunta en sí. Con la finalidad específica de ampliar el pensamiento del grupo mucho más allá de la disciplina forense del peritaje balístico y la tecnología IBIS, la pregunta se revisó y afinó muchas veces. Palabras clave como: eficiente, efectivo, integrado, programa, sustancial, sustentable, resolución de delitos, beneficios y público, se insertaron después de mucha discusión, y con un significado deliberado adjunto.

Los Resultados

Como resultado, se desarrollaron *Las 13 Tareas Fundamentales*. Conforman las bases de un programa completo para la resolución de la delincuencia con armas de fuego, *El Taller de Las 13 Tareas Fundamentales*, que va más allá de ser solamente un conjunto de las mejores prácticas para usar tecnología balísticas. Este libro y *El Taller de Las 13 Tareas Fundamentales* indagan a profundidad las áreas que deben atenderse al establecer protocolos sustentables, así como las formas para equilibrar la gente, procesos y tecnología. Los protocolos son necesarios para recolectar y analizar todos los datos disponibles que puedan obtenerse de las armas homicidas y muestras asociadas para la resolución de delitos y fines de prevención de delitos.

Estos pasos de sentido común pueden usarse para ayudar a identificar y establecer una serie de protocolos aplicados de forma consistente para asegurar que la policía y agencias forenses de una región dada aprovechen al máximo toda la información valiosa de dentro y fuera de un arma homicida de manera que genere pistas para detener a delincuentes armados antes de que puedan causar más daño.

Las 13 Tareas Fundamentales

- Cómo Gestionar las Partes Interesadas

- Cómo Integrar Programas

- Cómo Establecer un Entendimiento Formal y Reforzar Directrices

- Cómo Recolectar Armas de Fuego y Muestras Asociadas

- Cómo Transferir Muestras

- Cómo Valorar y Evaluar las Muestras

- Cómo Hacer Disparos de Prueba

- Cómo Obtener Huellas balísticas de Componentes de Municiones Disparadas

- Cómo Revisar Resultados de Correlación

- Cómo Confirmar Aciertos

- Cómo Transmitir Información de Aciertos

- Cómo Apalancar Tácticas y Estrategias

- Como Mejorar los Programas

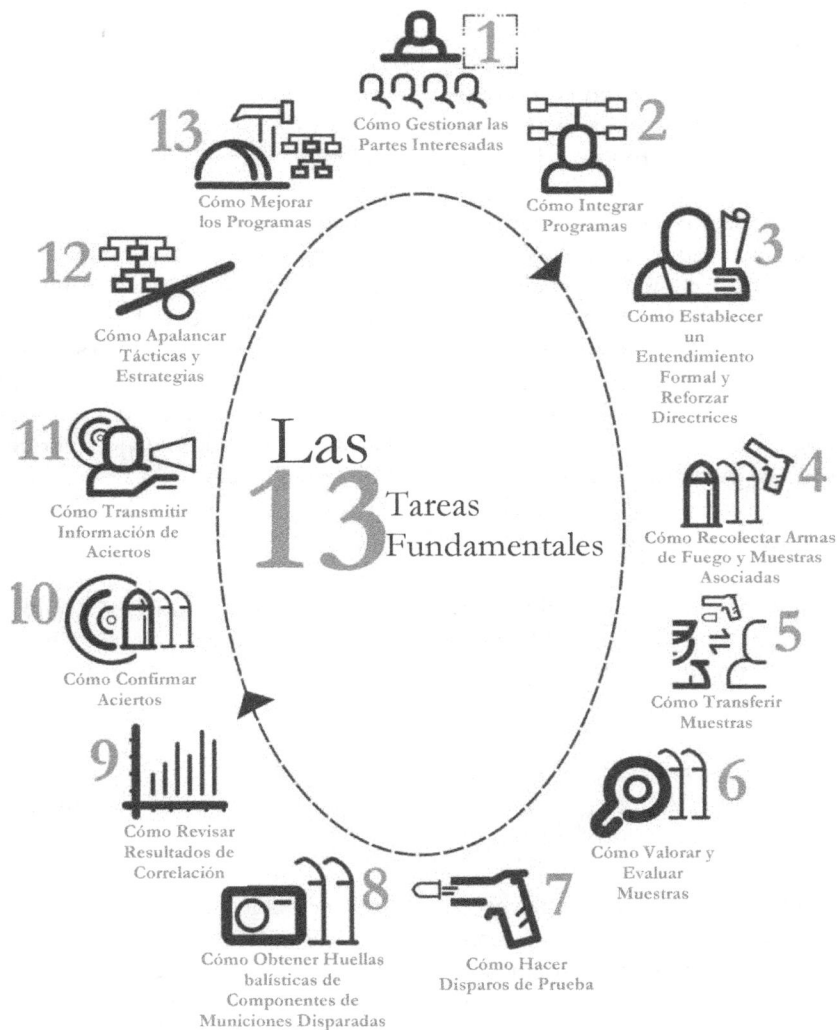

Las **13** Tareas Fundamentales

1 — Cómo Gestionar las Partes Interesadas

2 — Cómo Integrar Programas

3 — Cómo Establecer un Entendimiento Formal y Reforzar Directrices

4 — Cómo Recolectar Armas de Fuego y Muestras Asociadas

5 — Cómo Transferir Muestras

6 — Cómo Valorar y Evaluar Muestras

7 — Cómo Hacer Disparos de Prueba

8 — Cómo Obtener Huellas balísticas de Componentes de Municiones Disparadas

9 — Cómo Revisar Resultados de Correlación

10 — Cómo Confirmar Aciertos

11 — Cómo Transmitir Información de Aciertos

12 — Cómo Apalancar Tácticas y Estrategias

13 — Cómo Mejorar los Programas

Cómo Formular la Pregunta Correcta

Beneficios para la resolución de delitos y *público*: Estas palabras identificaban la satisfacción del público como objetivo fundamental. Con este objetivo en mente, el grupo central de trabajo observó las mejoras en la resolución de la delincuencia con armas de fuego desde el punto de vista del público, en lugar del de la policía o los laboratorios forenses. Al público no le interesan las rivalidades o enemistades entre agencias y excusas como "ese es su trabajo, no el nuestro" o "ese es nuestro trabajo, no de ellos". El público quiere que las agencias de seguridad pública usen sentido común y buen juicio. Por lo tanto, durante las pláticas del grupo central de trabajo, los intereses del público estuvieron siempre ante todo y sirvieron como un estándar a satisfacer. El personal, procesos, y tecnología usados por la policía, el laboratorio forense, y el fiscal ciertamente fueron un foco importante de atención en el análisis del grupo central de trabajo, aunque desde la perspectiva externa y orientada hacia el servicio al determinar cómo podrían utilizarse mejor los recursos para brindar al público beneficios sustentables en la resolución de delitos.

Si aún no está convencido, entonces intente reemplazar la palabra "público" con "policía", "laboratorio forense" o "fiscal" al final de la cuidadosamente formulada pregunta de motivación y vea qué respuestas vienen a la mente.

Eficiente y *efectivo*: Estas palabras tuvieron por objeto asegurar que, en términos de la gente, procesos, y tecnología, el tiempo y esfuerzo invertidos merecieran las recompensas resultantes.

Integrado y *programa*: Estas palabras tuvieron por objeto de asegurar que se eliminaran los cuellos de botella informativos e institucionales que interfieren con el éxito en la resolución de delitos en todos los niveles de las organizaciones de las partes interesadas, y que los programas de acción se crearan de forma que estuvieran bien definidos, adecuadamente financiados, y medidos en cuanto a eficiencia y efectividad.

Sustancial y *sustentable*: Estas palabras tuvieron por objeto asegurar que los beneficios otorgados fuesen considerables, no inconsecuentes. Los niveles de gente, procesos, y tecnología necesarios para el éxito deben poder mantenerse tanto tiempo como sea necesario. Los programas y procesos exitosos para la reducción de delitos deben institucionalizarse de manera que puedan ser reconocidos instintivamente como la forma adecuada de hacer las cosas.

Resumen

<u>Lo Más Importante:</u> Seguir *Las 13 Tareas Fundamentales* desarrolladas por profesionales de las fuerzas de seguridad y forenses, asesorados por reconocidos investigadores académicos para integrar y apalancar tácticas y estrategias a fin de brindar al público beneficios sustanciales y sustentables de una forma eficiente y efectiva en la resolución de la delincuencia con armas de fuego.

<u>El Paso Siguiente:</u> El capítulo siguiente comenta los fundamentos de la tarea número uno de *Las 13 Tareas Fundamentales*—Cómo Gestionar a las Partes Interesadas.

5 Chapter

Tarea Uno: Cómo Gestionar las Partes Interesadas

¿Por Qué Necesitamos Gestionar las Partes Interesadas?

La reducción de los delitos violentos es un problema complejo, y la tarea es demasiado grande y difícil para un solo laboratorio, departamento de policía o fiscalía. Solamente la combinación correcta de partes interesadas puede planear e implementar las mejores necesarias para reducir los delitos violentos. Aún así, el involucramiento de más partes interesadas da como resultado perspectivas más diversas, lo cual se traduce en más temas y necesidades que requieren atenderse. El éxito a menudo depende de la capacidad para atender un problema desde distintos frentes. Toda la gente correcta involucrada debe pensar y actuar junta—no solo al inicio, sino a lo largo de todo el proceso. La simple cooperación no será suficiente para motivar la gestión de las partes interesadas—se requiere una acción más fuerte. La palabra que mejor describe el nivel necesario de acción es **colaboración**. Se vuelve un motivador fundamental para asegurar una solución sustentable capaz de rendir beneficios sustanciales.

Asumir el punto de vista presuntivo en la investigación eficiente y efectiva de la delincuencia con armas de fuego empieza reuniendo los grupos correctos de gente, y lograr que piensen y actúen juntos.

Cómo Formar Grupos

A fin de armar grupos, debe haber uno o más proponentes de políticas de alto rango y que sean influyentes para defender el concepto. Los defensores deben tener la fuerza necesaria para hermanar a las distintas partes interesadas en un espíritu efectivo de colaboración y sociedad.

Los defensores pueden generarse durante el proceso, como parte del proceso de gestión de las partes interesadas—paso uno de *Las 13 Tareas*

Fundamentales. Una forma de hacerlo es convocar a dos grupos de partes interesadas clave.

Grupo Estratégico

El primer grupo de partes interesadas está orientado a las políticas y deberá estar conformado por gestores clave de alto rango y diseñadores de políticas que representen, como mínimo, tres perspectivas amplias de justicia penal: policía, forense y fiscal. De este primer grupo es que deben surgir los defensores del punto de vista presuntivo. Este grupo debe mantenerse tan pequeño como sea posible, pero a la vez representar a las principales organizaciones policiales, forenses y fiscales a niveles local, municipal y estatal que sirvan a la región objetivo que esté siendo afectada por los delitos[8]. En este grupo también deben incluirse representantes de ciertas agencias federales (p. ej., en los E.U., el ATF y la Fiscalía de los E.U.). Este grupo debe estar estratégicamente orientado y facultado para crear visión, autorizar nuevas políticas, brindar directriz, y solicitar recursos. Este grupo puede producir múltiples defensores.

Por ejemplo, Massachusetts tenía varios defensores que representaban organizaciones policiales de las principales ciudades (el Departamento de Policía de Boston, la policía estatal y laboratorios forenses), el Departamento de Seguridad Pública, el ATF, y las fiscalías estatal y federal. Este pequeño grupo de defensores tenía la influencia y liderazgo necesarios para impulsar políticas de seguridad pública en toda la Mancomunidad de Massachusetts.

Grupo Táctico

El Segundo grupo de partes interesadas está orientado a la operación, y deberá estar conformado por gestores de nivel intermedio, supervisores de primera línea, y profesionales de línea de las distintas unidades interdependientes dentro de los servicios policiales, forenses y fiscales que tengan un papel a jugar para asumir el punto de vista presuntivo en la investigación de delitos que involucren el mal uso de armas de fuego. Este segundo grupo también deberá consistir de representantes de organizaciones a niveles local, municipal, estatal y federal que sirvan a la

---

[8] La región afectada por los delitos es un área geográfica en la cual es más probable que los delincuentes crucen entre jurisdicciones policiales en el transcurso de sus actividades delictivas (p. ej., actividad pandillera y tráfico de drogas).

región afectada por los delitos. Este segundo grupo deberá estar orientado tácticamente y debe representar a los diversos subgrupos interdependientes que tengan a su cargo la aplicación de la ley, así como apoyar el proceso judicial (p. ej., patrullaje, investigaciones, unidades especiales, forenses y fiscales). Los miembros de ese grupo tácticamente orientado son expertos en lo que hacen. Saben lo que está funcionando bien y lo que necesita mejorarse. Pueden identificar rápidamente sus necesidades en relación con la gente, procesos y tecnología así como los obstáculos que obstruyen su camino y las elementos faltantes que deben salvar.

Vienen a la mente dos ejemplos muy distintos sobre la importancia de los defensores influyentes en la formación de estos grupos de trabajo.

En el primer ejemplo, una sencilla carta al alcalde cuya ciudad estaba en proceso de intentar asimilar los crecientes niveles de delitos asociados con pandillas y con armas, se pasó al Jefe de Policía y luego al Comandante de Investigaciones. En lugar de negarse, el Comandante mantuvo una mentalidad abierta y—a la vez que se sentía impulsado por la inercia generada por la recomendación del alcalde— aprovechó la oportunidad y juntó a las distintas partes interesadas para comentar protocolos de armas homicidas. Este esfuerzo siguió hasta desarrollar un programa muy exitoso que es el sujeto de un estudio de caso en los últimos capítulos de de este libro.

El otro ejemplo es uno en el cual oficiales estatales y federales de alto rango reunieron a las partes interesadas clave de seguridad pública para comentar los méritos de un protocolo a nivel estatal para el procesamiento de armas homicidas. Una parte interesada clave inmediatamente se opuso a la idea. Esto era un problema, pues el laboratorio de la parte interesada suministraba servicios forenses para la mayoría de las agencias policiales del estado. A la parte interesada le preocupaba que se le fuera a cargar más trabajo sin importar su capacidad de respuesta, así que se mostró renuente. Los influyentes líderes de gobierno en la sala de juntas le aseguraron a la parte interesada que no se le impondrían nuevas cargas de trabajo a menos que estuviera equilibrado en términos de gente, procesos y tecnología. La parte interesada salió de la junta sin quedar convencido. Se tuvo una segunda junta como dos meses después. En esta ocasión, la recalcitrante parte interesada reportó que durante el periodo intermedio entre las dos juntas, se notó que se estaban recibiendo más muestras y que había más aciertos. La parte interesada lo atribuyó a los mensajes de sentido común que se expusieron en la primera junta sobre el valor de protocolos regionales para armas homicidas. La parte interesada dijo "ya está surtiendo efecto". Desde ese momento, la parte interesada que había estado renuente tomó el mando, impuso una propiedad legítima sobre del proyecto, y lo impulsó.

Reuniones de Grupos de Trabajo

Moderadores experimentados deben llevar a cabo y estructurar una serie de reuniones con cada grupo de trabajo para gestionar de forma eficiente el tiempo de los asistentes. Las reuniones deben exponer los temas de importancia, identificar obstáculos y elementos faltantes, y asegurar la sustentabilidad de las soluciones que se formulen, identificando el equilibrio adecuado de gente, procesos y tecnología. Las reuniones también deben identificar cómo se empleará el punto de vista presuntivo y cómo se medirá el éxito. Esto incluye cómo se desarrolle, procese y comparta de forma oportuna y sustentable la información táctica y estratégica necesaria para la resolución y prevención de delitos.

La colaboración se convierte en el componente clave para desarrollar un programa sustentable para la resolución y prevención de delitos en base al punto de vista presuntivo.

El grupo estratégico debe reunirse primero en una sesión moderada relativamente corta (es decir, no más de dos o tres horas) diseñada para dar un vistazo general a los muchos temas y transferencias involucradas al asumir el punto de vista presuntivo para investigar la delincuencia con armas de fuego. La meta de esta sesión para los diseñadores de políticas es generar un compromiso de alto nivel para el reclutamiento de gente, procesos y tecnología que se requieran para el punto de vista presuntivo.

Una vez que los diseñadores estratégicos de políticas se comprometan a avanzar y surjan los defensores, la carga la tendrá entonces el grupo tácticamente orientado.

El grupo táctico debe reunirse en una sesión moderada de uno o dos días. La reunion debe empezar presentando la misma información que se presentó al grupo orientado estratégicamente de diseñadores de alto nivel de políticas, exponiendo los temas y transferencias necesarias al asumir el punto de vista presuntivo. Este grupo debe entonces investigar más a fondo los distintos temas. Debe formular recomendaciones respecto de la gente, procesos y tecnología que serán necesarios, y luego remitir las recomendaciones a los diseñadores de políticas estratégicas para su aprobación, ejecución de recursos y promulgación.

El Taller de 13 Tareas Fundamentales **se diseñó para moderar este proceso de juntas y brindar el análisis profundo que se requiere para el desarrollo de un programa basado en el punto de vista presuntivo para enfrentar la delincuencia con armas de fuego.**

Suponiendo que dicho programa se recomiende y autorice, la necesidad de una gestión efectiva de las partes interesadas sigue siendo un elemento básico de la implementación del programa. **Por lo tanto, un proceso para la gestión continua de las partes interesadas, tanto para el grupo de trabajo estratégico (políticas) como táctico (operaciones), será fundamental para desarrollar y, más importante aún, para sustentar la sociedad de colaboración.**

Mejores Prácticas Recomendadas

New York "COMPSTAT"

En 1994, William Bratton, quien era entonces Comisionado del Departamento de Policía de Nueva York, implementó un modelo para control de delitos llamado COMPSTAT (por Computer Statistics, o Estadísticas de Computación) que permitiera una compartición óptima de información en base a cuatro principios: información precisa y oportuna, tácticas efectivas, despliegue rápido, y seguimiento y evaluación implacables. Años después, Bratton sería Jefe del Departamento de Policía de Los Ángeles, donde implementó el modelo COMPSTAT para el despliegue táctico y estratégico de recursos para combatir la delincuencia.

A continuación, un resumen del modelo COMPSTAT[9] del Jefe Bratton:

> Información Precisa y Oportuna: COMPSTAT elimina las barreras tradicionales entre las diversas unidades organizativas a través de reuniones semanales, diseñadas para reunir a las unidades afectadas con el fin de revisar los datos de la computadora y comentar las formas de combatir la delincuencia en lugares específicos. Estas reuniones sirven como un foro en el cual los comandantes de las delegaciones y demás unidades operativas comunican a los ejecutivos de mayor rango de la agencia los problemas que enfrentan, a la vez que también

---

[9] www.lapdonline.org/crime_maps_and_compstat/content_basic_view/6363

comparten tácticas exitosas para reducir los delitos con otros comandantes. Debido a que las técnicas de creación de políticas de hoy en día casi siempre se componen de una gran cantidad de información, es necesario brindar un vehículo mediante el cual pueda compartirse la información esencial de forma fácil y efectiva con todos los niveles de la organización.

Tácticas Efectivas: Las tácticas COMPSTAT alientan a "pensar más allá de lo usual" y exigen que cada recurso, tanto interno como externo, se considere como respuesta a un problema. De forma semanal, la policía recopila un resumen estadístico de la actividad de quejas, arrestos y citatorios por delitos, así como una recapitulación por escrito de los casos significativos, patrones de delitos, y actividades policiales de la semana. Las tácticas COMPSTAT también guardan un sentido de urgencia para responder a los problemas.

Despliegue Rápido: Cada caso (p. ej., incidente de tiroteo) se investiga rigurosa y rápidamente de forma sistemática. Con COMPSTAT, la policía hace uso de información vital referente a tendencias o patrones emergentes de delincuencia que permitan una rápida respuesta estratégica de la policía. La respuesta estratégica puede ser de muchas formas, operaciones tanto tradicionales como no tradicionales.

Seguimiento y Evaluación Implacables: El seguimiento y evaluación de los resultados son parte esencial del proceso. Los datos se presentan en formatos de semana a la fecha, de los últimos 30 días, y de año a la fecha, con comparativos contra la actividad del año anterior. Los comandantes de la delegación y los miembros de la administración superior de la agencia pueden discernir con facilidad las tendencias delictivas emergentes y las establecidas, así como las desviaciones y anormalidades, y pueden fácilmente hacer comparaciones entre comandos.

Al aplicar el modelo COMPSTAT al punto de vista presuntivo que se comenta en este libro, las pláticas de planeación en colaboración y la compartición efectiva de información también deben extenderse más allá de la organización policial local para incluir a las partes interesadas forenses y fiscales, así como a otros miembros locales, estatales y federales.

Proyecto Vecindarios Seguros (PSN)

El Proyecto Vecindarios Seguros, un programa administrado por el Departamento de Justicia (DOJ) de los Estados Unidos, es un ejemplo sobresaliente de una pirámide de defensores que está enfocada a reducir la violencia con armas y pandillas a través de la planeación y ejecución en colaboración de las partes interesadas, apalancando e integrando programas, comunicación y alcance comunitario, así como responsabilidad personal.

PSN también añade otro elemento muy importante que es fundamental para el éxito—**los recursos para ayudar a que se cumpla con el trabajo.** PSN ayuda a proveer las herramientas que las partes interesadas participantes necesiten en términos de gente, procesos y tecnología.

La siguiente información puede hallarse en la página en Internet del Proyecto Vecindarios Seguros: www.psn.gov

> PSN es un compromiso a nivel nacional para reducir los delitos con armas y pandillas en Estados Unidos interconectando programas locales existentes orientados contra las armas y la delincuencia con armas de fuego, y brindando a estos programas las herramientas adicionales necesarias para ser exitosos. Desde su origen en 2001, se han asignado aproximadamente 2 mil millones de dólares a esta iniciativa. Este financiamiento se está usando para contratar nuevos fiscales federales y estatales, apoyar a los investigadores, brindar capacitación, distribuir juegos de seguridad para el aseguramiento de armas, disuadir la delincuencia juvenil armada, y desarrollar y promover esfuerzos de alcance comunitario, así como apoyar las otras estrategias para la reducción de violencia con armas y pandillas.
>
> PSN se basa en tres principios fundamentales, específicamente es:
>
> *Exhaustivo:* Si bien las fuerzas de orden público son un aspecto necesario e importante de los programas para la reducción de la delincuencia, las iniciativas más exitosas aúnan la aplicación de la ley a esfuerzos de prevención y disuasión.
>
> *Coordinado:* Los programas que aseguran la coordinación entre las fuerzas del orden público y los esfuerzos de disuasión y

prevención tienen mayor probabilidad de éxito que los que no lo hacen.

Comunitario: La delincuencia con armas es local, y los recursos disponibles para enfrentarla pueden variar de un distrito a otro. En consecuencia, cualquier programa nacional para reducir la delincuencia debe permanecer lo suficientemente flexible para implementarse de manera que responda al problema específico en esa área, y a la vez dar cuenta de las capacidades y recursos locales particulares que se le puedan asignar.

Red Nacional Integrada de Información Balística (NIBIN)

NIBIN es la primera red para compartición de información balística en el mundo capaz de procesar en una sola plataforma tanto balas como casquillos. Dentro del contexto de redes de balística, NIBIN es un modelo de mejor práctica para la gestión de las partes interesadas.

La siguiente información puede hallarse en la página en Internet de NIBIN del ATF: www.nibin.gov

Propósito: En 1999, el ATF estableció y empezó a administrar la Red Nacional Integrada de Información Balística (NIBIN). En este programa, el ATF administra tecnología para la digitalización balística automatizada para los miembros NIBIN: agencias Federales, Estatales y locales de seguridad. NIBIN permite a los miembros de NIBIN adquirir (ingresar) imágenes digitales de las marcas hechas en municiones disparadas que se recuperaron en una escena de crimen, o disparos de prueba con un arma homicida. Las imágenes luego se correlacionan (en cuestión de horas) contra ingresos anteriores por medio de la comparación de imágenes digitales. Si surge un candidato altamente confiable de concordancia, la muestra original se compara con microscopio para confirmar la concordancia o "acierto" NIBIN. Al buscar en un ambiente automatizado ya sea a nivel local, regional o nacional, los miembros NIBIN pueden develar vínculos entre delitos más rápidamente, incluyendo vínculos que nunca se hubieran identificado de no existir la tecnología. NIBIN también facilita buscar información de investigación a través de fronteras jurisdiccionales.

Metas: Coordinar el ingreso exhaustivo a NIBIN de toda la información balística (apropiada para ingresarse a NIBIN) que se haya tomado bajo la custodia de agencias Federales, Estatales y locales de seguridad pública, con el fin de identificar todos los vínculos posibles con tiroteos violentos.

o Remitir pistas de investigación generadas por NIBIN a los Participantes de NIBIN para resolver, reducir y prevenir delitos violentos asociados con armas de fuego

o Registrar los resultados de investigación/fiscalía de pistas generadas por NIBIN para medir el desempeño

o Brindar la mejor capacitación de las "mejores prácticas" NIBIN a todos los participantes de NIBIN.

o Brindar la mejor capacitación de usuarios NIBIN a todos los miembros de NIBIN.

o Suministrar la mejor tecnología NIBIN a todos los miembros de NIBIN.

miembros NIBIN: Los miembros NIBIN deben firmar un acuerdo con el ATF para usar el equipo hasta un nivel razonable, compartir información de aciertos con los demás participantes de NIBIN, ingresar tanta información balística de escenas de tiroteos como sea posible, suministrar personal adecuado para operar el equipo, financiar viajes de nuevos usuarios para un curso de capacitación de una semana, tener un sistema para la recuperación de casquillos/balas de disparos de prueba con armas de fuego, y emplear o tener acceso a un perito en balística certificado para hacer comparaciones microscópicas. NIBIN conecta a más de 200 sistemas IBIS en cerca de 200 localidades.

Mesa Directiva de NIBIN: El ATF supervisa una Mesa Directiva de NIBIN conformada por representación de agencias Federales, Estatales y locales de seguridad pública, la cual recomienda y brinda orientación al ATF sobre operaciones de NIBIN; reglas, normas y procedimientos; tecnología para digitalización balística, estándares, aplicaciones e interconexión; asuntos, compras y gastos contractuales; mejoras en aplicaciones y equipo de cómputo; y despliegues, movimientos y remociones.

Servicio Nacional de Información Balística (NABIS)

NABIS es un programa administrado por la Oficina del Interior[10] del Reino Unido, que creció a partir de un caso clásico que involucró defensa, gestión y colaboración de partes interesadas, y la integración de un programa. Empezó con varios defensores clave del punto de vista presuntivo. Sus esfuerzos llevaron a un programa inicial de trabajo comisionado por la Oficina del Interior y la Asociación de Oficiales de Policía en Jefe (ACPO) para cubrir las 43 fuerzas policiales en Inglaterra y Gales[11]. Este esfuerzo se concentró en el desarrollo de un entendimiento de colaboración entre todas las partes interesadas, de la diversa información entrante, saliente, y resultados incluidos en dicho programa de armas homicidas.

El programa inicial de acción dio como resultado el establecimiento de NABIS, para asegurar que las fuerzas de seguridad en el Reino Unido tuvieran un medio eficiente y efectivo de compartir información balística e información sobre el mal uso delictivo de armas de fuego.

La siguiente información puede hallarse en la página de Internet de NABIS: www.nabis.police.uk

> NABIS provee un recurso de inteligencia que está disponible para fuerzas policiales y demás agencias de seguridad pública, que se enfoca por completo al uso delictivo de armas de fuego. Se compone de tres elementos separados pero interconectados, a saber:
>
> o   Un registro completo de todas las armas de fuego y municiones recuperadas que entren en posesión de la policía en Inglaterra y Gales
>
> o   Un capacidad de comparación balística para vincular delitos e incidentes en las primeras 24 a 48 horas en casos urgentes

---

[10] La Oficina del Interior es el departamento líder de gobierno en el Reino Unido para inmigración y pasaportes, política sobre medicamentos, antiterrorismo y policía.

[11] Ya se está trabajando para incorporar a las fuerzas policiales escocesas en NABIS.

o Una base de datos asociada para brindar información táctica y estratégica, capaz de focalizar la actividad de las fuerzas del orden público

NABIS depende de una base nacional de datos con todo el material de armas de fuego y balístico recuperado, tales como cartuchos completos de municiones, casquillos y proyectiles. La base de datos también vincula esos artículos de balística a la información táctica registrada por fuerzas policiales y demás agencias de seguridad pública en el RU.

NABIS está compuesto por oficiales de policía y personal de la policía. Algunos miembros del equipo son empleados directamente por el Servicio, y los demás son delegados de fuerzas policiales.

Tres nuevas instalaciones regionales de NABIS harán disparos de prueba, analizarán y vincularán las armas de fuego con otros incidentes en todo el RU. Esto permite a los oficiales de investigación acceder rápidamente a la información que sea básica en una investigación. Las instalaciones usarán el equipo más reciente y estarán a la vanguardia en tecnología forense de armas de fuego.

NABIS es financiada mediante un acuerdo con base a suscripciones firmado por parte de la ACPO.

Elementos Fundamentales

- Desarrollar un a defensor de nivel alto que tenga suficiente influencia para impulsar la iniciativa, con el fin de congregar a toda la gente adecuada al proceso.

- Identificar y asignar participantes para los grupos tácticos (políticas) y estratégicos (operaciones) de partes interesadas.

- Llevar a cabo una sesión moderada para crear conciencia sobre el punto de vista presuntivo, para que el grupo de trabajo de las partes interesadas genere un consorcio más amplio de defensores.

- Llevar a cabo un taller moderado con el fin de desarrollar el protocolo del punto de vista presuntivo para el grupo de trabajo de las partes interesadas, y transmitir las recomendaciones al grupo estratégico.

- Planear la integración de los programas existentes para apalancar el punto de vista presuntivo.

- Planear, desarrollar e implementar un programa regional sustentable para generar rápidamente beneficios de resolución de delitos y prevención de delitos, adoptando el punto de vista presuntivo para investigar los delitos que involucren el mal uso de armas de fuego.

- Estar preparados para comunicar los protocolos y expectativas del nuevo programa a todas las partes interesadas afectadas.

- Establecer un proceso continuo para monitorear el desempeño entre los dos grupos de trabajo, con el fin de asegurar que la iniciativa esté bien coordinada y esté logrando los objetivos deseados.

- Comunicarse claramente y con frecuencia.

Consideraciones Clave

- Lograr reunir a los equipos correctos de gente y la interacción sostenida de colaboración.

- Aclarar las necesidades de información entrante y saliente de cada parte interesada.

- Mapear los procesos actuales de las partes interesadas para identificar cuellos de botella y elementos faltantes existentes.

- Evitar los cuellos de botella que impidan la colaboración.

- Crear protocolos nuevos y sustentables que estén balanceados en términos de gente, procesos y tecnología.

- Emplear un proceso de comunicación continua con las partes interesadas afectadas—en todos los niveles de sus distintas organizaciones.

- Validar las sustentabilidad de los éxitos a través de revisiones al programa y acciones correctivas.

- Institucionalizar los nuevos protocolos dentro de las organizaciones afectadas.

Resumen

Lo Más Importante: Desarrollar un defensor o defensores que tengan el poder de impulsar el cambio a los niveles que se requieran para reunir a las distintas partes interesadas necesarias para asumir el punto de vista presuntivo, y suministrar o defender el apoyo de recursos para la gente, procesos y herramientas tecnológicas que serán necesarias.

El Paso Siguiente: De forma análoga a como se construyen los cables de un puente, la integración y el apalancamiento pueden ayudar a suministrar programas para la resolución de delitos con la fuerza sustentable necesaria para rendir beneficios sustanciales de seguridad pública. El siguiente capítulo comenta los fundamentos de la tarea número dos de *Las 13 Tareas Fundamentales*—Cómo Integrar Programas.

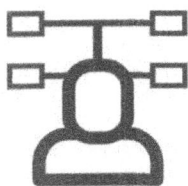

Tarea Dos: Cómo Integrar Programas

¿Por Qué Necesitamos Integrar Programas?

Si observamos a la comunidad de las fuerzas del orden público, hallaremos muchos programas ingeniosos para la reducción de delitos. Algunas agencias tienen decenas de programas que enfrentan de forma correcta el problema de la delincuencia desde diversas perspectivas.

Por ejemplo, Proyecto Exile es un programa que se centra en delincuentes con antecedentes cuya posesión ilegal de armas de fuego los expuso a largas sentencias penales mínimas forzosas, eliminándolos de manera efectiva de las comunidades que depredaban.

También el Proyecto de Armas de Boston—Operación Cese el Fuego, es una iniciativa para creación de políticas orientada a problemas, cuyo objetivo son homicidios cometidos por jóvenes en Boston. Se reunió a las partes interesadas de las fuerzas del orden público, la comunidad y del ámbito académico para ayudar a encontrar soluciones.

Los programas anti-delincuencia percibidos como "silos" individuales y ejecutados dentro de "estancamientos" organizacionales son, por lo general, menos eficientes y menos efectivos para resolver delitos. Malgastan tiempo y recursos y, por su naturaleza, provocan que información importante caiga en las elementos faltantes. Sencillamente no son tan fuertes como pudieran serlo.

Las mejoras efectivas para combatir la delincuencia deben tener la fuerza necesaria para sustentar el cumplimiento de los beneficios esperados durante largos periodos de tiempo. Las mejoras en la resolución de delitos que no puedan ser sustentadas del todo pueden tener en realidad el efecto contrario, especialmente en términos de daños a la credibilidad del público y confianza en el gobierno.

Los Cables de Acero

Piense en la siguiente analogía. Los puentes colgantes soportan cargas pesadas y necesitan de una gran fuerza que procede en gran parte de los enormes cables que los soportan. La construcción del cable de un puente puede brindar una lección para apalancar el poder de los programas a través de la integración. Cada cable obtiene su fuerza de la integración de muchos filamentos individuales de alambre de acero. La fuerza de cada filamento individual de alambre se apalanca al trenzarse para formar "cuerdas" de acero. Las cuerdas, que son más fuertes, se apalancan luego de la misma manera para formar un cable. Esta sucesión de integración en aumento no solo da al cable la fuerza que necesita para soportar su carga, sino que la metodología de fabricación en sí misma brinda una forma eficiente y efectiva de construir el puente.

Casi de la misma manera que se construyen los cables del puente, la integración y el apalancamiento pueden ayudar a dar a los programas para resolución de delitos la fuerza sustentable necesaria para proveer beneficios sustanciales de seguridad pública. Por ejemplo, piense en este caso bastante típico. La agencia de seguridad pública "X" está operando tres programas asociados con la delincuencia: (1) NIBIN para correlacionar armas con delitos, (2) eTrace[12] para vincular gente a las armas, y (3) una aplicación que elabora gráficas para demarcar las ubicaciones de los llamados incidentes de "llamadas de emergencia". Cada programa es operado por una unidad distinta de la organización, separado por función y supervisión. NIBIN se ubica bajo la Unidad de Servicios Forenses, eTrace bajo la Unidad de Servicios de Investigación, y el mapeo de delitos bajo la Unidad de Planeación e Investigación. Los tres programas son, en su mayoría, silos que funcionan y brindan información dentro de su propio ámbito. Por ejemplo, en la Unidad de Servicios Forenses, las armas homicidas y muestras balísticas se están procesando a través de NIBIN. Las balas y casquillos disparados que se hallaron en escenas del crimen se están correlacionando entre sí y con las armas que las dispararon. En la Unidad de Servicios de Investigación, las armas

---

[12] eTrace (Sistema Electrónico de Rastreo) es un sistema por Internet que permite a las agencias de seguridad pública participantes ingresar rastreos de armas de fuego en el Centro Nacional de Rastreo (NTC) de el ATF. Los usuarios autorizados pueden recibir resultados de rastreos de armas de fuego a través de este mismo sitio de Internet, buscar en una base de datos que contiene todos los rastreos de armas de fuego ingresados por su agencia individual, y llevar a cabo funciones analíticas.

homicidas entraron en custodia policial y están siendo rastreadas a través de eTrace. Los detectives están descubriendo los nombres de la gente que las compró y están dando seguimiento a esa información. Los esfuerzos para mapear los delitos que se están realizando en la Unidad de Planeación e Investigación están ayudando al personal de alto nivel de comando a visualizar los puntos focales que necesitan atención en la ciudad.

Ahora, imagine el mismo caso pero con dos cambios significativos:

Primero: suponga que las tres unidades involucradas sean co-partes interesadas que operan de forma estructurada para asegurar la colaboración, como se mencionó en el capítulo 5, "Tarea Uno: Cómo Gestionar las Partes Interesadas".

Segundo: suponga que han seguido los pasos necesarios para integrar y apalancar la información de sus tres programas que se ejecutan de forma independiente, como se recomienda en este capítulo.

Con estos dos cambios en juego, los **datos de eTrace** que contienen las descripciones de las armas homicidas y los nombres y direcciones de los compradores y vendedores, y los **datos de NIBIN** con sus descripciones de armas homicidas y municiones, así como correlaciones a delitos identificadas, **se están señalando en la gráfica de delincuencia** junto con otros datos de todos los incidentes de tiroteos, asaltos y asesinatos. Ahora las operaciones policiales y el personal administrativo pueden visualizar datos mucho más exhaustivos de los delitos con armas de fuego; se les está presentando en un solo lugar. Pueden empezar a extraer rápida y fácilmente información valiosa acerca de las relaciones entre delitos, gente, lugares, armas, y municiones disparadas. Tan importante como hacer las conexiones identificables de inmediato, es la capacidad para detectar rápidamente las elementos faltantes cuestionables que, a su vez, dan lugar a indagaciones posteriores.

Al igual que en la analogía del cable para el puente, los tres programas individuales anteriores pueden lograr una iniciativa mucho más fuerte para reducir la violencia con armas al integrarse y entrelazarse. La integración de programas se vuelve una condición previa para asumir el punto de vista presuntivo debido a la cantidad de información y a la naturaleza diversa de la información asociada con armas de fuego que debe recolectarse y procesarse.

Mejores Prácticas Recomendadas

Proyecto Vecindarios Seguros (PSN)

PSN se menciona nuevamente aquí en este capítulo, "Cómo Integrar Programas", debido a su importancia y efectividad para apalancar distintas fuerzas y la coordinación en todos los niveles de múltiples jurisdicciones.

La siguiente información puede hallarse en la página en Internet del Proyecto Vecindarios Seguros: www.psn.gov

> El Departamento de Justicia requirió que cada Fiscal Federal implementara un esfuerzo local para reducir la delincuencia con armas de fuego que tuviera cada uno de los siguientes cinco elementos: **asociaciones, planeación estratégica, capacitación, alcance comunitario y responsabilidad.** El elemento de asociación requiere que el Fiscal Federal forme sociedades viables y sustentables con otras fuerzas del orden público federales, estatales y locales; fiscales; y la comunidad. La resolución estratégica de problemas incluye el uso de datos e investigación para aislar los factores clave que motiven la delincuencia con armas de fuego a nivel local, sugerir estrategias de intervención, y brindar retroalimentación y evaluación para el grupo de trabajo. El componente de alcance comunitario incorpora estrategias de comunicación orientadas tanto a infractores ("disuasión concentrada") como a la comunidad ("disuasión general"). El elemento de capacitación subraya la importancia de asegurar que cada persona involucrada en el esfuerzo para reducir la delincuencia con armas de fuego—desde el oficial de policía de línea hasta el fiscal y hasta el trabajador de alcance comunitario—tenga las habilidades necesarias para ser lo más efectivo posible. Finalmente, el elemento de responsabilidad asegura que el grupo de trabajo reciba retroalimentación de forma regular sobre el impacto de sus intervenciones, de forma que puedan hacerse ajustes, de ser necesario. A continuación hay una descripción más detallada de cada elemento:
>
> *Asociaciones:* El programa PSN pretende aumentar las asociaciones entre agencias federales, estatales y locales a través de la formación de un grupo de trabajo local de PSN. Coordinado por el Fiscal Federal, el grupo de trabajo de PSN generalmente incluye a fiscales tanto federales como locales, agencias federales

de seguridad, agencias locales y estatales de orden público, y libertad condicional y libertad bajo palabra. Casi todos los grupos de trabajo de PSN también incluyen miembros adicionales, tales como representantes de gobiernos locales, proveedores de servicio social, líderes vecinales, miembros de la comunidad religiosa, líderes de negocios, educadores y profesionales en el cuidado de la salud.

Además de las sociedades locales que se desarrollen en cada distrito, el programa nacional de PSN también adoptó dos miembros nacionales: La Asociación Nacional de Fiscales de Distrito y la Asociación Internacional de Jefes de Policía. Aunque los miembros nacionales no tienen un papel definido, estos grupos han sido integrales para comunicar – al electorado, el Congreso y demás – la importancia de la iniciativa y la necesidad de apoyo continuo cada ciclo presupuestario.

Planeación Estratégica: Reconocer que los problemas por delincuencia, incluyendo la delincuencia con armas de fuego, varían de una comunidad a otra en todo Estados Unidos, que las leyes estatales que atienden la delincuencia con armas de fuego varían de forma considerable, y que los recursos locales y estatales varían entre los distritos judiciales federales que cubren los Departamentos de los Fiscales Federales. PSN también incluye un compromiso para apropiar el programa al contexto local. Específicamente, PSN facilitó recursos para la inclusión de un miembro local de investigación que colabore con el grupo de trabajo de PSN para analizar el problema de la delincuencia con armas de fuego local y ayude a desarrollar un plan proactivo para la reducción de la delincuencia con armas de fuego. La meta era que los miembros de investigación ayudasen al grupo de trabajo para el análisis de los patrones y tendencias de la delincuencia con armas de fuego que pudieran ayudar al grupo de trabajo a centrar recursos en la gente, lugares y contextos más graves de la delincuencia con armas de fuego. Los patrones de investigación también podrían aportar la práctica sobre muestras en las pláticas del grupo de trabajo acerca de estrategias para reducir la delincuencia con armas de fuego. La inclusión del miembro de investigación también tuvo la intención de ayudar en la evaluación permanente, a fin de dar retroalimentación al grupo de trabajo. (Ver a continuación el componente de *Responsabilidad*)

Aunque cada distrito crea intervenciones estratégicas que tienen sentido en su contexto local, una estrategia compartida por todos los grupos de trabajo de PSN es el aumento en la acción penal federal de la delincuencia con armas de fuego. PSN se elaboró sobre la creencia de que el aumento de la acción penal federal para los infractores armados reducirá la delincuencia con armas de fuego a través de la incapacitación y la disuasión de infractores potenciales. Esta hipótesis de trabajo se basa en la idea de que las sanciones federales para la delincuencia con armas de fuego son a menudo más severas que aquellas que, ya sea estén disponibles a nivel estatal, o bien tengan la probabilidad de imponerse a nivel estatal. Aún más, la acción penal federal pudiera incluir sanciones no disponibles a nivel local. El enfoque en personas prohibidas que posean o usen un arma de fuego se hace a partir del descubrimiento de que una porción significativa de la delincuencia con armas de fuego involucra a infractores con historiales delictivos significativos. Así, la meta al haber mayor certeza de que una persona prohibida con posesión enfrentará fuertes sanciones federales es disuadir a infractores potenciales para que no tengan posesión y porten un arma ilegalmente.

Capacitación: PSN incluyó un compromiso significativo de recursos para apoyar la capacitación. Este programa ha incluido capacitación para las agencias de seguridad pública sobre temas que incluyen investigaciones de arma homicida, identificación y rastreo de arma homicida, y temas afines. Se ha dado a fiscales estatales y locales capacitación sobre la acción penal efectiva de casos con armas. Se ha enfocado capacitación adicional a la resolución estratégica de problemas, y alcance y compromiso comunitario. Los programas de PSN apoyados a nivel nacional son impartidos por una red de proveedores nacionales de capacitación y asistencia técnica; además, cada Oficina del Fiscal Federal de los E.U. lleva a cabo sesiones locales de capacitación.

Alcance: Los diseñadores de PSN creían que el aumento en sanciones tendría un mayor impacto si estaban acompañadas de una campaña en medios de comunicación para transmitir el mensaje de la posibilidad de acción penal federal por la posesión y uso ilegales de un arma. En consecuencia, se dieron recursos a todos los grupos de trabajo de PSN para trabajar con un miembro de alcance comunitario con el fin de idear estrategias para transmitir este mensaje tanto a infractores potenciales como a la comunidad en general. Este esfuerzo de alcance local también es apoyado a nivel nacional mediante la creación y distribución de Anuncios de Servicio Público y materiales (anuncios, carteles). Estos materiales se envían directamente por correo a medios de comunicación y también están disponibles para los grupos locales de trabajo de PSN.

El componente de alcance también tiene por objeto apoyar el desarrollo de componentes de prevención e intervención. PSN destinó fondos en los años fiscales 2003 y 2004 a las sociedades locales de PSN, que podrían usarse para apoyar una serie de iniciativas incluyendo prevención e intervención. Muchas iniciativas se elaboraron a partir de programas existentes, tales como prevención en las escuelas, Weed and Seed[13], o programas de intervención de tribunales de menores.

Responsabilidad: Este elemento enfatizaba que PSN se enfocaría resultados—es decir, reducción de la delincuencia con armas de fuego—en lugar de enfocarse a resultados tales como arrestos y casos llevados a juicio. Esto es, el éxito de PSN se mide por la reducción en la delincuencia con armas de fuego. Este componente de responsabilidad se vinculó con la planeación estratégica, mediante la cual se pidió los grupos de trabajo de PSN, trabajando con su miembro local de investigación, monitorear los niveles de delincuencia dentro de los problemas objetivados y/o áreas objetivadas, al paso del tiempo.

Para implementar el programa, cada Oficina de Fiscalía Federal de los E.U. ha nombrado a un Coordinador de PSN, quien es responsable por la operación cotidiana de la iniciativa. El Departamento monitorea el avance de la iniciativa a través de reportes que entrega cada Fiscal Federal. Además, el Departamento estableció un punto de contacto para cada distrito con el fin de asistir en problemas de implementación, y creó el Equipo para Asistencia en Seguridad de Armas de Fuego (FEAT)

---

[13] N. del T.: Weed and Seed (Desmalezar y Sembrar) es ante todo una estrategia—más que un programa de subvenciones—orientado a evitar, controlar y reducir la delincuencia violenta, el abuso de drogas, y la actividad pandillera en vecindarios designados como de alta criminalidad en todo el país. Los más de 300 sitios Weed and Seed oscilan en tamaño desde varias cuadras en un vecindario hasta varias millas cuadradas, con poblaciones que abarcan desde 3 mil hasta 5 mil personas. Fuente: http://www.weedandseed.info/docs/strategy.htm

para apoyar al programa en general. Con la finalidad de ayudar a asegurar que cada distrito desarrolle las habilidades necesarias para implementar la iniciativa, OJP ha financiado una red integral de profesionales en capacitación y asistencia técnica, y ofrece una Conferencia Nacional de PSN aproximadamente cada 18 meses. Los distritos individuales también han recibido fondos a través de un agente fiscal local por cada año del programa.

Equipos de Impacto para Delitos Violentos (VCIT)

Concebida por el ATF, la estrategia VCIT establece aplicar tecnología para identificar puntos focales y exponer, investigar y arrestar a los infractores violentos. El Centro Nacional de Rastreo, la Agencia para Análisis de Armas Homicidas, los Centros Regionales de Armas Homicidas (RCGC) y demás tecnologías del ATF, tales como NIBIN y sistemas de información geográfica, se usan para ubicar con exactitud problemas de delitos localizados e identificar a los delincuentes que son "lo peor de lo peor". Integrar información de agencias locales de seguridad con información generada a través de nuevas tecnologías es fundamental para combatir con éxito la delincuencia violenta con armas de fuego.

Revisión de Actores de Impacto y Tiroteos Callejeros de Boston

A mediados de la década de los 90, el Departamento de Policía de Boston implementó una iniciativa llamada el Proyecto de Armas de Boston: Operación Cese el Fuego, sobre el que se forjaron muchos de los principios del Proyecto Vecindarios Seguros (PSN). Se basó en sociedades de colaboración, la integración de datos de los programas de diversas agencias de seguridad pública y centros de derecho penal, y el apalancamiento de organizaciones militantes y la comunidad religiosa. Una táctica clave del proyecto que sigue en operación hoy la: Revisión de Actores de Impacto y Tiroteos Callejeros (IPSSR).

La IPSSR reúne a las policías local y estatal, fiscales, y demás agencias federales y locales cada dos semanas para compartir información sobre los "actores de impacto" involucrados en violencia asociada con drogas y pandillas en los puntos focales designados de la ciudad. Datos de IBIS/NIBIN y datos de rastreo de armas de fuego son dos ejemplos de la importante información en la cual se basa la IPSSR.

Toda la información se gestiona a través de un Centro de Información Táctica que atiende al Centro Regional de Información de Boston (BRIC).

Además de generar pistas de investigación tradicionales, el IPSSR también hace uso de tácticas de supresión, tales como imponer a infractores costos asociados con su conducta infractora crónica (p. ej., entregar órdenes judiciales, hacer cumplir restricciones de libertad condicional, desplegar poderes federales de orden público, y sentencias obligatorias). La IPSSR tiene mucho en común con COMPSTAT y, como tal, se ha integrado como un elemento del Programa COMPSTAT del DP de Boston. Aún así, la IPSSR es también única en tanto que promueve la colaboración inter-organizacional de las partes interesadas, enfocada a la violencia, con armas de fuego y asociada con pandillas.

Un Estudio de Caso: El Casquillo de Cardoza

Como parte del Proyecto de Armas de Boston: Operación Cese el Fuego[14], diversas partes interesadas de agencias locales, estatales y federales de seguridad pública y el sector civil se agruparon de manera formal y rutinaria a fin de colaborar en soluciones para atender los crecientes niveles de violencia pandillera en las calles de Boston. El poder de las diversas partes interesadas que se reunían regularmente para atender un problema no solamente desde sus perspectivas singulares, sino pensando y actuando juntos como uno solo, se ejemplifica bien en la historia de Freddie Cardoza—un hombre que alguna vez fuera considerado por muchos en la comunidad de seguridad pública de Boston como uno de los pandilleros más abyectos de la ciudad.

*A mediados de la década de los 90, se reportó a los participantes en una de las juntas de la Operación Cese el Fuego de Boston (el antecesor de IPSSR/COMPSTAT) un incidente en el que patrulleros de Boston encontraron a Cardoza en posesión de un solo cartucho de municiones—**un cartucho.***

Al comentar el incidente en la junta de IPSSR, las diversas partes interesadas se enteraron que, al tener posesión de un solo cartucho, Cardoza había de hecho violado las leyes Federales de Armas de Fuego, y calificaba para sentencia aumentada sentencia obligatoria debido a sus condenas anteriores por tres o más delitos violentos. El grupo solicitó a sus colegas de

---

[14] Reporte de Investigación: *Disminuyendo la Delincuencia con armas de fuego –La Operación Cese el Fuego del Proyecto de Armas de Boston,* Septiembre 2001, NCJ 188741

ATF y al Fiscal Federal que enjuiciaran a Cardoza por posesión del solo cartucho. Cardoza fue enjuiciado y condenado. Fue sentenciado bajo la cláusula de sentencia aumentada para delincuente armado con antecedentes por posesión de arma y municiones a un periodo obligatorio de casi 20 años en la prisión Federal.

A pesar del hecho que un infractor violento reincidente haya sido eliminado de la comunidad por un largo tiempo, las partes interesadas creían que podían y debían lograrse más beneficios para el público. Ellos estaban firmemente convencidos que la postura de no tolerancia que habían asumido sobre Cardoza debería usarse como una táctica para disuadir a otros jóvenes de cometer actos de violencia pandillera.

El grupo de trabajo desarrolló una estrategia de múltiples vías para "enviar un mensaje" a futuros 'gangsters' de que la violencia no sería tolerada en Boston. Carteles como el que aparece a continuación, se hicieron y desplegaron por toda la ciudad en áreas donde las pandillas operaban con frecuencia. También se trajo a pandilleros para encarar a un panel de partes interesadas de Operación Cese el Fuego y escuchar de primera mano exactamente lo que la policía y los tribunales habían preparado para pandilleros armados. A continuación hay un extracto del reporte de Operación Cese el Fuego:

. . . Hubo más silencio en el salón cuando el panel volteó hacia Freddie Cardoza, quien aparecía en su propio cartel y panfleto. "Una bala," [dijo Gary French]. "Ya no vamos a tolerar esto." . . .

Elementos Fundamentales

- Integrar información de los programas delictivos pertinentes (p. ej., iniciativas organizadas anti-pandillas, rastreo de armas homicidas, mapeo geográfico de la delincuencia, y detectores acústicos de disparos) incluyendo datos forenses tales como balística, ADN, y huellas digitales.

- Apalancar las informaciones entrantes y salientes, así como los resultados de los programas delictivos pertinentes.

- Procesar de manera efectiva los datos salientes tanto para usos tácticos como estratégicos.

- Eliminar silos y estancamientos.

- Comunicar claramente y con frecuencia.

Consideraciones Clave

- Asegurar un proceso de comunicación continua con las partes interesadas afectadas—en todos los niveles de las distintas organizaciones.

Resumen

<u>Lo Más Importante</u>: Integrar programas como un requisito previo para asumir el punto de vista presuntivo, debido a los distintos grupos de gente involucrados, programas que ya estén establecidos, la cantidad y naturaleza de los datos asociados con armas homicidas a recolectarse, y los diversos métodos que se usen para procesar los datos.

<u>El Paso Siguiente:</u> La institucionalización del punto de vista presuntivo requiere capacitación y directrices obligatorias. El siguiente capítulo comenta la tarea número tres de *Las 13 Tareas Fundamentales*—Cómo Establecer un Entendimiento Formal y Reforzar Directrices.

7
Chapter

Tarea Tres: Cómo Establecer un Entendimiento Formal y Reforzar Directrices

¿Por qué Establecer un Entendimiento Formal y Reforzar Directrices?

La delincuencia violenta es asunto de la gente, al igual que las causas y soluciones. Esto es, los delitos violentos los comete gente, y los programas que buscan enfrentar estos delitos deben ser diseñados e implementados por gente. Estos programas pueden ser muy complicados y requieren comunicación, entendimiento, colaboración, y estricto apego a ciertos procedimientos. Debido a la naturaleza y cantidad de los datos y la cantidad de gente involucrada en el proceso de resolución de delitos, la institucionalización del punto de vista presuntivo requiere **un entendimiento y refuerzo formalizados de las directrices**.

Se requiere este entendimiento formalizado de los roles y responsabilidades de los participantes y lo que el programa conlleva, a fin de comunicarlo de forma efectiva a través de todos los medios y sistemas de comunicación. Un entendimiento formalizado también ayudará a asegurar la continuidad del programa, a medida que las partes responsables llegan y se van, y sus roles cambien por diferentes razones.

La documentación de un programa y una directriz firmada por ejecutivos de alto nivel de la agencia brindan una serie de beneficios sustanciales y sustentables. Juntos:

- Comunican el compromiso de la agencia con el personal a todos los niveles y los facultan para actuar.

- Mantienen la continuidad del programa, más allá de los cambios del personal.

- Comunican la visión, misión, estrategias y tácticas de manera consistente.

- Definen los roles y expectativas para cada participante.

- Establecen protocolos y procedimientos.

- Mantienen la medición del desempeño y la capacidad para ajustar tácticas y adaptarse al cambio.

Un Memorándum de Entendimiento (MOU) firmado por los ejecutivos de las agencias de las partes interesadas participantes puede brindar beneficios similares entre organizaciones.

También se requiere reforzar las directrices del programa con el fin de asegurar la eficiencia y efectividad de las operaciones en curso para lograr sus objetivos deseados. Este refuerzo debe ser positivo y de apoyo por un lado, y por el otro debe responsabilizar a los gestores de que todos cumplan con su tarea.

Mejores Prácticas Recomendadas

Cómo Crear un Banco de Datos de Muestras de Armas de Fuego

Las siguientes páginas detallan una ley que el Estado de Connecticut hizo para crear un banco de datos de muestras de armas de fuego.

ESTATUTOS GENERALES DE CONNECTICUT
TÍTULO 29 SEGURIDAD PÚBLICA Y POLICÍA ESTATAL
CAPÍTULO 529 DIVISIÓN DE POLICÍA ESTATAL

Sección 29-7h. Banco de datos de muestras de armas de fuego. (a) Según de usa en esta sección:

(1) "Banco de datos de muestras de armas de fuego " significa un sistema computarizado que escanea un disparo de prueba y almacena una imagen de dicho disparo de prueba de forma apropiada para su recuperación y comparación con otros disparos de prueba y demás evidencia en un caso;

(2) "Arma Corta" significa cualquier arma de fuego capaz de disparar municiones de percusión anular o central, y diseñada o fabricada para dispararse con una mano;

---

(3) "Laboratorio" significa el laboratorio de ciencia forense de la División Servicios Científicos, dentro del Departamento de Seguridad Pública;

(4) "Departamento de policía" significa la División de la Policía Estatal dentro del Departamento de Seguridad Pública, o un departamento local de policía organizado;

(5) "Disparo de prueba" significa municiones descargadas compuestas por un casquillo o una bala, o un fragmento de ellos, recolectado después de disparar un arma corta y que contenga suficientes características microscópicas para compararse con otras municiones descargadas, o para determinar el arma corta desde la cual se dispararon las municiones.

(b) (1) La División Servicios Científicos establecerá un banco de datos para armas de prueba. Las muestras de disparos de prueba que se entreguen al laboratorio, o recolectada de armas cortas que se entreguen al laboratorio, deberán ingresarse a dicho banco de datos conforme a procedimientos específicos adoptados por el Comisionado de Seguridad Pública, en las normas adoptadas conforme a la sub-sección (f) de esta sección.

(2) El personal del laboratorio puede hacer uso del banco de datos para muestras de armas de fuego con el fin de (A) comparar dos o más casquillos, balas y demás proyectiles que se hayan entregado al laboratorio o se hayan generado de un arma corta en el laboratorio, o (B) a solicitud de un departamento de policía como parte de la investigación de un caso de delincuencia, verificar por peritaje microscópico cualquier concordancia resultante, y generar un reporte que consigne los resultados de dicha búsqueda.

(3) Cualquier digitalización de un casquillo, bala o fragmento de ello del que no haya surgido una concordancia mediante la búsqueda en el banco de datos se almacenará en el banco de datos para búsquedas futuras.

(4) La División Servicios Científicos puede permitir a una sección de armas de fuego de un departamento de policía que cumpla con todas la pautas y normas de laboratorio adoptadas por el comisionado conforme a la sub-sección (f) de esta sección, referente a la operación del banco de datos para muestras de armas de fuego, (A) recolectar disparos de fuego de armas cortas que caigan en custodia del departamento de policía, (B) instalar una terminal remota para ingresar imágenes de disparos de fuego directamente el banco de datos, y (C) hacer búsquedas en el banco de datos.

(c) (1) Salvo lo estipulado en la subdivisión (4) de la sub-sección (b) de esta sección y la sub-sección (d) de esta sección, un departamento de policía entregará al laboratorio cualquier arma corta que caiga en custodia policial como resultado de una investigación de delito, como bienes asegurados hallados, o por destrucción, antes de la devolución o la destrucción del arma corta.

(2) El laboratorio recolectará un disparo de prueba de cada arma corta entregada dentro de los primeros sesenta días posteriores a la entrega. El laboratorio etiquetará el disparo de prueba con el fabricante del arma corta, tipo de arma, número de serie, fecha del disparo de prueba, y nombre de la persona que recolecta el disparo de prueba.

(d) (1) Un departamento de policía recolectará un disparo de prueba de cada arma corta emitida por dicho departamento a un empleado, a más tardar seis meses después del 1 de octubre de 2001. En y después de octubre de 2001, un departamento de policía recolectará un disparo de prueba de cada arma corta a emitirse por dicho departamento antes de que el arma corta sea emitida. Cualquier departamento de policía pude pedir la ayuda de la División de Policía Estatal o el laboratorio para recolectar un disparo de prueba.

(2) El departamento de policía sellará el disparo de forma que no permita alteraciones, y etiquetará el paquete con el fabricante del arma corta, tipo de arma corta, número de serie y el nombre de la persona que recolecta el

disparo de prueba. El departamento de policía entregará al laboratorio el disparo de prueba y dos casquillos intactos del mismo tipo de municiones que se usaron para el disparo de prueba.

(e) El laboratorio puede compartir información del banco de datos para muestras de armas de fuego con otras agencias de seguridad pública, tanto dentro como fuera el estado, y puede participar en un programa nacional de banco de datos para muestras de armas de fuego.

(f) El comisionado adoptará normas, conforme a las provisiones del capítulo 54, para cumplir con los fines de esta sección.

Directriz del Fiscal General de Nueva Jersey

El Fiscal General de Nueva Jersey adoptó el enfoque de apalancar la autoridad de la oficina del Fiscal General para ordenar que todas las agencias de seguridad pública sigan un protocolo básico para el procesamiento de armas homicidas y muestras.

Memorándum de NIBIN del ATF

ATF administra el programa NIBIN a través de fondos asignados para ese fin por el Congreso. ATF brinda a los miembros NIBIN tecnología, capacitación y líneas de comunicación. ATF también es responsable de la coordinación nacional del programa. Un Memorándum de Entendimiento entre el ATF y al miembro NIBIN detalla las condiciones bajo las cuales esto ocurre, y detalla claramente las responsabilidades, procedimientos y expectativas.

Apéndice III

Ejemplo Memorándum de Entendimiento Entre ATF y las Agencias
Socias de NIBIN

MEMORÁNDUM DE ENTENDIMIENTO
Entre el Departamento de Alcohol, Tabaco, Armas de Fuego y
Explosivos, y
el Nombre de la Agencia Sobre la
Red Nacional Integrada de Identificación Balística

Este Memorándum de Entendimiento (MOU) es celebrado por el
Departamento de Justicia (DOJ) de los E.U., el Departamento de
Alcohol, Tabaco, Armas de Fuego y Explosivos (ATF), y el/la (Nombre
de la Agencia), en lo sucesivo denominados colectivamente como "las
partes." El MOU establece y define una sociedad entre las partes, que
tendrá como resultado la instalación, operación y administración de
sistemas integrados del ATF para digitalización balística, para la
recolección, análisis y diseminación de datos de armas homicidas a través
del Programa Red Nacional Integrada de Identificación Balística (NIBIN)
del ATF en la Agencia.

AUTORIDAD

Este MOU se establece conforme a la autoridad de los participantes para
tomar parte en actividades asociadas con la investigación y supresión de
delitos violentos que involucren armas de fuego. La autoridad del ATF se
deriva, entre otros, de la Ley de 1968 para el Control de Armas (con sus
enmiendas), 18 U.S.C. Capítulo 44.

ANTECEDENTES

En los Estados Unidos se cometen delitos violentos con armas de fuego.
Un arma de fuego deja características únicas e identificables en las
municiones expelidas. En la actualidad, las agencias de seguridad pública
recolectan y mantienen como evidencia armas de fuego, municiones
gastadas y casquillos asociados con delitos. El programa NIBIN del ATF

ayuda a las agencias Federales, estatales y locales de seguridad pública en el combate a la delincuencia asociada con armas de fuego a través del uso de la tecnología del Sistema Integrado de Identificación Balística (IBIS) para comparar imágenes de muestras balísticas (proyectiles y casquillos) obtenidos de escenas de crimen y armas de fuego recuperadas.

ALCANCE

La participación en este programa está expresamente restringida a la digitalización balística de datos de armas de fuego asociadas con delitos. El equipo de NIBIN suministrado e implementado por el ATF a otras autoridades legales Federales, Estatales o locales solo puede utilizarse para la digitalización de muestras balísticas y disparos de prueba de armas de fuego que hayan entrado en la custodia de agencias de seguridad pública.

El equipo de NIBIN implementado por el ATF a autoridades Federales, estatales o locales no deberá usarse para capturar o almacenar imágenes de balística obtenidas en el punto de fabricación, importación, venta, armas de fuego emitidas por agencias de seguridad pública no asociadas con delitos. Nada en este MOU impide que las partes Estatales o locales capturen o almacenen dicha información en sistemas locales de digitalización balística, siempre y cuando dichos sistemas de digitalización no se conecten a NIBIN sin la autorización específica por escrito del ATF, que debe ser coherente con las restricciones y política actuales para autorización y asignaciones del ATF.

LEYES APLICABLES

Los estatutos, normas, directrices y procedimientos aplicables de los Estados Unidos, DOJ, y el ATF regirán este MOU, así como todos los documentos y acciones consecuentes.

Nada en este MOU predominará sobre ley Federal, norma u otra ley Federal alguna reconocida por el ATF.

Este MOU no otorga financiamiento alguno. Todas las acciones específicas acordadas en el presente estarán sujetas a financiamiento y aprobaciones administrativas o legislativas.

MODIFICACIONES Y RESICIONES

Este MOU no afectará relaciones u obligaciones algunas, pre-existentes o independientes entre las partes. Si se determina que alguna cláusula de este MOU es inválida o carece de fuerza ejecutoria, el resto de las cláusulas seguirá vigente y sin afectación hasta donde la ley y la normatividad lo permitan.

Salvo lo previsto en el presente, este MOU puede ser modificado o enmendado sólo por acuerdo por escrito y mutuo entre las partes. Cualquiera de las partes puede rescindir este MOU dando aviso por escrito a la otra parte. La recisión entrará en vigor al trigésimo día calendario posterior a la notificación, a menos que se acuerde una fecha posterior.

Si alguna de las partes rescinde este MOU, el ATF retendrá su interés sobre el equipo NIBIN y la información almacenada electrónicamente contenida en la base de datos. El ATF acuerda proveer a (Nombre de la Agencia) una copia electrónica de los datos recolectados por (Nombre de la Agencia).

INCORPORACIÓN DEL APÉNDICE

El Apéndice a este MOU incluye las definiciones de los términos usados; los requisitos respecto al uso del equipo NIBIN; uso, movimiento y remoción del equipo; sitios de usuarios de la Identificación Rápida de Casquillos (RBI) y Sistemas para Obtención de Datos (DAS) de servidor; mantenimiento del equipo; requisitos de seguridad; auditorías; personal y capacitación; y coordinación de los esfuerzos NIBIN. Debido a que estos requisitos pueden cambiar al paso del tiempo debido a avances tecnológicos; mejoras de seguridad, cuestiones presupuestarias, y demás, el Apéndice puede actualizarse de vez en cuando. Las partes del MOU acuerdan y entienden que el Apéndice se incorpora por remisión como si se mencionaran por entero en el presente. La ejecución del MOU constituye acuerdo de apego a los requisitos y protocolos establecidos en el Apéndice.

FIRMANTES

Los términos y condiciones de este MOU se considerarán aceptados por completo a la firma por parte del Director Divisional de la ATF (NOMBRE SAC) y (Ejecutivo de la AOP: Nombre), (Puesto del Ejecutivo de la AOP), que representa a (Nombre de la Agencia).

RESPONSABILIDAD

El/La (Nombre de la Agencia) por la presente acuerda asumir la plena y exclusiva responsabilidad por cualquier daño, lesión o perjuicio de cualquier tipo causado por la operación y uso de cualquier equipo NIBIN o asociado con el uso e interpretación de cualquier información contenida en, procesada por, o extraída de, cualquier base de datos sujeta a este acuerdo y a los protocolos y procedimientos del Programa NIBIN.

Ningún tercero podrá beneficiarse o reclamar derecho alguno en absoluto bajo este MOU. Los derechos y obligaciones establecidas en el MOU corren entre los firmantes de este MOU solamente.

ACUERDO

ATF y el/la (Nombre de la Agencia) por la presente acuerdan respetar los términos y condiciones de este MOU, incluyendo cualquier apéndice, y todas las políticas del Programa NIBIN.

En fe de lo cual, las partes en el presente ejecutaron este MOU este _____ día de _____, _____.

_____

(Nombre SAC)	(Nombre del Ejecutivo de la AOP)
Director de División	(Puesto del Ejecutivo de la AOP)
Departamento de Alcohol,	(Nombre de la Agencia)
Tabaco, Armas de Fuego y	(Ciudad/Municipio/Estado)
Explosivos	
(División de Campo) División de	
Campo	

_____

Director, Programa NIBIN
Departamento de Alcohol, Tabaco, Armas de Fuego y Explosivos
Washington, DC

Apéndice

TÉRMINOS

ATF - Departamento de Alcohol, Tabaco, Armas de Fuego y Explosivos, un departamento dentro del DOJ.

Balas – Calibres designados de proyectiles disparados con rifles, revólveres y pistolas.

Casquillos – Revestimientos designados de metal de casquillos disparados con rifles y revólveres y expelidos por pistolas.

Correlación – Comparación automatizada de datos de imágenes distintivas con una base de datos.

Arma Homicida – Un arma de fuego que entró en custodia policial conforme a una investigación confiable de fuerzas del orden público.

Sistema IBIS – Cualquiera y todas las porciones de un sistema integrado/automatizado para procesamiento de imágenes balísticas definido específicamente como Sistema Integrado de Identificación Balística (IBIS). Esto incluye todo el equipo y aplicaciones (software) que lleva a cabo toda la función y/o genera reportes de datos sobre la comparación de imágenes de muestras balísticas (balas y casquillos) obtenidos de escenas de crimen y armas de fuego recuperadas.

Equipo NIBIN – Se refiere al equipo integrado para procesamiento de digitalización, análisis y equipo balístico enteramente propiedad de, y suministrado por, el ATF.

Red NIBIN – Un sistema diseñado por y con mantenimiento del ATF, de sistemas y terminales de computación interconectados que se usan para apoyar al Programa NIBIN y al Sistema IBIS.

Programa NIBIN – La gestión y administración de NIBIN, incluyendo la instalación y utilización del equipo NIBIN.

Requisitos de Seguridad – Tipos y niveles de protección necesarios para el equipo, datos, información, aplicaciones e instalaciones para satisfacer las políticas de seguridad.

Políticas de Seguridad – El conjunto de leyes, reglas, directrices y prácticas que regulan cómo una organización gestiona, protege y distribuye la información controlada.

Voluntarios – Individuos que fueron seleccionados para desempeñar servicios gratuitos y firmaron un acuerdo con la agencia local miembro de NIBIN que atiende todos los asuntos de confidencialidad, costos y una renuncia a todas las reclamaciones contra el gobierno Federal.

El/la (Nombre de la Agencia) por la presente acuerda y que cualquier equipo NIBIN instalado Flu con mantenimiento del ATF seguirá siendo propiedad del ATF y del Gobierno de los E.U.

El ATF acuerda proveer, instalar y mantener equipo NIBIN a el/la (Nombre de la Agencia) para ser usado por el/la (Nombre de la Agencia) y cualquier otra agencia de seguridad pública que tenga servicio de o en asociación con el/la (Nombre de la Agencia). El/la (Nombre de la Agencia) puede dar acceso al equipo NIBIN bajo su control operativo a cualquier otra agencia de seguridad pública solamente conforme a un acuerdo por escrito en que cual dicha otra agencia de seguridad pública está de acuerdo con las mismas restricciones impuestas a el/la (Nombre de la Agencia) mediante este MOU. Sin embargo, el/la (Nombre de la Agencia) acuerda asumir toda la obligación y responsabilidad por la administración de dicho acceso.

Si la instalación del equipo NIBIN requiere de construcción física en el lugar, (Nombre de la Agencia) será responsable de dicha construcción y cualquier otro costo asociado a la misma.

MOVIMIENTO DE EQUIPO NIBIN

Cualquier movimiento del equipo NIBIN posterior a la instalación inicial debe hacerse con una aprobación previa por escrito del ATF y a expensas de el/la (Nombre de la Agencia).

En el caso de un movimiento no autorizado, alteración, daño o destrucción de cualquier equipo NIBIN provocado por sus empleados, contratistas, o cualquier otra persona bajo su control, el/la (Nombre de la Agencia) acuerda asumir el costo por el reemplazo o reparaciones del equipo.

El/la (Nombre de la Agencia) acuerda reportar al ATF, en los primeros 5 días laborales, cualquier incidente que involucre movimiento no autorizado, alteración, daño o destrucción de equipo NIBIN propiedad del ATF; cualquier uso no autorizado de equipo NIBIN; o la revelación no autorizada de datos asociados con el Programa NIBIN.

SITIOS DE USUARIOS DE IDENTIFICACIÓN RÁPIDA DE CASQUILLOS (RBI) Y SISTEMAS PARA OBTENCIÓN DE DATOS (DAS) DE SERVIDOR

El ATF suministrará y mantendrá líneas primarias de comunicación necesarias para conectar el equipo NIBIN a la red NIBIN. El/la (Nombre de la Agencia) acuerda asumir obligación y responsabilidad total por la instalación, uso y mantenimiento de cualquier línea secundaria (auxiliar) de comunicación para apoyar a un sistema RBI bajo su control.

MANTENIMIENTO DEL EQUIPO NIBIN

El ATF dará mantenimiento a todo el equipo NIBIN provisto a el/la (Nombre de la Agencia) y reparará o reemplazará equipo obsoleto de forma expedita, sujeto a disponibilidad y financiamiento. Sin embargo, el mantenimiento y reparaciones requeridas a consecuencia de movimiento no autorizado, alteración, daño o destrucción de, no será asumido por el ATF. El/la (Nombre de la Agencia) acuerda no hacer o causar cualquier reparación, alteración, movimiento, adición, mejora, reemplazo, etc. al equipo NIBIN no autorizado expresamente con antelación por el ATF, y además acuerda ejercer el debido cuidado en todo respecto para evitar movimiento, daño, destrucción o mal uso del equipo.

El ATF acuerda además suministrar las actualizaciones correspondientes al equipo NIBIN o aplicaciones asociadas de manera expedita, sujeto a disponibilidad y financiamiento.

REQUISITOS DE SEGURIDAD

El/la (Nombre de la Agencia) cumplirá con todos los requisitos de seguridad del ATF, DOJ o demás requisitos Federales de seguridad asociados con el equipo NIBIN, el programa y personal de NIBIN, o la red NIBIN. Estos requisitos se establecen bajo las políticas de seguridad de NIBIN. El ATF notificará inmediatamente a el/la (Nombre de la Agencia) si estos requisitos cambiaran.

El/la (Nombre de la Agencia) acuerda llevar a cabo revisiones de antecedentes, incluyendo revisiones de huellas digitales, a todos los usuarios de equipo DAS y RBI de NIBIN. Al concluir estas revisiones exitosamente, (Nombre de la Agencia) dará aviso a la Oficina de NIBIN por escrito, para verificar que el usuario está libre de toda sospecha, al menos 30 días antes de que el usuario tenga acceso al equipo.

REMOCIÓN DE EQUIPO NIBIN

El ATF mantiene el derecho de quitar el equipo NIBIN sobre (1) su determinación de que el equipo está siendo descuidado o mal usado; (2) o no se está usando hasta un grado razonable; (3) recibo de la notificación por escrito de la recisión de la participación de el/la (Nombre de la Agencia) en el Programa NIBIN; (4) recisión del Programa NIBIN por parte del ATF; (5) la cancelación de este MOU por parte del ATF; o (6) la falta de cumplimiento con alguna de las obligaciones o requisitos establecidos en este MOU. Si el ATF tiene la intención de quitar el equipo NIBIN de el/la (Nombre de la Agencia), el ATF dará aviso por escrito, no menos de 10 días laborables previos a la remoción del equipo.

AUDITORÍAS

El ATF y el/la (Nombre de la Agencia) reconocen su entendimiento de que las operaciones descritas en este MOU están sujetas a auditoria por parte del ATF; el Departamento de Justicia, Oficina del Inspector General; la Oficina General de Contabilidad; y demás auditores designados por el Gobierno de los E.U.

Dichas auditorías pueden incluir revisiones de todos los registros, documentos, reportes, cuentas, recibos y demás evidencia de gastos asociados son este MOU y el Programa NIBIN.

Aún más, todas las partes del presente acuerdan permitir a los auditores llevar a cabo una o más entrevistas personales a cualquier miembro, y de todo el personal que los auditores hayan determinado pudieran tener conocimiento pertinente a las transacciones realizadas o demás asuntos que involucren a este MOU y al Programa NIBIN.

El/la (Nombre de la Agencia) por la presente reconoce su entendimiento de que, para fines contables, los principios y estándares para la determinación de costos estarán regidos por las políticas establecidas en La Circular A-87 de la Oficina de Gestión y Presupuesto (OMB), revisada (disponible a través de la OMB, el Superintendente de Documentos en la

Oficina de Impresiones del Gobierno de los E.U., o a través de Internet en

http://www.whitehouse.gov/omb/circulars/a087/aO87-all.html.)

PERSONAL Y CAPACITACIÓN

Previo a la ejecución de este MOU y la instalación del Sistema para Obtención de Datos/Remoto (DAS/R), el/la (Nombre de la Agencia) debe tener un técnico o personal capaz de llevar a cabo comparaciones microscópicas forenses de muestras de balas y casquillos. La Agencia acuerda suministrar suficiente personal para operar el equipo NIBIN. No debe interpretarse que este MOU requiere la contratación de personal nuevo alguno, excepto a discreción de el/la (Nombre de la Agencia). Si el/la (Nombre de la Agencia) determina que se requieren recursos adicionales de personal, todos los costos asociados con esta contratación serán cubiertos por la Agencia. Los Voluntarios deben satisfacer los mismos requisitos que los demás usuarios del equipo NIBIN, y deben estar debidamente capacitados, calificados y aprobados anticipadamente por el ATF.

El/la (Nombre de la Agencia) asegurará que solo personal capacitado, libre de toda sospecha y calificado, operará el equipo NIBIN propiedad del ATF, y que solo instructores calificados usarán el equipo NIBIN para la capacitación del personal nuevo. El ATF o personal autorizado por el ATF debe llevar a cabo la capacitación.

El uso de equipo NIBIN estará bajo la gestión y control de el/la (Nombre de la Agencia).

Supeditada a financiamiento suficiente, el ATF acuerda dar capacitación a usuarios del equipo NIBIN, a discreción del ATF.

USO DEL EQUIPO NIBIN

El/la (Nombre de la Agencia) ingresará balas y casquillos asociados con delitos, recuperados por fuerzas del orden público al sistema NIBIN. Debido a que el Programa NIBIN se centra en la reducción de la delincuencia violenta con armas de fuego tales como homicidios y asaltos, el ATF alienta en particular a el/la (Nombre de la Agencia) a ingresar al sistema NIBIN imágenes balísticas de muestras recuperadas de escenas de delitos violentos.

El ATF también alienta la inclusión de todas las muestras disparadas de prueba de armas decomisadas. Además, debido a que ciertos calibres (incluyendo .25 auto, .32 auto, .380 auto, 9mm, .38/.357, 10mm/.40 S&W, y .45 auto) conforman la gran mayoría de las armas homicidas, el/la (Nombre de la Agencia) digitalizará tantas muestras recuperadas y de disparos de prueba de dichas armas de fuego como sea práctico. Nada en el MOU impide a el/la (Nombre de la Agencia) ingresar muestras de disparos de prueba de armas de fuego de calibres adicionales.

COORDINACIÓN

El ATF y el/la (Nombre de la Agencia) acuerdan apegarse a los procedimientos y políticas estándar para recolectar, manipular, documentar, transportar y preservar armas de fuego, balas, casquillos, y cualquier otra muestra similar entregada para análisis e ingreso al equipo NIBIN.

El ATF y el/la (Nombre de la Agencia) igualmente acuerdan apegarse a los procedimientos y políticas estandarizadas para la recolección, ingreso, intercambio, y protección de información de datos de origen, para incluir información en cuando a la ubicación en donde se recolectaron las muestras balísticas, las circunstancias bajo las cuales se recolectaron, y todos los delitos con los que se vincula(n) el (las) arma(s) o demás muestra(s) balística(s).

El ATF y (Nombre de la Agencia) acuerdan cooperar en el desarrollo e implementación de protocolos y procedimientos para aseguramiento de calidad del ingreso de datos para el Programa NIBIN. El ATF acuerda además cooperar con todos los participantes del Programa NIBIN para establecer estándares, protocolos y procedimientos modelo para los usuarios del equipo y sistema de la red. Dichos protocolos serán aplicables según se vayan implementando.

El/la (Nombre de la Agencia) solicitará a todas las agencias de seguridad pública participantes apegarse a protocolos, procedimientos, políticas y estándares para aseguramiento de calidad según se establecen anteriormente.

El/la (Nombre de la Agencia) acuerda suministrar al ATF reportes mensuales detallando información histórica, estadística y de adjudicación de casos sobre el uso, y resultados del uso, del equipo NIBIN y los servicios asociados suministrados por el ATF y el fabricante del equipo. Adicionalmente, el/la (Nombre de la Agencia) acuerda suministrar al ATF una estimación del porcentaje general de muestras recuperadas y de disparos de prueba disponibles que se hayan ingresado al sistema NIBIN al final de cada año calendario. Dicha información se recopilará para fines de informar a la comunidad de fuerzas del orden público, otras agencias gubernamentales, el Congreso; y al público, sobre los éxitos del Programa NIBIN. Además, el ATF usará la información para intentar recolectar datos para mediciones de desempeño orientadas a resultados.

Nuevo Procedimiento de la Policía de Cincinnati

A continuación está una revisión al Procedimiento de la Policía de Cincinnati 12.720.

Para mayor información se puede consultar:
www.cincinnati-oh.gov/police/downloads/police_pdf35554.pdf

Departamento de Policía de Cincinnati

Coronel Thomas H. Streicher, Jr., Jefe de Policía

Enero 20, 2009

12.720 <u>EVIDENCIA: ENTREGA PARA ANÁLISIS FÍSICOS</u>

Referencia:

Procedimiento 12.130 – Responsabilidades de Control Anti-Vicio y Fuerzas del Orden Público

Procedimiento 12.715 – Bienes Asegurados y Evidencia: Confiscación, Responsabilidad, Procesamiento, Almacenaje y Liberación

Procedimiento 12.725 Cuartos para secado de Sangre: Procesamiento de Evidencia Expuesta a Patógenos de la Sangre que Viajan por el Aire

Manual de Reglas y Normas - 2.04

Manual Forense

Manual de Investigación, 2.4.0 y 13.1.15

Propósito:

Evitar la supresión de evidencia y la desestimación de casos sobre bases procedimentales.

Política:

La evidencia que se entregue para análisis físico se procesará de forma consistente a fin de mantener un alto nivel de confiabilidad para el peritaje de la muestra. El oficial registrará toda la información relevante en el Formato para Entrega de Evidencia del Laboratorio Forense del Condado de Hamilton.

Procedimiento:

- Evidencia de Alcohol . . .

- Evidencia de Droga . . .

- Evidencia de ADN . . .

- Demás Evidencia que Requiera Análisis Físico.

Criminalística:

- Acudirá al depósito de Bienes Asegurados del Tribunal para verificar cualquier arma de fuego entregada que no se haya procesado y/e:

- Intentará levantar todas las huellas digitales latentes del arma de fuego.

- Procesará las huellas de calidad a través del Sistema Automatizado para Identificación de Huellas Digitales (AFIS) y reportará sus resultados al personal del Escuadrón de Investigaciones Especiales (SIS).

- Hará disparos de prueba con el arma de fuego y reportará sus resultados a SIS.

- Llevará el arma de fuego al Laboratorio de Criminología del Condado de Hamilton para hacer disparos de prueba dentro de la Red Nacional Integrada para Identificación Balística (NIBIN).

- El Laboratorio de Criminología reportará al Escuadrón de Criminalística los resultados tanto negativos como positivos de la búsqueda en NIBIN.

Elementos Fundamentales

- Documentar exhaustivamente el programa y las directrices—desde la visión y estrategia de alto nivel hasta la ejecución táctica de base y operaciones cotidianas.

- Asegurar que la directriz de política se emita desde el nivel de autoridad que corresponda (p. ej., agencia, administrativo, legislativo).

- Crear MOUs formales para permitir la participación en operaciones conjuntas entre diversas organizaciones independientes de partes interesadas.

- Establecer un mecanismo interno de revisión con gerentes de alto nivel que sean responsables por el apego de sus subordinados con las directrices.

- Mantener comunicación clara y frecuente.

Consideraciones Clave

- Asegurar que las políticas y procedimientos sean alcanzables sustentables, y equilibrados en términos de gente, procesos y tecnología.

- Comunicarse de forma continua con las partes interesadas afectadas en todos los niveles de sus distintas organizaciones.

- Tomar en cuenta formas de optimizar el alcance y cobertura de las directrices mediante el apalancamiento del poder del estado (p. ej., Oficina del Fiscal General) y la legislatura (p. ej., leyes).

Resumen

Lo Más Importante: Crear directrices operativas estándar para impulsar el concepto del punto de vista presuntivo en el que las partes responsables se hagan cargo de, y respondan por el seguimiento.

El Paso Siguiente: El siguiente capítulo comenta las bases de la tarea número cuatro de *Las 13 Tareas Fundamentales*—Cómo Recolectar Armas de Fuego y Muestras Asociadas.

8

Chapter

Tarea Cuatro: Cómo Recolectar Armas de Fuego y Muestras Asociadas

¿Por Qué Recolectar Armas de Fuego y Muestras Asociadas?

Los primeros capítulos de este libro cubrieron el hecho de que los datos valiosos para asumir el punto de vista presuntivo se encuentran dentro y fuera de un arma.

El interior de un arma suministra datos balísticos en forma de singulares marcas que las partes funcionales internas dejan en los componentes de las municiones disparadas. Además, otros datos valiosos, como ADN, huellas dactilares, y cabellos y fibras que pueden ayudar a la policía para identificar al poseedor del arma pueden hallarse en las áreas de contacto de la superficie y componentes de las municiones.

El exterior del arma suministra datos de identificación en forma de marca, modelo y número de serie, que pueden usarse para rastrear el historial de transacciones del arma. Estos datos son más de naturaleza normativa que delictiva. Se genera y mantiene de acuerdo con las leyes y normas que se han establecido para gestionar el comercio legítimo de armamento. Por ejemplo, cada arma fabricada en los Estados Unidos debe, por ley, llevar cierta información de identificación que esté visible en el **exterior,** tales como el nombre y ubicación del fabricante y un número de serie único. Además, los fabricantes y distribuidores de armas deben mantener ciertos registros para documentar sus transacciones de adquisiciones y disposición de armas durante el curso regular de sus negociaciones. Este tipo de datos de transacciones que se genera y mantiene al paso del tiempo es lo que, de estar a la mano, permite llevar a cabo lo que comúnmente se llama un rastreo de arma homicida. Dicho de forma sencilla, la policía puede rastrear el historial de un arma criminal recuperada siguiendo la evidencia documental desde el día que el arma se fabricó hasta su primera venta al público. Algunas veces la información que se obtiene de una sola arma homicida puede tener valía táctica inmediata de investigación al tratar de identificar quién disparó el "arma delatora".

También puede hallarse valiosa evidencia de rastreo en los componentes de las municiones disparadas y las armas de fuego. Por ejemplo, la superficie de una bala pudiera contener esquirlas de pintura, lo cual indica que pudo haber golpeado un objeto con una superficie con algún tinte, antes de alcanzar a la víctima. Cualquier protocolo implantado debe también dar cuenta de la recolección de evidencia de rastreo.

Los datos de rastreo de armas, recolectados a través del tiempo, pueden ayudar a la policía y a los diseñadores de políticas para identificar patrones y tendencias que sean de valía al desarrollar nuevas estrategias para mantener las armas lejos de las manos de los delincuentes.

La generación y mantenimiento de este tipo de datos no asociados con delitos, que es esencial para el rastreo de armas homicidas, a menudo requiere autorización legislativa y control normativo permanente.

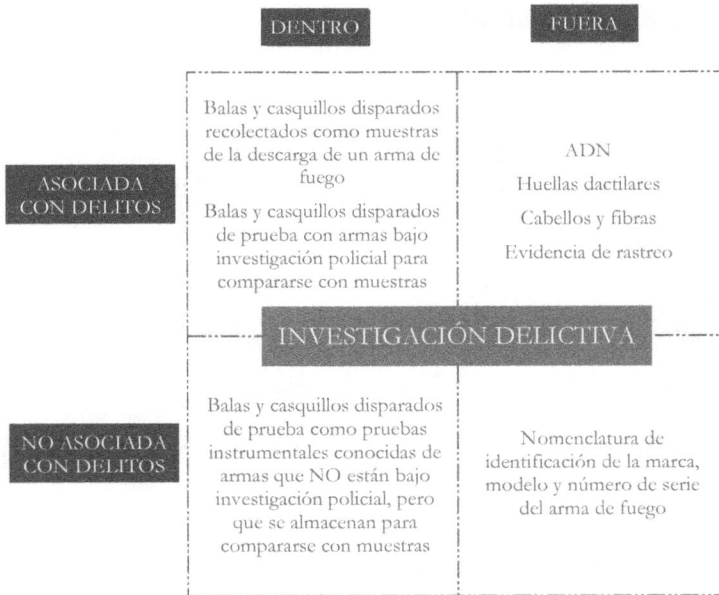

	DENTRO	FUERA
ASOCIADA CON DELITOS	Balas y casquillos disparados recolectados como muestras de la descarga de un arma de fuego Balas y casquillos disparados de prueba con armas bajo investigación policial para compararse con muestras	ADN Huellas dactilares Cabellos y fibras Evidencia de rastreo
INVESTIGACIÓN DELICTIVA		
NO ASOCIADA CON DELITOS	Balas y casquillos disparados de prueba como pruebas instrumentales conocidas de armas que NO están bajo investigación policial, pero que se almacenan para compararse con muestras	Nomenclatura de identificación de la marca, modelo y número de serie del arma de fuego

Como se ilustra en la figura anterior, todos los datos asociados y no asociados con delitos que se encuentran fuera y dentro del arma son primordiales para el punto de vista presuntivo. Se deben recolectar, procesar y manejarse bien a fin de generar acciones tácticas, tanto estratégicas como oportunas para la resolución de delitos, orientadas a la reducción de la violencia urbana con armas y pandillas.

La capacidad para sustentar estas acciones se convierte en el reto, y la solución se encuentra en lograr el equilibrio de gente, procesos y tecnología. Piense cómo crear este equilibrio en términos del banquillo de tres patas que se comentó en el capítulo 3. Por ejemplo, si el proceso "ideal" de hacer disparos de prueba con cada arma que entre en custodia policial no es realmente sustentable porque "las patas" de gente o tecnología del banquillo sean demasiado cortas, entonces equilibre el banquillo acortando la pata de procesos y no haga disparos de prueba con todas las armas. El truco entonces es decidir con cuáles armas se harán disparos de prueba y con cuáles no. En otras palabras, la tarea es identificar los tipos de armas de fuego que se usen más a menudo en los delitos. Los datos históricos de rastreo de armas son útiles para este fin, siempre y cuando el juego de datos sea exhaustivo y no tenga sesgo. Los estudios de rastreo de armas que se llevan a cabo de forma adecuada han sido muy precisos para identificar los tipos de armas que tienen mayor probabilidad de usarse en delitos dentro de regiones particulares y por parte de ciertos grupos de edad.

Algunas veces las patas del banquillo que corresponden a gente y procesos pueden equilibrarse a través de la integración de tecnología. Por ejemplo, hoy en día, tecnología automatizada para identificación balística como IBIS puede fácilmente realizar un proceso—que anteriormente se creía insustentable—que de forma rápida y efectiva busque una pieza de muestra balística contra miles de otras piezas de evidencia para ayudar a las fuerzas del orden público a encontrar más pistas potenciales para la resolución de delitos.

Hay actualmente una obligación que recae sobre los administradores policiales de gastar dinero de formas que produzcan resultados de mejor valía. Debido a los avances en tecnología, la evidencia balística forense puede verse ahora en términos de un proceso sustentable, con una alta probabilidad de generar exitosamente pistas de investigación. La tecnología IBIS puede correlacionar muestras a velocidades mucho más allá de la capacidad humana e intercambiar datos rápidamente entre redes de sistemas múltiples como NIBIN. NIBIN ha comprobado ser muy efectivo al generar información útil para ayudar a las agencias asociadas con la policía para resolver más delitos asociados con armas dentro de las jurisdicciones, y entre múltiples jurisdicciones policiales.

Por lo tanto, recolectar e ingresar **cada pieza factible** de muestra balística al sistema se convierte en una tarea crítica, a fin de beneficiar a las investigaciones, la información, así como el valor de la inversión en tecnología.

¿Qué sucede cuando algunas partes interesadas afectadas en conjunto instituyen procesos para recolectar estos datos exhaustivos, mientras otras no lo hacen? Siga leyendo.

Un Estudio de Caso: McCalla, Alabama

En Marzo de 1996, la Oficina del Alguacil del Condado de Jefferson investigaba un allanamiento de morada el cual se convirtió en un robo que desencadenó el asesinato de Hazel Love, una mujer de 68 años en McCalla, Alabama. Los investigadores recuperaron varios casquillos descargados en la escena, y después balas, durante la autopsia. Las muestras se entregaron al laboratorio del Departamento de Ciencia Forense de Alabama (ADFS) en Birmingham. Los operadores de IBIS en el laboratorio de ADFS ingresaron las muestras a la base de datos de NIBIN.

En septiembre de 2000, la policía en Adamsville, Alabama, llevó a cabo la investigación de un criminal que tenía posesión ilegal de un arma de fuego. En ese momento se retuvo un arma de fuego como evidencia y se colocó sobre una repisa en el depósito de bienes asegurados del departamento de policía.

En diciembre de 2002, la Policía de Birmingham que investigaba un allanamiento de morada supo del arma de fuego almacenada en Adamsville. Los investigadores solicitaron una verificación NIBIN del arma de fuego. Dos semanas después, la Laboratorio de ADFS sorpresivamente reportó que no había una concordancia de NIBIN con el allanamiento de morada de Birmingham, pero que de hecho había un vínculo entre el arma de fuego de Adamsville y el asesinato en 1996 de Hazel Love en McCalla. El acierto fue confirmado posteriormente por un perito en armas de fuego.

En febrero de 2003, la Oficina del Alguacil del Condado de Jefferson arrestó a dos hombres que estaban vinculados al arma de fuego de Adamsville por el asesinato de Hazel Love, así como por diversos delitos graves en todo el país. Uno de los sospechosos está cumpliendo ahora múltiples cadenas perpetuas sin posibilidad de libertad condicional.

Este caso demuestra la necesidad de recolectar y compartir datos balísticos de escenas de crimen y armas de fuego decomisadas por la policía dentro de la región afectada por la delincuencia—hasta que esto se hizo, el asesinato de Hazel Love quedaba sin resolver. La evidencia olvidada por un departamento es la evidencia crucial

de otro. En este caso, ningún departamento sabía de la evidencia del otro.

Mejores Prácticas Recomendadas

Política de la Policía de Boston para Recolección de Muestras Balísticas

Las Reglas y Procedimientos del Departamento de Policía de Boston establecen que:

> Las muestras balísticas deben enviarse lo antes posible a la Unidad de Balística. Cuando sea posible, deben tomarse fotografías, mediciones y dibujos de la escena del crimen. Cuando haya duda sobre el manejo adecuado de armas de fuego y muestras asociadas, debe contactarse a la Unidad de Balística. Las balas que se encuentren incrustadas en superficies y materiales sólo deben ser retiradas por personal de la Unidad de Balística. Las Reglas y Procedimientos del Departamento de Policía establecen que:

> Las armas de fuego que entren en posesión de oficiales de policía deberán ser debidamente documentadas en un Formato para Entrega de Armas de Fuego específico. También debe llenarse un reporte de incidente que documente todos los hechos, incluyendo si la persona que se encontró en posesión tenía un permiso válido para portar. Las armas de fuego deben manejarse de forma segura teniendo en mente que las armas de fuego y muestras asociadas también se procesan para buscar huellas digitales latentes. Las armas de fuego y muestras asociadas se envían a las oficinas de policía del distrito en que ocurrió el incidente y aseguradas ahí hasta que un supervisor designado las envíe a la Unidad de Balística central. Bajo ninguna circunstancia un arma de fuego o demás muestras balísticas se liberarán a una agencia externa hasta que la Unidad de Balística haya tenido oportunidad de hacerle(s) peritaje. Se remitirán copias de todos los reportes de incidentes que involucren armas de fuego al Comandante de la unidad de licencias para armas de fuego, a fin de tomar las acciones correspondientes o su reenvío a la autoridad de licencias afectada, si se ubica fuera de Boston.

Tarea Cuatro: Cómo Recolectar Armas de Fuego y Muestras Asociadas

Policía de Nueva York—Un Almacén Central

El Departamento de Policía de Nueva York (NYPD) tiene una política en la cual todas las armas de fuego y muestras asociadas con armas de fuego se envían a una sola unidad de balística centralizada para su peritaje, ingreso a IBIS, y rastreo del arma. El NYPD ha establecido acuerdos de sociedad con otras agencias federales, estatales y locales del orden público que operan dentro de la jurisdicción de la ciudad para entregar todas sus armas de fuego y muestras asociadas con armas de fuego a la Unidad de Balística del NYPD.

Protocolo para Armas de Fuego del Departamento de Policía de West Palm Beach

El Protocolo para Armas de Fuego de West Palm Beach se centra principalmente en balística y rastreo de armas. Los procedimientos contenidos en el protocolo se dividen en tres categorías principales:

1. **Procedimientos para la Recolección de Armas Homicidas y Evidencias Asociadas con Armas Homicidas;** Éstos incluyen lo siguiente: Armas Realmente Usadas en un Delito y Recuperadas en la Escena del Crimen –Sin manipulación de armas por parte de patrulleros sin guantes –El Investigador de la Escena del Crimen fotografiará el arma –El Investigador de la Escena del Crimen recolectará y procesará huellas dactilares y ADN de Armas Recuperadas Debido a una Detención de Tránsito o (Armas en Propiedad de Sospechoso en Detención / Cateo.

2. **Procedimientos para Procesar Todas las Armas Homicidas Recuperadas y Muestras de Arma Homicida;** Éstos incluyen lo siguiente: Se rastreará(n) el (las) arma(s) homicida(s). El (Las) arma(s) homicida(s) y municiones se entregarán para hacer disparos de prueba e ingreso a NIBIN. Se entregarán todos los proyectiles de bala y/o casquillos de municiones recuperados en todas las escenas de delitos/tiroteos. El (Las) arma(s) homicida(s) y municiones se procesarán con raspado de hisopo para buscar presencia de ADN y serán tratadas con emanaciones de pegamento fumante gas para ayudar a preservar cualquier huella dactilar latente para identificación.

3. Procedimientos para Procesar todos los Arrestos de Arma Homicida; Éstos incluyen lo siguiente: El oficial de arresto tratará de tomar personalmente las huellas dactilares del acusado antes de dejarlo en la cárcel. El oficial de arresto tratará de tomar personalmente una muestra de ADN de la persona arrestada. Documentará todas las declaraciones del acusado en cuanto a su posesión del arma de fuego. Preparará un reporte detallado narrativo referente al arresto. Obtendrá una impresión del historial delictivo del acusado. NIBIN, Rastreo de Arma Homicida, ADN, Huellas Dactilares, Autos robados.

Para Hacer Frente: Cómo Reducir la Violencia con Armas en Nuestras Comunidades

Este reporte exhaustivo fue producido por la Cumbre 2007 Grandes Lagos sobre Violencia Armada de la Asociación Internacional de Jefes de Policía (IACP). Recomienda una serie de las mejores prácticas para asumir el punto de vista presuntivo. Las recomendaciones 27 y 30 se relacionan directamente con la recolección de datos balísticos y de rastreo de armas homicidas. A continuación hay algunos extractos selectos de cada una:

Recomendación 27:
El Congreso deberá financiar la Red Nacional Integrada de Información Balística (NIBIN) y las agencias de seguridad pública deberán usarlo de forma consistente; también deberá financiarse para integrarse a nivel nacional.

> *...A través de NIBIN y en coordinación con el ATF, las agencias estatales, locales y tribales del orden público pueden ingresar las balas y casquillos disparados recuperados de escenas de crimen en la base de datos del Sistema Integrado de Información [Identificación] Balística (IBIS) para determinar si hay una concordancia de la muestra balística de esa arma homicida particular con las muestras de cualquier otra escena de crimen. Hallar concordancias de muestras balísticas entre delitos permite a las fuerzas del orden público identificar patrones del uso de armas homicidas, resolver delitos con armas (incluyendo delitos que han quedado sin resolver durante varios años) e interrumpir el tráfico ilegal de armas. NIBIN permite a las fuerzas del orden público combatir el crimen—incluyendo delitos de pandillas—donde incidentes frecuentes de violencia con armas pudieran vincularse de manera conclusiva y establecer un caso para acción penal. Idealmente, NIBIN permite a las fuerzas del orden público seguir armas donde las armas mismas son usadas, y vincular delitos que pudieran nunca haberse vinculado, ya sea debido a la geografía, a jurisdicciones con sus propias bases de datos de*

información por separado, u otros factores. Se recomienda que todas las agencias de seguridad pública se asocien con el ATF para asegurar que se conforme y mantenga una base sólida de datos forenses, de forma permanente.

Recomendación 30:

Cada agencia del orden público deberá usar E-Trace, asegurar que los oficiales sepan cómo recuperar y procesar debidamente armas homicidas y asegurarse que los oficiales rastreen todas las armas de fuego recuperadas:

. . . Entonces deben generar una descripción exhaustiva del arma. Esta descripción debe incluir número de serie, fabricante, tipo de arma de fuego, calibre, modelo y cualquier característica distintiva. Esta información, ingresada al Centro Nacional de Información de Delitos (NCIC), pudiera arrojar información crítica, incluyendo si el arma se ha reportado robada o perdida o si se usó en un delito previo. Dicha información es invaluable para oficiales que interactúen con individuos en la escena de un crimen, o que investiguen un delito mucho tiempo después. Asegurar que los oficiales sepan del NCIC y la forma en que los registros deben entregarse y recibirse asegurará el éxito de la agencia al tratar con armas homicidas como herramientas para resolver delitos. El requisito, establecido por la Ley para Control de Armas de 1968, que todas las armas fabricadas en, o importadas a los E.U. contengan un número de serie y el nombre, ciudad, y estado del fabricante de arma, ayuda a las fuerzas del orden público para rastrear el historial del arma. La identificación y rastreo precisos de las armas de fuego recuperadas es uno de los pasos más importantes en una investigación de arma homicida. Rastrear cada arma homicida recuperada revelará con el tiempo personas o sospechosos, direcciones y demás asociaciones fundamentales previamente no identificadas. El rastreo exhaustivo facilita el desarrollo de una base de datos que rastree cada arma rastreada desde el fabricante hasta el mayorista, y finalmente al Emisor de la Licencia Federal para Armas de Fuego (FFL), quien por ley debe identificar al primer comprador conocido de dicha arma. Conjuntamente con el Sistema de Rastreo de Armas de Fuego (FTS) del ATF, que contiene millones de registros tales como rastreos previos, armas perdidas o robadas, ventas múltiples de armas cortas, y embarques interestatales de armas de fuego, un rastreo puede arrojar información que sea fundamental para resolver muchos crímenes, tales como tráfico de armas de fuego, compras realizadas a través de un prestanombres, o un FFL que haya falsificado una venta o no haya dado información precisa sobre compradores, homicidios y tiroteos de pandillas. Los ejecutivos de las fuerzas del orden público deben comprometer a sus agencias, a través de una política escrita, a rastrear armas usando los mejores medios disponibles, incluyendo E-Trace. Mantenido por la División Nacional del Centro de

> *Rastreo (NTC) del ATF, E-Trace permite a las agencias el orden público hacer solicitudes de rastreo y recibir los resultados de dichas solicitudes a través de Internet. E-Trace, disponible solamente para agencias acreditadas, les permite agilizar rastreos, seguir rastreos múltiples y revisar de inmediato todos los resultados del rastreo. Es fundamental que las agencias aprendan a rastrear todas las armas a través de NTC y también aspiren a estar acreditadas para recibir E-Trace.*

Elementos Fundamentales

- Colaborar con las partes interesadas afectadas para identificar un proceso sustentable y oportuno para seguir el uso del punto de vista presuntivo en la recolección de información desde dentro y fuera de un arma homicida equilibrando gente, procesos y tecnología.

- Como mínimo, establecer un protocolo para: (1) hacer disparos de prueba con todas las armas que entren en custodia policial de ciertos tipos y calibres específicos que los datos indiquen tener mayor probabilidad de usarse en delitos, (2) ingresar todas las evidencias de disparos de fuego y todas las muestras balísticas recuperadas de calibres correspondientes usando una tecnología automatizada de identificación balística como IBIS y NIBIN, y (3) rastrear todas[15] las armas que entren en custodia policial usando un sistema electrónico para gestión de la información como eTrace del ATF o Firecycle de IBIS.

- Documentar por completo el protocolo para recolección de datos e integrarlo a los procedimientos operativos estándar dentro de las agencias y a través de un MOU formal por todas las agencias que operen dentro de la misma área afectada por la delincuencia.

---

[15] Todas las armas, sin excepción, deben rastrearse; al seleccionar ciertas armas se corre el riesgo de sesgar los datos. Esta información pudiera necesitarse al tomar decisiones para equilibrar políticas y recursos.

Consideraciones Clave

- Identificar las diversas agencias de diseño de políticas, forenses y fiscales que sean partes interesadas conjuntas que operen dentro de la misma área afectada por la delincuencia.

- Determinar la capacidad de las jurisdicciones para el rastreo de armas. Hay leyes y normas vigentes que permitan la recolección de y acceso a el comercio legítimo de armas de fuego y su adquisición y transferencia.

- Evaluar qué tan adecuados son los procesos para recolección de datos en términos de identificación, integridad, manejo, almacenamiento, calidad, y tiempos de procesamiento para información entrante y saliente.

Resumen

Lo Más Importante: Recolectar los muchos tipos de datos que deben ser parte de cualquier punto de vista presuntivo, tales como datos de balística, datos de rastreo de armas homicidas, ADN, huellas dactilares, cabellos, fibras, e inclusive datos acústicos que se usan para señalar con exactitud la ubicación de las descargas del arma de fuego.

El Paso Siguiente: La recolección de datos y muestras es una cosa, pero llevarlo a donde debe procesarse es otra. El siguiente capítulo comenta las bases de la tarea número cinco de *Las 13 Tareas Fundamentales*—Cómo Transferir las Muestras.

Tarea Cinco: Cómo Transferir las Muestras

9 Chapter

¿Por qué Transferir las Muestras?

Aparentemente esta tarea es bastante sencilla. Un artículo de evidencia recolectado en una escena de crimen, o que de otra manera entró en custodia policial, debe transferirse a personal especializado en un laboratorio o a otra instalación (p. ej., Unidad de Balística, Oficina de Identificación, etc.) que esté debidamente equipada para llevar a cabo los exámenes necesarios. Sin embargo, dependiendo de una serie de factores, como la cercanía de servicios, cantidad de personal, financiamiento, cultura organizacional, y procedimientos operativos estándar—o la falta de ellos—la transferencia de bienes asegurados puede presentar muchos obstáculos desafiantes al tratar de seguir el punto de vista presuntivo. Al actuar con espíritu de colaboración y determinación, las partes interesadas en conjunto pueden superar conjunto estos obstáculos. La meta aquí es dejar clara una solución sustentable que satisfaga las necesidades de oportunidad de todas las partes interesadas. Esto pudiera requerir mejorar el equilibrio de gente, procesos y tecnología, así como cambios en la conducta y procedimientos organizacionales. Pudiera necesitarse la redistribución de ciertas tareas genéricas a fin de equilibrar de mejor manera las cargas de trabajo, optimizar los recursos de peritaje, y acelerar los procesos.

El Proyecto Piloto IBIS FastTRAX: Redistribución de las Tareas de Disparos de Prueba e Ingreso de Datos

En enero de 2007, Forensic Technology se inscribió a una sociedad de cuatro partes con el ATF, el Departamento de Ciencia Forense (DFS)— Laboratorio del Este de Virginia, y el Departamento de Policía (DP) de Norfolk para llevar a cabo una prueba de campo de su concepto de servicios **IBIS®** FastTRAX™.

La Información Entrante

El ATF aprobó la solución técnica, otorgó acceso a la red, y llevó a cabo la revisión de calidad del proyecto piloto inicial. El DFS—Laboratorio del Este de Virginia estableció protocolos de calidad, suministró revisión de confirmación de aciertos, y reportó los aciertos confirmados al DP de Norfolk. El DP de Norfolk llevó a cabo los disparos de prueba de 372 pistolas automáticas decomisadas, entregó las muestras de los disparos de prueba a las instalaciones de Forensic Technology en Florida, e hizo seguimiento de las pistas de investigación suministradas por los servicios de FastTRAX en forma de aciertos IBIS/NIBIN. Forensic Technology obtuvo los casquillos que se dispararon de prueba, ingresó los datos en IBIS, buscó en la base de datos NIBIN, revisó los resultados, y remitió recomendaciones de regreso a la Policía de Norfolk y al DFS— Laboratorio del Este de Virginia.

La Información Saliente

De entre los 372 disparos de prueba involucrados en el proyecto piloto, Forensic Technology reportó siete correspondencias o aciertos de alta confiabilidad al laboratorio y al DP de Norfolk en cinco a siete días laborales. En general, en base a los datos generados durante el procesamiento de las 372 armas de fuego por parte de cada uno de los miembros del proceso, FastTRAX requirió 50 por ciento menos horas-hombre en comparación con el método estándar que se usaba para procesar disparos de prueba. **En aproximadamente 10 semanas, el proyecto piloto redujo el equivalente a siete meses de trabajos pendientes de datos.**

Los Resultados

En las primeras dos semanas, uno de los aciertos de FastTRAX ayudó al DP de Norfolk a arrestar a un pandillero por asesinato. Otra concordancia de FastTRAX a un arma que entró en la custodia del DP de Norfolk se vinculó con un tiroteo bajo investigación en una jurisdicción policial cercana. El vínculo suministró a la otra agencia valiosa información sobre el tiroteo que estaba siendo investigado. Hay que tomar en cuenta que esta situación representa un caso muy común en el cual la agencia policial "A" toma un arma bajo custodia y la almacena en su almacén de bienes asegurados, sin pensar que el arma es buscada por un asesinato que la agencia policial "B" está investigando. Subraya la necesidad de tener protocolos regionales.

El DP de Norfolk pudo hallar una manera sustentable por la cual reiniciar su práctica de entregar disparos de prueba de forma rutinaria para análisis forense. De hecho, habían dejado de enviar armas al laboratorio para hacer disparos de prueba debido a los largos tiempos de espera. Los peritos forenses de DFS—Laboratorio del Este de Virginia pudieron concentrarse en procesar muestras de escenas de crimen, en vez de gastar tiempo creando casos para 372 armas de fuego entregadas con el fin de hacer disparos de pruebas con ellas. Los peritos forenses del laboratorio ahorraron tiempo al no tener que procesar disparos de prueba que no generarían información para los investigadores. En lugar de ello, el proyecto piloto permitió al laboratorio enfocar sus limitados recursos en los siete aciertos confiables suministrados por FastTRAX. Estos aciertos tenían un alto potencial de brindar pistas de investigación a los detectives que investigaban los delitos asociados.

Calculando un tiempo para procesamiento de 1.25 horas para que el laboratorio terminara el proceso necesario de disparos de prueba de un arma de fuego, el laboratorio ahorró casi 500 horas del preciado recurso del tiempo al no tener que procesar todas las 372 armas de fuego. El programa NIBIN obtuvo más datos, y así brindó mayor valía a los miembros de NIBIN. El proyecto piloto dio a Forensic Technology la oportunidad de probar la factibilidad del concepto FastTRAX, diseñar procesos sustentables para ejecutarlo repetidamente, y entender por completo las informaciones entrantes y salientes necesarias para hacer de FastTRAX una oferta sustentable de servicio.

Las Conclusiones

- FastTRAX ayudó a la gente a generar pistas de investigación más oportunas y útiles, y ayudó a estimular la colaboración entre los detectives y los peritos forenses.

- FastTRAX ayudó a reducir la lista de trabajos pendientes de la agencia policial y el laboratorio de criminalística involucrados.

- FastTRAX ayudó a dar un acceso más amplio a la tecnología avanzada, como IBIS, para más agencias de seguridad pública.

- FastTRAX ayudó a más agencias policiales a participar como miembros de NIBIN y obtener más beneficios de él.

- FastTRAX demostró que pueden resolverse más delitos cuando la evidencia de una agencia se comparte con otras agencias.

- FastTRAX ayudó a todos los participantes a ahorrar cantidades significativas de tiempo al permitirles enfocarse en lo que hacen mejor, en lugar de perder tiempo en el desempeño de procesos no optimizados.

- FastTRAX comprobó ser una herramienta efectiva que puede ayudar a las partes interesadas de justicia penal a equilibrar la gente, procesos y tecnología, necesarios para enfrentar con éxito los niveles ascendentes de delincuencia asociada con armas de fuego.

Al tratar con balística, rastreo de armas homicidas, huellas dactilares y ADN, deben hallarse formas de superar los factores de tiempo y distancia involucrados en llevar las armas de fuego y muestras asociadas a donde necesitan ir. El pensamiento y acción en colaboración entre las partes interesadas puede llevar a una solución. El programa FastTRAX es un ejemplo de pensamiento y acciones en colaboración.

Las partes interesadas que ocupan un puesto de autoridad en la cadena de justicia penal pueden alentar e influenciar a las partes interesadas en cada nivel de colaboración requerido. Por ejemplo, en Washington D.C. circula una historia de que, hace muchos años, las muestras de armas de fuego no siempre llegaban a la Unidad de Balística. Esto a veces tenía como consecuencia problemas para los fiscales a quienes se tomo desprevenidos frente a jurados con armas homicidas que eran inoperables, o que no cumplían con las definiciones legales. El problema desapareció cuando la oficina del fiscal rehusó abrir un juicio penal sobre cualquier arma de fuego que no estuviera acompañada por una declaración de un testigo perito que testificara sobre la capacidad del arma para expulsar un proyectil mediante la acción de un explosivo.

El mensaje central es sencillo: Cada arma homicida retiene información potencial para la resolución del delito—no puede explotarse desde la repisa del depósito de bienes asegurados.

Mejores Prácticas Recomendadas

Designar Custodios Responsables de Bóveda

Muchas agencias nombran custodios de bóveda de muestras que sean responsables de controlar el acceso a la bóveda, manteniendo responsabilidad por la evidencia, asegurando que se sigan las políticas y procedimientos, protegiendo y manteniendo el medio ambiente de la bóveda. Las tareas del custodio de la bóveda pueden ser de tiempo completo por naturaleza, o asignadas como deberes auxiliares. Dos partes no interesadas (imparciales) que no sean custodios de la bóveda deben llevar a cabo inventarios periódicos. Cuando los custodios de bóveda cambien asignaciones y se nombre a nuevos, debe llevarse a cabo un inventario y resolver cualquier discrepancia antes de que la responsabilidad de la bóveda se pase al nuevo custodio de bóveda.

Programa Miércoles de Entrada Libre —Departamento de Policía de Los Ángeles (LAPD)

La Unidad para Análisis de Armas de Fuego del Departamento de Policía de Los Ángeles (LAPD) desarrolló "Miércoles de Entrada Libre" —un singular enfoque para brindar información oportuna a los investigadores. Al eliminar la necesidad de llenar reportes para trasmisión de muestras y envío y transporte de muestras, el proyecto permite a los investigadores entrar al laboratorio llevando sus muestras balísticas a ciertas horas programadas cuando los peritos en armas de fuego estén de servicio. Los peritos filtran las muestras, la ingresan en IBIS, buscan en la base de datos NIBIN, y dan retroalimentación inmediata a los investigadores. Dentro de un plazo de 24 horas, el laboratorio suministra a los investigadores retroalimentación sobre los resultados de las correlaciones IBIS. El programa rápidamente pone información de investigación en manos de los detectives para seguimiento y corroboración inmediatos. El programa ha funcionado extremadamente bien para el LAPD, y otras agencias lo han adoptado también.

Nota: Al momento de escribir esto, el LAPD está trabajando con los custodios del almacén de bienes asegurados para desarrollar un protocolo que elimine el paso inicial que pide a los detectives llevar las muestras personalmente al laboratorio.

Archivo de Caso sin resolver—Perito Forense del Condado de Allegheny

El laboratorio del Perito Forense del Condado de Allegheny brinda servicios forenses a una serie de agencias de seguridad pública dentro del condado. El acuerdo con quienes entregan muestras balísticas es que el laboratorio retendrá las muestras hasta el momento en que el caso sea desechado o la agencia que hizo la entrega gire otras instrucciones. Esta práctica está diseñada para eliminar la necesidad de solicitudes de devolución de evidencia que malgastan tiempo y recursos. Por ejemplo, la práctica en muchas áreas del país es entregar balas disparadas y muestras al laboratorio. El laboratorio hará peritaje y procesará las muestras a través de IBIS y una red como NIBIN y, si no hay más necesidad de retener las muestras, se regresa a la agencia que hizo la entrega. Posteriormente, la misma agencia, u otra agencia, entrega muestras nuevas, o se envía un arma para hacer disparos de prueba y procesarlos a través de IBIS. Cuando las muestras nuevas de los disparos de prueba se procesan a través de IBIS, a menudo sucede que la nueva muestra o disparos de prueba aparentan tener similitudes con la evidencia que se entregó con anterioridad y luego se regresó. Ahora, el laboratorio tiene que emitir una solicitud de devolución para que estas muestras anteriores se regresen a fin de compararse con las muestras nuevas. Este procedimiento de solicitud de devolución requiere tiempo y recursos de parte del laboratorio, así como de la agencia policial. Se ha reportado durante los *Talleres de Las 13 Tareas Fundamentales* que el proceso de solicitud de devolución podría llevar de semanas hasta meses, y que no es raro que las mismas muestras se soliciten de regreso varias veces. Las solicitudes de devolución no solo gastan tiempo y recursos, exponen las muestras a pérdida y daños, y pueden dejar en duda su integridad. Estos inconvenientes se evitan si la agencia que hizo la entrega mantiene un archivo de caso sin resolver de las muestras hasta que ya no se necesiten.

Elementos Fundamentales

- Mapear el proceso de custodia de bienes asegurados e identificar cualquier obstáculo de tiempo y distancia que impida la explotación oportuna de información de armas homicidas y muestras asociadas.

- Equilibrar gente, procesos y tecnología para diseñar una solución oportuna, eficiente y sustentable para gestionar y eliminar las elementos faltantes que impidan llevar las muestras desde el punto de custodia hasta las unidades aplicables forenses y de análisis.

- Documentar el proceso nuevo e implementarlo como política estándar.

Consideraciones Clave

- Al equilibrar gente, procesos y tecnología, considere redistribuir las cargas de trabajo tradicionales para evitar cuellos de botella en el laboratorio. Por ejemplo, usar técnicos de escena del crimen para levantar huellas dactilares y ADN de armas y muestras y llevar a cabo disparos de prueba fuera del laboratorio.

- Evitar el ir y venir de muestras entre la agencia de decomiso y el laboratorio a causa de solicitudes de devolución para comparación—se pierde tiempo.

- Considere hacer extensivo el proceso a todas las agencias dentro de la región afectada por la delincuencia.

Resumen

Lo Más Importante: Evitar demoras en la transferencia de muestras y bienes asegurados al laboratorio, y asignar una solución sustentable que satisfaga las necesidades de oportunidad de todas las partes interesadas, aún si esto significa hacer cambios en la conducta y procedimientos organizacionales.

El Paso Siguiente: El capítulo siguiente comenta las bases de la tarea número seis de *Las 13 Tareas Fundamentales*—Cómo Valorar y Evaluar Muestras.

10

Chapter

Tarea Seis: Cómo Valorar y Evaluar Muestras

¿Por qué Valorar y Evaluar Muestras?

Esta tarea puede reforzar el valor de asumir el punto de vista presuntivo al brindar una oportunidad para que el especialista forense y el investigador colaboren e intercambien información oportuna y valiosa. Por ejemplo, si un perito en armas de fuego puede decir, por exámenes anteriores de más de una docena de casquillos disparados, que dos pistolas diferentes de la misma marca y calibre estuvieron involucradas, podría informar a los detectives de esta coyuntura. ¿Por qué esperar semanas hasta que el reporte del laboratorio esté completo para comunicar este hecho a los detectives?

Otro ejemplo de comunicación mejorada en este paso podría ser un caso en que el detective sabe que uno de los sospechosos asociados con el arma decomisada de la cual el laboratorio está haciendo peritaje tiene fuertes nexos con otra región. Con esta información, el laboratorio sabría que hay que consultar la base de datos balísticos en la otra región para saber si el arma en cuestión se usó en un delito allá.

Esta coyuntura también podría servir como una puerta de decisión donde los hechos y circunstancias serían comparados contra una matriz de decisión para determinar los protocolos o los pasos siguientes a seguir. Por ejemplo, algunos laboratorios tienen un protocolo en el cual, de cumplirse una serie de circunstancias, se harán disparos de prueba con el arma en cuestión, serán ingresados en IBIS, y consultados contra la base de datos NIBIN <u>antes</u> de hacer cualquier prueba adicional en el arma de fuego.

También, dependiendo de la mejor práctica adoptada, o en un proceso propio que se diseñe en casa, pueden tomarse decisiones en este momento a fin de prepararse para los inminentes procesos de disparos de prueba y obtención. Por ejemplo, considere un arma de fuego que llegó al laboratorio para hacer disparos de prueba. Con los artículos entregados en mano, el perito puede empezar a tomar decisiones acerca del tipo de municiones con el cual hará los disparos de prueba. Si el arma de fuego estaba cargada en el momento del decomiso y esos casquillos se entregaron junto con el arma de fuego, el perito podría optar por elegir el mismo tipo de municiones para hacer los disparos de prueba; existe la probabilidad de que el mismo tipo de municiones se haya descargado de esa arma durante la comisión de un delito. Si no hay municiones junto con el arma, entonces el perito pudiera recurrir a un protocolo que pide utilizar un tipo estándar preseleccionado de municiones.

Esta coyuntura es también una oportunidad para integrar programas con otras disciplinas forenses, actividades de rastreo de armas homicidas, y programas para restablecer el número de serie. También es un buen momento para retomar la posibilidad de la presencia de evidencia de rastreo (p. ej., pintura) en las muestras entregadas, y cómo esta evidencia se recolectará y procesará.

En general, esta tarea brinda una oportunidad para afinar el punto de vista presuntivo según sea necesario, basado en los hechos que se tengan a mano para optimizar el resto de los procesos asociados con esta tarea fundamental.

Mejores Prácticas Recomendadas

Resultados Tentativos Usando Tecnología Científica (TRUST)— Departamento de Policía de Los Ángeles

La Unidad para Análisis de Armas de Fuego del LAPD desarrolló un singular enfoque para dar a los investigadores información preliminar y oportuna, llamada Resultados Tentativos Usando Tecnología Científica (TRUST). En ese momento los investigadores reciben, de peritos en armas de fuego, información basada en calificaciones de correlación IBIS y exámenes visuales en pantalla en cuanto a vínculos con muestras que son probables, pero no confirmados. La información se califica cuidadosa y claramente como no concluyente.

Normalmente, la forma en que TRUST funciona es dando a los investigadores un grado de probabilidad de que dos armas homicidas pudieran estar vinculadas, y luego buscan más información que se sabe verdadera para ambos incidentes a fin de establecer una conexión. Por ejemplo, se dice a los investigadores que hay una probabilidad de que el delito A y el delito B están vinculados por la misma arma. En el delito A, un hombre recibió disparos de un ladrón. En el delito B, dos sospechosos fueron arrestados por posesión ilegal de un arma. Los investigadores usan datos además del arma de fuego para establecer una conexión entre los dos delitos y resuelven el delito A. Muestran fotos de las personas arrestadas en el delito B, a la víctima del robo y tiroteo en el delito A. La víctima identifica a uno de los hombres en las fotos del arresto como la persona que le disparó. Se obtiene una orden de arresto en base a la declaración e identificación por parte de la víctima. La evidencia balística nunca entró en juego.

El programa TRUST del LAPD, operando en conjunto con el programa Miércoles de Entrada Libre, ha comprobado ser muy efectivo para ayudarles a enfrentar los altos niveles de delincuencia asociada con armas y con pandillas.

Evaluación Rápida para Peritaje de Selección IBIS (RAISE)— Centro de Ciencia Forense de Ontario (CFS)

El Centro de Ciencia Forense de Ontario (CFS) diseñó un protocolo para lograr un equilibrio entre la necesidad de generar rápidamente pistas de investigación en investigaciones de tiroteos y la necesidad de llevar a cabo análisis forense exhaustivo en casos que ya van camino a los tribunales. Involucra un veloz procedimiento "vaya directo a IBIS" para ciertas situaciones donde se conoce muy poca información. En otras palabras, RAISE se usa para hurgar valiosa información de datos aparentemente insignificantes para la resolución del delito. Así es como funciona:

Para llevar a cabo exámenes preliminares sobre los componentes de municiones disparadas entregados, bajo la iniciativa Evaluación Rápida para Peritaje de Selección IBIS (RAISE) para fines de:

- Seleccionar artículos representativos para entregarse a la Unidad IBIS en el CFS y subirlos a la base de datos de la Red Canadiense Integrada de Identificación Balística (CIBIN).

- Identificar vínculos con otros casos de tiroteo/armas de fuego recuperadas.

Los artículos entregados para hacer peritaje bajo la iniciativa RAISE deben cumplir con los siguientes requisitos:

- No se ha identificado a un acusado/sospechoso.

- Sólo se hará peritaje de componentes de municiones disparadas (balas y casquillos /proyectiles disparados).

- El caso no es un homicidio.

- El peritaje solicitado determinará si los artículos entregados están vinculados a otro caso de tiroteo/arma de fuego recuperada (no hay solicitud para conocer el calibre, tipo o número de armas de fuego que descargaron los componentes de municiones disparadas).

- No se solicita una referencia cruzada específica.

No se llevará a cabo un peritaje completo y no se emitirá un reporte para los artículos entregados bajo la iniciativa RAISE. Se emitirá una carta para aconsejar a la agencia que hizo la entrega que, tras un peritaje preliminar, se seleccionó (aron) un(os) artículo(s) representativo(s) y se transfirió (eron) a la Unidad IBIS para subirse a la base de datos CIBIN.

Índice de Armas de Fuego Sospechosas (SFI)— Centro de Ciencia Forense de Ontario (CFS)

La iniciativa SFI se implementó para permitir a las agencias policiales determinar si un arma decomisada/recuperada se vincula a un caso de tiroteo a través de entrar los componentes de las municiones disparadas a la base de datos CIBIN. La Unidad IBIS de CFS lleva a cabo todos los casos de SFI. Las entregas bajo esta iniciativa consisten ya sea de un arma de fuego comercial decomisada/recuperada, o componentes de municiones de disparos de prueba generados por la agencia.

Los artículos que se entregan para peritaje bajo la iniciativa SFI deben cumplir con los siguientes requisitos:

- Un arma de fuego por entrega (o componentes de municiones de disparo de prueba de un arma de fuego).

- El arma de fuego está en condiciones de ser disparada o puede restablecerse fácilmente para poder ser disparada.

- El peritaje solicitado es para determinar si el arma de fuego se vincula con otro caso de tiroteo – ningún otro peritaje se solicita, y la agencia policial debe hacer la clasificación del arma de fuego antes de su entrega.

- No se solicita una referencia cruzada específica.

- El arma de fuego se fabricó comercialmente – no se aceptarán armas de fuego, improvisadas (incluyendo armas de fabricación casera y pistolas/revólveres de cañon alterado), perdigones ni lanzabengalas.

NIBIN Primero—Departamento de Policía de Nueva York

Para reducir y evitar listas de casos pendientes de balística, el NYPD promulgó una política que de hecho usa NIBIN para dar prioridad al trabajo de casos de la unidad. Cuando llegan muestras de balas y casquillos disparados al laboratorio, las muestras se ingresan inmediatamente a IBIS y se hace una búsqueda a través de la red NIBIN. Las muestras entonces se vuelven a sellar y almacenan. El resultado de la búsqueda en IBIS determina qué muestra recibe prioridad para pruebas posteriores.

Municiones Codificadas por Color—Trinidad y Tobago

El gobierno de Trinidad y Tobago codifica por color las municiones destinadas a uso militar, policial y civil. Las municiones disparadas que se encuentran en escenas de crimen se identifican rápidamente según el plan original para uno de esos tres grupos. Esta información pudiera tener valía estratégica al analizar patrones y tendencias, especialmente si aparece un tipo de municiones en lugares no esperados.

Protocolos para Filtrado de Evidencia

El siguiente protocolo representa un conjunto de varias prácticas comunes y consejos útiles para filtrar y clasificar evidencias recopiladas de una serie de clientes IBIS de todo el mundo.

- Determinar el número de armas de fuego involucradas.

- Filtrar por calibre, características de clase, y marcas individuales, seleccionando una muestra representativa de balas para cada arma de fuego identificada en el proceso de filtrado.

- Filtrar por fabricante de las municiones, diseño de las balas (base plana, base cónica, base cóncava etc.) y material (plomo, cobre, latón, níquel, acero etc.).

- Si todas son del mismo fabricante, diseño de bala y material, y son iguales en la calidad de las marcas, entonces puede elegirse una para ingresarse a IBIS.

- Si más de un fabricante, diseño de bala o material está representado, aún si la calidad de las marcas es igual, considere ingresar una muestra representativa por cada variante.

- Si la superficie de contacto de la bala está dañado, o si la bala está fragmentada, considere ingresar suficientes balas dañadas o fragmentadas para igualar el número de LEAs[16] que estarían presentes en una bala impecable, o tantas LEAs como haya disponibles.

- Seleccionar una muestra representativa de casquillos para cada una de las armas de fuego identificadas en el proceso de filtrado.

- Filtrar por fabricante de las municiones, tamaño del fulminante, diseño (hemisférico vs. plano etc.), material (latón, níquel, acero etc.), laqueada vs. no laqueada, y la similitud de las marcas.

- Si todas son del mismo fabricante, tamaño de fulminante, diseño, material, todas están laqueadas o no están laqueadas, e iguales en la calidad de las marcas, entonces se puede elegir una.

- Si más de un fabricante, tamaño de fulminante, diseño o material está representado, e inclusive la calidad de las marcas es igual, considere ingresar una muestra representativa por cada variante.

---

[16] N. del T.: En México se utilizan las siglas "LEAs" para referirse a las estrías que deja el cañón sobre el proyectil al ser disparado. El término opuesto es "GEAs" (*Grooved Engraved Area*), para referirse a los campos, que son las partes más o menos lisas de las balas después de ser disparadas

- Si hay una variación en las marcas, tales como marcas de arrastre presentes en algunas pero no todas, o fulminante con efecto de craterización presente en unas pero no en otras, considere ingresar una muestra representativa por cada variante en las marcas.

Elementos Fundamentales

- Crear una oportunidad temprana para que el especialista forense y el investigador colaboren e intercambien información oportuna e importante, con la finalidad de afinar y ayudar a optimizar los procesos restantes para esta tarea fundamental.

- Establecer una matriz de decisión contra la cual puedan compararse los hechos y circunstancias, a fin de determinar los protocolos o pasos siguientes a seguirse en un caso dado (p. ej., análisis forense adicional, alcance de la correlación, selección de las municiones para disparos de prueba, rastreo de arma homicida etc.).

Consideraciones Clave

- Intercambiar la información preliminar entre el investigador y el especialista forense.

- Revisar las mejores prácticas a adoptar en cuanto a temas como establecer prioridades de peritaje, tratar con múltiples piezas de evidencia del mismo caso, comunicar información preliminar valiosa para los investigadores de manera oportuna, y determinar el alcance de las solicitudes de correlación IBIS.

Resumen

Lo Más Importante: Intercambiar la información entre el investigador y el especialista forense, de forma cooperativa, en las primeras etapas del proceso de peritaje, para permitir al especialista forense dar información preliminar de manera oportuna al investigador.

El Paso Siguiente: El siguiente capítulo comenta las bases de la tarea número siete de *Las 13 Tareas Fundamentales*—Cómo Hacer Disparos de Prueba.

11
Chapter

Tarea Siete: Cómo Hacer Disparos de Prueba

¿Por qué Hacer Disparos de Prueba?

Del *Glosario de la Asociación de Peritos en Armas de Fuego y Marcas de Herramientas (AFTE)*, hacer disparos de prueba es "El término usado para designar el disparo real de un arma de fuego en un laboratorio para obtener balas y casquillos representativos para comparación o análisis". Debido a que las diferencias en la dureza, forma y tamaño de ciertos componentes de municiones pueden tener impacto en el peritaje del arma de fuego, los disparos de prueba se convierten en una parte básica del proceso automatizado para identificación balística. También ayuda a asegurar la recolección segura de las pruebas más adecuadas para la comparación.

Sería muy provechoso tener establecidos los criterios para elegir las municiones de prueba desde el inicio de un programa para identificación, a fin de evitar demoras en la obtención de las municiones más adecuadas.

En un esfuerzo por redistribuir las cargas de trabajo, la tarea de hacer disparos de prueba puede cambiarse fácilmente a varias locaciones adecuadas fuera del laboratorio, y lo puede hacer gente que no sean peritos forenses. La redistribución de cargas de trabajo puede ayudar a evitar cuellos de botella y demoras en el procesamiento de muestras. Las demoras son peligrosas porque lleva más tiempo identificar a delincuentes armados, dejándolos libres para causar más daño. Este problema se agrava por el hecho de que un arma que la policía ponga en custodia sin una conexión inmediata aparente a un asesinato u otro delito grave a menudo caerá hasta el fondo de la lista de prioridades de casos para desahogo del laboratorio. La experiencia ha demostrado que estas armas aparentemente insignificantes pueden convertirse en factores de importancia para desentrañar un caso de asesinato o una serie de casos. Deben hacerse disparos de prueba de manera oportuna con todas las armas homicidas que entren en custodia, a fin de mantenerse al día con el punto de vista presuntivo y el equilibrio de gente, procesos y tecnología.

Usar oficiales de policía y técnicos de escena del crimen capacitados fuera del medio del laboratorio para hacer disparos de prueba a fin de obtener muestras de balas y casquillos es un gran ejemplo de equilibrio de la parte de la gente en el banquillo de tres patas. Este procedimiento se hace con éxito en muchas partes. Quitar el requisito de carga de trabajo para hacer disparos de prueba de los hombros de los peritos forenses que trabajan en el laboratorio, les deja libre más tiempo para llevar a cabo examinaciones.

Establecer un protocolo para hacer disparos de prueba solo con ciertos tipos específicos de armas decomisadas por la policía, disminuyendo de esta manera el campo de acción, es un excelente ejemplo de equilibrar la parte de procesos del banquillo de tres patas. Los criterios deben basarse en centrar los esfuerzos hacia los tipos de armas que se usen con mayor frecuencia en los delitos dentro de una región particular. Hacer disparos de prueba solo con tipos específicos de armas puede evitar el malgasto de tiempo y recursos en armas de fuego que tengan poca probabilidad de usarse alguna vez en la comisión de delitos.

La policía en el Condado de Palm Beach, Florida, compró sistemas portátiles para capturar balas de disparos de prueba que permiten la descarga segura de un arma de fuego y la recolección de los componentes de las municiones disparadas fuera del medio ambiente del laboratorio. Este es un gran ejemplo de cómo equilibrar la parte de tecnología del banquillo de tres patas.

Mejores Prácticas Recomendadas

La Seguridad es Primero—Mantenga un Medio Ambiente Seguro y Libre de Contaminación

Seguridad de Armas de Fuego: Debe solicitarse que todos los que trabajen en una unidad para identificación de armas de fuego asistan a, y aprueben una clase acreditada sobre seguridad de armas de fuego. Todas las armas de fuego deben mantenerse con el seguro puesto, la corredera hacia atrás ,o mantener el cilindro abierto con un cincho de plástico u otro dispositivo a fin de dejar el arma inoperable. Las armas de fuego solo deben cargarse en el campo de tiro o en el cuarto para disparos de prueba. Al hacer disparos de prueba, nunca cargue más de un casquillo en el cargador, clip o cañón a la vez. Nunca haga disparos de prueba con un arma estando solo; hágase acompañar por un observador. Use anteojos de seguridad al hacer disparos de prueba. El cincho de plástico u otro dispositivo de seguridad debe remplazarse antes de salir con un arma de fuego del campo de tiro o cuarto para recuperación de balas. Ninguna munición, fuera de las muestras, debe permitirse en la estación de trabajo de un perito. Los accidentes suceden, tenga un juego de primeros auxilios aprobado por la Cruz Roja con un surtido de vendas incluyendo almohadillas estériles de tamaño grande.

Seguridad Ambiental: Todo el personal deberá estar vacunado contra hepatitis A, B, y tétanos. Todas las balas y fragmentos de bala deberán remojarse en una solución de blanqueador y agua antes del peritaje. Al hacer peritaje de muestras, use siempre guantes de plástico y anteojos de seguridad. Al hacer peritaje de ropa, use guantes de plástico, una mascarilla, y anteojos de seguridad. Cualquier trabajo que incluya químicos debe llevarse a cabo bajo una campana de extracción, y debe usarse una mascarilla. Todos los químicos deben almacenarse en un armario aprobado. Su área de trabajo debe estar cubierta con papel nuevo (papel encerado o estrasa). Nunca coma en su estación de trabajo. Nunca guarde alimentos en un refrigerador que se use para almacenar evidencias. Lávese las manos con frecuencia.

Un Enfoque Común para la Selección de Municiones para Disparos de Prueba

- Si un arma de fuego que se entregó para peritaje tenía municiones al ser tomada bajo custodia, haga disparos de prueba usando la misma marca y tipo de municiones.

- Si un arma de fuego que se entregó para peritaje no tenía municiones al ser tomada bajo custodia, haga disparos de prueba usando las municiones identificadas según un protocolo establecido en base a:

  o Las marcas y tipos de municiones que más comúnmente se encuentran en el mercado legal en la región.

    ó

  o Las marcas y tipos de municiones que se encuentran más comúnmente en delitos en la región. Pueden revisarse datos de IBIS para identificar patrones y tendencias de municiones.

- Elija una serie de tipos de municiones que se usen comúnmente durante actos delictivos en su área. Éstas serán los estándares de prueba.

- Elija una serie de armas homicidas que sean comunes en su área y haga disparos de prueba con ellas, usando las municiones identificadas previamente.

- De los disparos de prueba recuperados, compare visualmente todas las muestras y reduzca la selección a tres categorías en base a la calidad de las marcas que quedaron en los componentes de las municiones disparadas:

  o Categoría Uno: deben ser las municiones que dejen las mejores marcas.

  o Categoría Dos: deben ser las municiones que dejen las peores marcas.

  o Categoría Tres: deben ser las municiones que dejen marcas entre las mejores y las peores.

Nota: En un sistema interconectado donde se dan correlaciones entre un lugar y otro, los cada lugar deberá usar un protocolo para hacer disparos de prueba que use la misma marca de municiones. Esto asegura consistencia en todos los lugares.

Cómo Tratar Fulminantes de Latón y Níquel—
Servicio Policial Sudafricano

El Servicio Policial Sudafricano reporta que frecuentemente se encuentran municiones usadas en delitos que contienen fulminantes ya sea de latón o o de níquel. Estos tipos de fulminantes dejan marcas diferentes debido a la composición de los distintos metales. A fin de optimizar el desempeño de correlación al tratar con distintos tipos y materiales de municiones, la mejor práctica involucra un protocolo para hacer disparos de prueba en el que se hacen tres disparos de prueba usando tres tipos de municiones. Esto establece una probabilidad en cuanto a los límites dentro de los cuales caerían la mayoría de las municiones en la región. El protocolo requiere que se hagan disparos de prueba con cada arma de fuego usando cada una de las tres categorías de municiones.

El Protocolo NIBIN—ATF

Elija una serie de tipos de municiones que se encuentren comúnmente en la región de interés y que se usen en actos delictivos en el área. Elija una serie de armas de fuego, haga disparos de prueba con ellas, e ingrese los disparos de prueba en el sistema IBIS. Determine qué tipos de municiones tienen el mejor desempeño al procesarlas a través del sistema IBIS.

El Escuadrón NIBIN—Departamento de Policía de Phoenix

Junto con el Laboratorio de Criminalística, la Oficina de Delitos Violentos del Departamento de Policía de Phoenix, Escuadrón NIBIN, ingresa muestras de la escena del crimen a la base de datos NIBIN. A continuación hay algunos ejemplos de los protocolos del Escuadrón NIBIN:

- ¿Necesita procesarse la muestra para buscar ADN y/o huellas dactilares, o se requiere una prueba funcional? Si la respuesta es "sí", el (los) artículo(s) debe(n) enviarse primero al laboratorio de Criminalística. Entregue una solicitud de laboratorio y también solicite que el (los) artículo(s) se ingrese(n) a NIBIN después de ser procesado(s) para buscar ADN/huellas dactilares/prueba funcional.

- Si no es necesario que el Laboratorio de Criminalística procese el (los) artículo(s), entregue una solicitud al escuadrón NIBIN para que el (los) artículo(s) se ingrese(n) en la base de datos NIBIN.

- Entregue todas las solicitudes de evidencias de casquillos de la escena de crimeny disparos de prueba (armas cortas semiautomáticas y armas largas) a la dirección de solicitudes al escuadrón NIBIN en Outlook.

- Llene el documento de Word Hoja de Trabajo de Solicitud NIBIN, guárdelo en su computadora, y envíelo como un anexo de correo electrónico.

- El detective de NIBIN que se asigne a su caso hará un ingreso de gestión de caso y complementará el reporte que usted hizo cuando se haya completado el ingreso. Una vez hecha una solicitud, normalmente usted no será contactado a menos que se identifique un acierto. En caso de tener preguntas, póngase en contacto con el detective NIBIN asignado.

- Los Detectives NIBIN se asignan para trabajar con tareas específicas: Unidad de Homicidios – Oficina de Delitos de Propiedad Norte y Sur – Unidad de Asaltos – Detectives Nocturnos – Unidad de Robo de Autos – Unidad de Delitos Documentales – Agencia Antidrogas – Oficina de Investigaciones Familiares – Unidad de Robos – Unidad de Fuerzas Anti-Pandillas

"Tiros" Libres de Disparos de Prueba—Policía Estatal de Indiana

La Unidad de Balística de la Policía Estatal de Indiana organizará periódicamente "Tiros de Disparos de Prueba" en un campo local de tiro, dando a las agencias policiales la oportunidad de traer sus armas de fuego decomisadas al campo y hacer disparos de pruebas con ellas, de acuerdo a protocolos establecidos, con la ayuda del personal del Laboratorio de la Policía Estatal.

Programa de Disparos de Prueba para la Industria de Seguridad (SITF)—Departamento de Policía de Nueva Gales del Sur

En mayo de 2003, la policía en Nueva Gales del Sur, Australia, inició un programa de pruebas balísticas para armas cortas, de acuerdo a legislación que requiere que las agencias privadas de servicios de seguridad del Estado (p. ej., guardias armados y vigilantes de seguridad para traslado de efectivo) entreguen sus armas de fuego para pruebas. La legislación que creó el programa, llamado Programa para Disparos de Prueba de la Industria de Seguridad (SITF), se aprobó en respuesta a lo que los legisladores vieron como una tendencia alarmante y creciente en delitos contra la industria de seguridad. Las agencias de seguridad estaban siendo objetivadas por las armas de fuego que tenían, así como por el dinero que vigilaban. Los delincuentes habían llegado a ver a las agencias de seguridad como una fuente de armas cortas, debido a que las restricciones nacionales impedían el acceso público general a las armas cortas. La ley requiere que todas las armas cortas de la industria de seguridad se entreguen a la Policía de Nueva Gales del Sur para su identificación y registro. Además, un disparo de prueba de cada arma corta se digitaliza y almacena en una base de datos para una verificación cruzada posterior contra muestras balísticas encontradas en escenas de crimen. El Programa

STIF usa tecnología IBIS para digitalización y comparación balística. El programa ha demostrado que puede rastrear armas cortas de agencias de seguridad que se usan para cometer delitos graves, tales como robo a mano armada, asalto, y homicidio, y que puede suministrar valiosa información táctica y estratégica para enfrentar de manera más efectiva el problema en Nueva Gales del Sur. La policía de Nueva Gales del Sur ha usado el Programa STIF y la tecnología IBIS para alertarlos cuando un arma de fuego propiedad de una agencia de seguridad se usó en un delito, para rastrear el uso repetido del arma, sin tener que esperar hasta que se haya recuperado, y para identificar armas homicidas recuperadas como armas de fuego robadas de agencias de seguridad, a pesar del hecho de que los números de serie de identificación hayan sido borrados. El programa ha sido efectivo para suministrar información singular y valiosa a la policía, tanto de naturaleza táctica como estratégica. Tácticamente, el programa ayuda a los investigadores a combinar y apalancar la información conocida sobre los casos vinculados para desarrollar nuevas pistas y avanzar sus investigaciones. Estratégicamente, el programa ayuda a los analistas de delitos a identificar patrones y tendencias asociadas con la malversación de armas a delincuentes, de manera que los policías puedan desarrollar nuevas estrategias y tácticas para combatir la violencia urbana armada.

Programas de Vigilancia para Armas de Fuego Robadas

Algunas agencias policiales en varios países hacen disparos de prueba con sus propias armas de fuego y con las armas de fuego de otras agencias gubernamentales. Algunas agencias, como las de Estados Unidos, mantienen los disparos de prueba almacenados y archivados. En caso de que un arma de fuego particular sea robada, el disparo de prueba se saca del almacén y se ingresa a IBIS para rastreo. Otros países ingresan de hecho los disparos de prueba en IBIS desde el principio, para ayudar a detectar uso inadecuado, robo y malversación.

Elementos Fundamentales

- Establecer protocolos de seguridad y anticontaminación de armas de fuego para hacer disparos de prueba.

- Establecer protocolos para elegir municiones para hacer disparos de prueba.

- Asegurar que se haya implementado un proceso oportuno y sustentable para dar prioridad a los disparos de prueba de armas decomisadas, incluyendo aquellas que no tengan una conexión inmediata aparente con un homicidio u otro delito grave.

Consideraciones Clave

- Prepararse para la ejecución de los protocolos de disparos de prueba con bastante anticipación (identificar y allegarse suministros para disparos de prueba y sistemas para captura de balas etc.).

- Evitar demoras y listas de casos pendientes—considere redistribuir cargas de trabajo para ayudar a mantener las prioridades equilibrando gente, procesos y tecnología.

- Comunicar los protocolos y dar la capacitación necesaria.

Resumen

<u>Lo Más Importante</u>: Establecer un proceso para asegurar la recolección segura de muestras disparadas de prueba, y para elegir los materiales de municiones que puedan optimizar el proceso automatizado de correlación IBIS.

<u>El Paso Siguiente</u>: El proceso de hacer disparos de prueba es fundamental para vincular un arma de fuego decomisada a un delito o serie de delitos. El paso siguiente es obtener una digitalización IBIS. El capítulo siguiente comenta las bases de la tarea número ocho de *Las 13 Tareas Fundamentales*—Cómo Obtener Huellas balísticas de Componentes de Municiones Disparadas.

12

Chapter

Tarea Ocho: Cómo Obtener Huellas balísticas de Componentes de Municiones Disparadas

¿Por qué Digitalizar Muestras?

Las fuerzas policiales hoy en día deben enfrentar crecientes olas de violencia urbana armada mientras los recursos disminuyen y el público hace exigencias sin precedente de servicio. Los gobiernos necesitan y quieren la mejor tecnología disponible para lograr aumentos en productividad a costos operativos razonables.

Desde su inicio hace más de 90 años, el uso de balística forense para ayudar a resolver delitos ha sido esencialmente un proceso bidimensional. Los peritos en balística que miran por sus microscopios para hacer comparaciones siempre han sabido que estaban viendo objetos de naturaleza tridimensional.

Estudios científicos recientes[17] indican que la digitalización tridimensional es la clave para hacer mejoras significativas en el campo de balística forense. Forensic Technology comparte la misma visión y también cree que las fortalezas tanto de 2D como 3D deben combinarse para producir la mejor solución posible.

Por lo tanto, Forensic Technology respondió a las necesidades de las fuerzas del orden público a nivel mundial al desarrollar IBIS (Sistema Integrado de Identificación Balística). La más reciente generación de productos, IBIS TRAX-3D, ofrece una forma altamente automatizada y exhaustiva de digitalizar imágenes balística tanto en dos como en tres dimensiones.

---

[17] Revista de Ciencias Forenses, Academia Americana de Ciencias Forenses, mayo 2008, Vol. 53, No. 3.

La tecnología detrás de la familia de productos IBIS TRAX-3D es una generación más allá de los productos anteriores **IBIS®** Heritage™ 2D. IBIS TRAX-3D brinda imágenes 2D de mayor calidad e introduce capacidades de 3D, mayor automatización, y potentes herramientas de análisis. También es capaz de integrarse con la red existente IBIS Heritage, asegurando una transición sin interrupciones y manteniendo altos niveles de eficiencia y efectividad. La compartición y comparación cruzada de datos es posible dado que ambas familias de productos usan configuraciones y métodos estándar para capturar imágenes en 2D. Esta compatibilidad con modelos anteriores es imprescindible para los usuarios de IBIS Heritage que invirtieron una buena cantidad de tiempo y esfuerzo para conformar un recurso nacional de información balística para la resolución de delitos.

La ingeniería de IBIS TRAX-3D usa un enfoque más modular que el de IBIS Heritage. IBIS TRAX-3D divide las operaciones principales en tres áreas generales para procesamiento de datos: recolección, almacenamiento y comparación, y análisis y reporte.

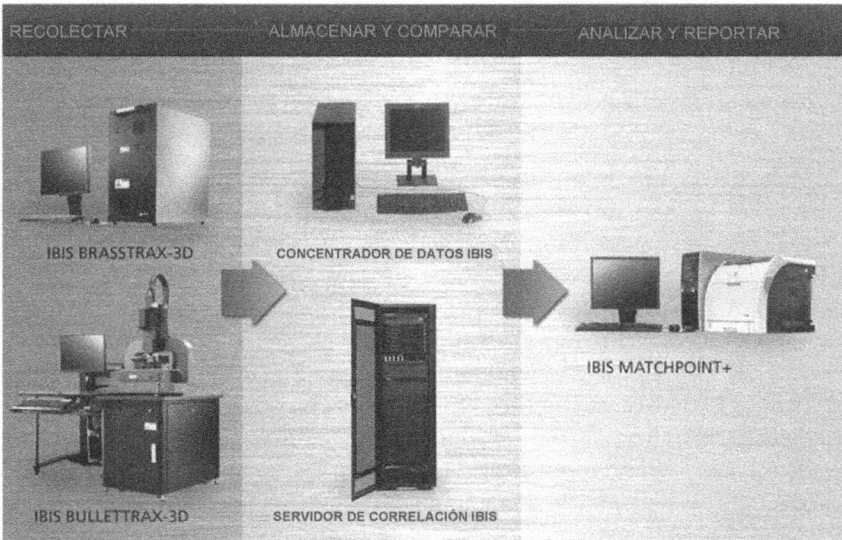

Además de permitir opciones más flexibles de despliegue, este enfoque supera algunas de las limitantes de productividad y concesiones técnicas asociadas con una configuración de una sola plataforma.

Debido al alto grado de automatización, los usuarios de los sistemas para obtención de huellas balísticahuellas balísticas IBIS TRAX-3D requieren poca capacitación para recolectar datos de alta calidad de manera consistente. De hecho, **IBIS®** BRASSTRAX-3D™ puede usarse dentro o fuera de un laboratorio, y puede ser operado por personas que no sean peritos en balística. Por tanto, la carga de trabajo de recolección de muestras balísticas para las redes IBIS puede estar mejor equilibrada—los peritos en armas de fuego pueden estar libres para centrarse en labores que requieran sus expertas habilidades. Esto no solo reduce el tiempo de procesamiento, sino que aumenta la productividad.

El alto nivel de automatización en los sistemas IBIS TRAX-3D facilita su uso y asegura niveles consistentes para la recolección de datos de alta calidad. También aumenta la productividad al facilitar el realizar tareas simultáneamente y reducir los requisitos en cuanto al nivel de habilidad y la capacitación asociada. La automatización de la máquina reduce las variaciones por operador en la recolección de datos. Del lado de la información entrante, promueve uniformidad y estandarización; del lado de la información saliente, genera resultados óptimos de comparación. El proceso de adquisición inicia automáticamente y controla parámetros tales como iluminación, enfoque y delimitadores. Sólo se necesitan algunos minutos para colocar una bala o un casquillo y, una vez iniciado, el proceso real de digitalización se automatiza por completo, liberando al operador para hacer otras tareas.

Al asumir el punto de vista presuntivo para la investigación de delitos que involucren el mal uso de armas de fuego, deben recolectarse datos en imágenes de buena calidad de especímenes de balas y casquillos disparados tanto en dos como en tres dimensiones, a fin de extraer los mejores datos posibles del proceso automatizado de digitalización balística. Su capacidad para digitalizar en 2D y 3D con alta calidad, características de procesamiento automatizado, e ingeniería modular hacen a IBIS TRAX-3D particularmente valioso para facilitar el diseño de procesos de trabajo nuevos e innovadores para romper con los límites tradicionales, extender el alcance y rango de la tecnología, reorientar cargas de trabajo, y ayudar a disminuir las listas de casos pendientes.

Mejores Prácticas Recomendadas

Prueba de Proficiencia

Administrada en la sede del laboratorio, la prueba de proficiencia a veces se hace un mes después de haber terminado el curso para Usuarios

Básicos de Forensic Technology (FT). Si un usuario reprueba, FT recomienda que el usuario trabaje con un guía durante un periodo de tiempo antes de volver a tomar la prueba. Debe administrarse una prueba de proficiencia una vez al año a todos los usuarios de productos de FT a fin de lograr los siguientes beneficios:

- Calidad estándar de las huellas balísticas en toda la red

- Apego a los protocolos de adquisición

- Confirmación a los supervisores de sección y directores de laboratorios en cuanto a la eficiencia del personal

- Satisfacción para los operadores después de haber sido certificados por una empresa reconocida mundialmente

Revisión Rutinaria de Huellas balísticas IBIS e Información de Casos

Una mejor práctica es establecer una bitácora de control de calidad y guardarla en el área de trabajo IBIS como parte del programa de calidad. En el momento que se identifique durante una sesión de revisión de calidad que un caso o prueba contenga un error, deberá anotarse en la bitácora y hacer las correcciones hechas y mencionadas. La revisión debe incluir tanto calidad de la digitalización (como enfoque, iluminación, ubicación del delimitador, etc.), como información del caso (como fecha, tipo de evento y ubicación). Al llevar a cabo la revisión de resultados y comparación de huellas balísticas IBIS, los operadores pudieran hallar errores de importancia para un caso o prueba, los cuales deben anotarse en la bitácora para seguimiento y corrección de calidad. El seguimiento y refuerzo continuos por parte de un administrador de sede asignado puede ser un medio efectivo de control de calidad.

Cómo Tipificar

La calidad de las marcas que quedan en los componentes de municiones disparadas es de suma importancia para el perito en armas de fuego y los sistemas de digitalización balística. Algunas veces las diferencias en marcas de componentes disparados descargadas desde la misma arma pueden ser tan grandes que impidan una determinación comparativa. La tipificación intenta superar esto al apoyarse en la consideración de múltiples disparos de prueba y piezas de muestras disparadas desde la misma arma para explicar las variaciones normales en marcas que son inherentes a la ciencia. Por ejemplo, considere que la calidad de las marcas en disparos de prueba pudiera clasificarse del uno al diez, siendo diez la mejor. La tipificación IBIS involucraría elegir dos pruebas de la misma arma para ingresarse al sistema—una en el extremo bajo de la escala de marcas deficientes y una en el extremo alto de la escala con buenas marcas. Esto de hecho crea una "categoría de tipo" virtual en la base de datos, del 1 al 10, contra el cual puedan clasificarse las nuevas pruebas. Por ejemplo, al hacer una búsqueda contra la base de datos, un disparo de prueba con marcas clasificadas en la mitad de la escala será clasificado como 5. Tome nota, sin embargo, que la tipificación puede tener costos en cargas de trabajo y en operación del sistema si se usa de más.

IBIS FastTRAX

FastTRAX, el servicio para ingreso y revisión de datos de IBIS suministrado por Forensic Technology, emplea su propio personal altamente capacitado y habilitado para llevar a cabo la digitalización de componentes de municiones disparadas, así como la revisión de resultados de correlación de la base de datos IBIS.

Estándares de Capacitación de Forensic Technology

Diseñado pensando en necesidades específicas del orden público, el departamento de capacitación de Forensic Technology identifica las necesidades de los clientes a fin de crear guías de capacitación en base a tareas que acorten la curva de aprendizaje y sumerjan a los usuarios en el flujo de trabajo de la aplicación (software) de manera que puedan trabajar más rápido y de forma más eficiente. Un Experto en Contenidos (SME) trabaja de cerca con el equipo de capacitación de TF, y es responsabilidad permanente de este SME asegurar el conocimiento técnico de los capacitadores que impartan información en el aula de FT. Se diseña una serie de herramientas para cada currículum: pre-evaluación, plan del curso, guía de capacitación, y post-evaluación. Un miembro del equipo de capacitación también puede visitar a un cliente para llevar a cabo las siguientes tareas in situ: entrevistar a usuarios para determinar sus roles en relación con la aplicación; aprender cómo la capacitación puede ser más benéfica o estar más en línea con sus necesidades; presentar alternativas posibles para documentación y capacitación; observar la capacitación y compartir observaciones relevantes con el equipo de diseño.

Elementos Fundamentales

- Capacitación: Tener la capacitación IBIS adecuada. La proficiencia es fundamental. El peor caso posible para el usuario y el proveedor de tecnología es no lograr el éxito con IBIS por causa de una adquisición de imágenes inadecuada.

- Aseguramiento de calidad: Implementar un protocolo de aseguramiento de calidad para monitorear la información entrante tanto de adquisición de imágenes como de datos asociados al caso.

- Apego permanente con los protocolos: Seguir los protocolos IBIS que se enseñaron durante la capacitación IBIS; están diseñados para optimizar las ventajas del sistema. Por ejemplo, el sistema permite la captura de tres tipos distintos de marcas de la superficie de casquillos disparados. Deben capturarse los tres a fin de optimizar el proceso de correlación.

Consideraciones Clave

- Identificar quién hará las adquisiciones, y el nivel necesario de habilidad. Por ejemplo, considere estos tres niveles de operadores:

  - Operador Básico: Casi cualquier persona con habilidades básicas de cómputo puede capacitarse en cuestión de días para llevar a cabo el ingreso de datos, incluyendo la obtención de imágenes de un casquillo y bala disparadas, que representen la muestra de un solo disparo de prueba o una sola pieza de evidencia. Un operador básico puede trabajar de manera independiente, con supervisión general, dentro de un laboratorio o de forma remota desde otra ubicación (p. ej., un departamento de policía), ingresando una sola muestra de disparos de prueba y datos de casos delictivos que involucren una sola pieza de muestra balística (es decir, una bala disparada o un casquillo disparado). Un operador básico normalmente no está capacitado para, ni se espera que ingrese datos de casos delictivos que involucren múltiples piezas de muestras balísticas que deban clasificarse para poder elegir solo una o dos pruebas para el ingreso real de datos.

o   Técnico IBIS: Además de los requisitos de un operador básico, un técnico IBIS tendrá capacitación y experiencia adicionales (cuestión de algunas semanas) dándole la capacidad para discriminar entre múltiples piezas de muestras de casos de delincuencia que deban clasificarse para elegir una o dos pruebas para el ingreso de datos.

o   Perito en Armas de Fuego: Los requisitos de un perito en armas de fuego van mucho más allá que los de un operador básico o un técnico IBIS. Un perito en armas de fuego tendrá niveles suficientes de capacitación a profundidad y experiencia práctica (generalmente dos a tres años como mínimo) en todas las áreas de peritaje en armas de fuego y balística forense para ser reconocido y aceptado por un tribunal de justicia como un testigo experto.

• Establecer planes de capacitación para distintos niveles de operador. Asimismo, tomar en cuenta los temas de seguridad y los ambientales.

• Establecer estándares de proficiencia y procedimientos de prueba.

• Establecer e integrar estándares y métodos de aseguramiento de calidad para monitorear el ingreso de datos.

• Auxiliares post-capacitación (tales como gráficas de estándar para obtención de imágenes) para consulta rápida del usuario.

Resumen

Lo Más Importante: Recolectar datos de huella balística con buena calidad de especímenes de balas y casquillos disparados tanto en dos como en tres dimensiones, de manera que se generen los mejores datos posibles a partir del proceso automatizado de digitalización balística.

El Paso Siguiente: Habiendo hablado aquí del ingreso de datos de calidad, el capítulo siguiente comenta las bases de la tarea número nueve de *Las 13 Tareas Fundamentales*—Cómo Revisar Resultados de Correlación.

13
Chapter

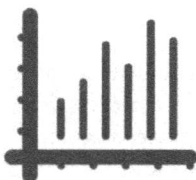

Tarea Nueve: Cómo Revisar Resultados de Correlación

¿Por qué Revisar Resultados de Correlación?

La meta de revisar los resultados de correlación generados por el Servidor de Correlación **IBIS®** es encontrar concordancias de alta confiabilidad de entre las diferentes huellas balísticas de componentes de municiones disparadas almacenadas en la base de datos IBIS. La identificación de concordancias posibles puede a su vez ayudar a generar pistas sustanciales para la resolución de delitos y brindar valía preventiva al asumir el punto de vista presuntivo descrito en este libro. Esta valía debe más que justificar la inversión en tiempo y recursos que se requieren al ejecutar el componente IBIS de cualquier programa para la resolución de delitos.

La revisión de resultados de correlación representa un producto crucial en un momento fundamental. Debe darse atención cuidadosa a esta tarea y a sus diversos elementos porque, si se pasa por alto una concordancia en este punto, pudiera no haber una segunda oportunidad para hallarlo.

Cómo Revisar Resultados de Concordancia

Podría valer la pena tomarse aquí un momento para aclarar cómo las posibles concordancias y aciertos entre muestras balísticas y disparos de prueba se encuentran en un ambiente automatizado de tecnología balística como IBIS.

Primeramente, la tecnología genera información que puede usarse para hallar rápidamente las posibles concordancias; no identifica concordancias entre pruebas balísticas. Un perito en armas de fuego usa la información reportada para elegir pruebas potencialmente coincidentes y luego las compara físicamente bajo un microscopio de comparación a fin de dar una opinión experta. En su opinión, si se confirma una concordancia entre dos casos, se declara un "acierto". El gran valor de este proceso de correlación IBIS es que puede llevar a cabo miles de comparaciones en

126

cuestión de minutos, a velocidades mucho más allá de la capacidad humana.

En segundo lugar, este poder de cómputo permite a los expertos en armas de fuego hacer lo que anteriormente había sido muy difícil de sustentar—llevar a cabo una revisión razonablemente precisa de cada pieza de muestra contra cada otra pieza del inventario (base de datos IBIS). Cuando los sistemas IBIS se vinculan en una red, el inventario de un sistema se convierte de hecho en el inventario de todos los sistemas, dando a los usuarios la capacidad de hacer lo que anteriormente había sido imposible de llevar a cabo y de sustentar.

Se hace peritaje de los resultados de correlación usando **IBIS®** MATCHPOINT+™—la estación para análisis del perito para revisar las posibles concordancias emitidas por el Servidor de Correlación IBIS.

MATCHPOINT+ faculta al perito en armas de fuego para simular virtualmente las funciones de un microscopio de comparación, tales como la orientación de la imagen, el ajuste del aumento, y la dirección de la fuente luminosa. Las singulares capacidades 3D también brindan nuevas posibilidades más allá de la experiencia del microscopio al permitir a los peritos visualizar de mejor manera imágenes de todos los tipos de casquillos y balas, desde las prístinas o intactas hasta las más gravemente dañadas—incluyendo balas disparadas a través de cañones poligonales y la mayoría de las armas de fuego de barril liso o hechizas. MATCHPOINT+ suministra datos cuantitativos para mejorar la confiabilidad en hallazgos hoy en día, y mediciones de para mejorar la confiabilidad en las bases científicas del proceso el día de mañana.

MATCHPOINT+ puede ayudar a reducir el tiempo de espera y las filas que pueden generarse al compartir un solo microscopio de comparación en el laboratorio—ya que los peritos necesitarán pasar menos tiempo en él.

Como se comentó anteriormente, Forensic Technology cree que 2D es bueno y que 3D es mejor, pero 2D más 3D es lo mejor. Esto es exactamente lo que la tecnología IBIS TRAX-3D brinda para ayudar a los peritos en armas de fuego a ver más, saber más, y vincular más.

Al combinar datos de 2D y 3D, la textura 2D puede sobreponerse sobre el modelo representado en 3D usando una fuente luminosa simulada ajustable, para una visualización superior. Esta combinación permite la observación dinámica de la información de superficie al ajustar la mezcla de textura 2D y topografía 3D.

Algunos peritos forenses que han tenido la oportunidad de usar MATCHPOINT+ para hacer comparaciones de huellas balísticas **IBIS®** BULLETTRAX-3D™ comentaron que el microscopio tradicional de comparación bien puede hacerse superfluo en el futuro, debido a las capacidades de vanguardia para visualización que la tecnología 3D hace posibles, y a los sistemas de alta definición como IBIS TRAX-3D. Aún más, las comparaciones en 3D pueden ayudar para hallar concordancias en pares de balas que sean un reto al usar imágenes 2D o un microscopio de comparación. Esto es especialmente cierto al comparar balas con composiciones de materiales diversos, como al comparar balas de plomo contra balas con blindaje de cobre.

Capacidades y Herramientas para Análisis de Balas

Representación 2D/3D Ajustable

Ajustar el nivel de representación entre 2D y 3D apalanca las fortalezas de ambas para ver de forma óptima las marcas de superficie. La imagen 2D de la superficie de la bala se mejora al aplicarla al modelo topográfico 3D, el cual revela útil información de marcas.

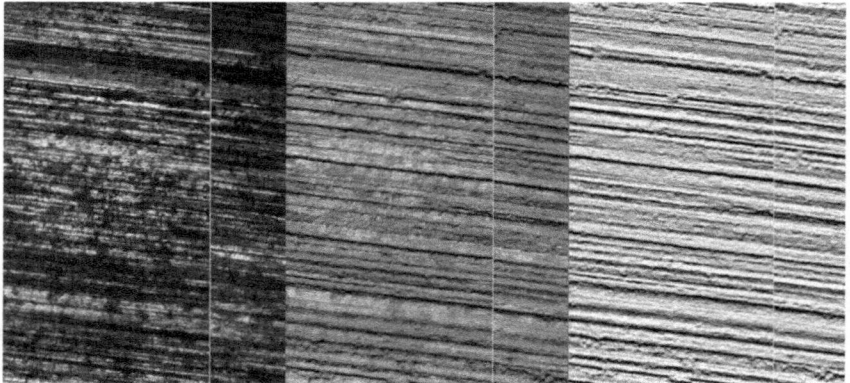

MultiVisor de Balas

El MultiVisor de Balas permite la comparación de alto nivel de candidatos potenciales de concordancia con la vista completa de la circunferencia de la bala.

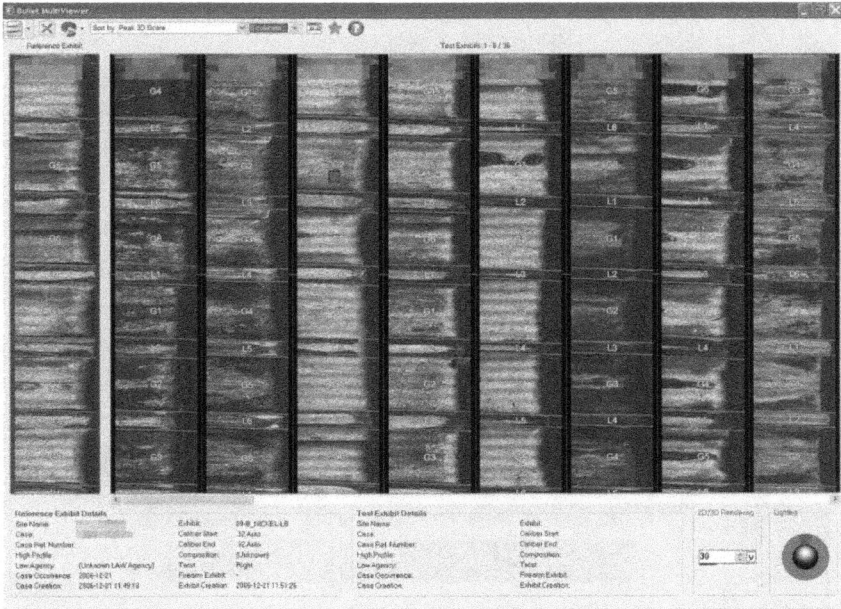

Visor de Balas En Paralelo

El Visor de Balas En Paralelo permite la comparación a profundidad de dos balas, similar a la experiencia de usar un microscopio de comparación. Hay muchos controles y herramientas disponibles para ayudar a hacer conclusiones, tales como iluminación dinámica y representación 3D.

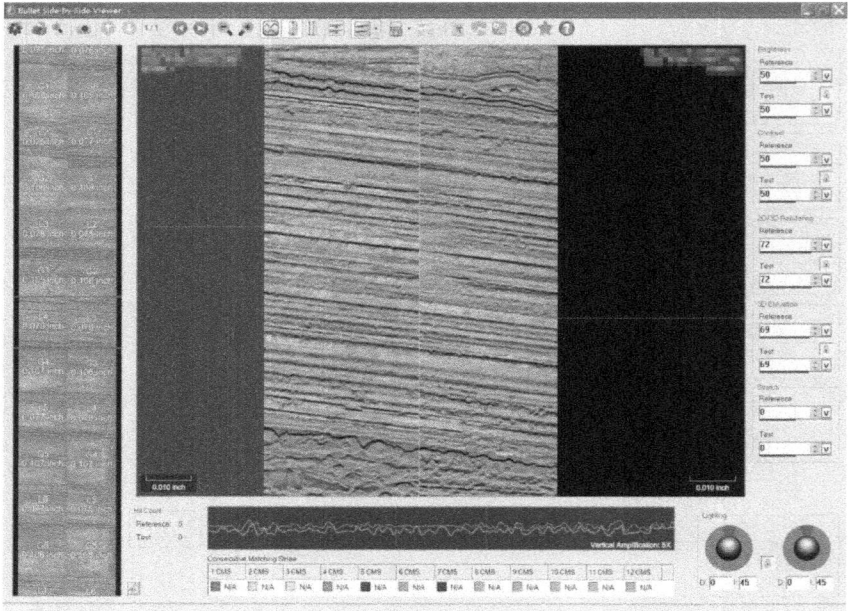

Perfil

El perfil de la bala es una potente herramienta que se basa en información cuantitativa de la superficie de la bala—nunca antes disponible para el perito en armas de fuego. Pueden compararse visualmente las dos secciones transversales de la superficie de la bala. Entre más similares sean los dos perfiles, más posibilidad hay de que las dos pruebas sean coincidentes.

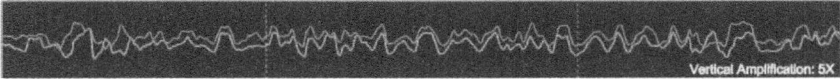

Reglas

Pueden aplicarse reglas para medir distancias sobre la superficie de una bala: las diferencias laterales, verticales y de profundidad, así como la distancia total entre dos puntos sobre la superficie de la bala.

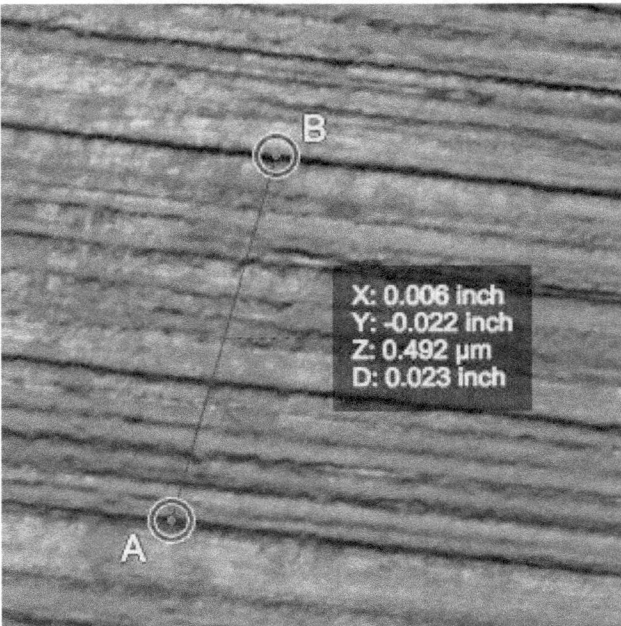

131

Identificación Automatizada de Estrías Coincidentes Consecutivas (CMS) en Balas

CMS es un enfoque científico cuya meta es contar de forma objetiva grupos de estrías correlativas para determinar la similitud entre balas. La alta definición de huellas balísticas de balas en 3D ofrece información precisa del largo, ancho y profundidad sobre la topografía de la superficie de la bala, permitiendo así a MATCHPOINT+ identificar de manera objetiva grupos de estrías coincidentes consecutivas (CMS). Las mediciones microscópicas en 3D de la topografía de la superficie permiten la exploración de nuevos métodos científicos, como CMS, para apoyar conclusiones analíticas.

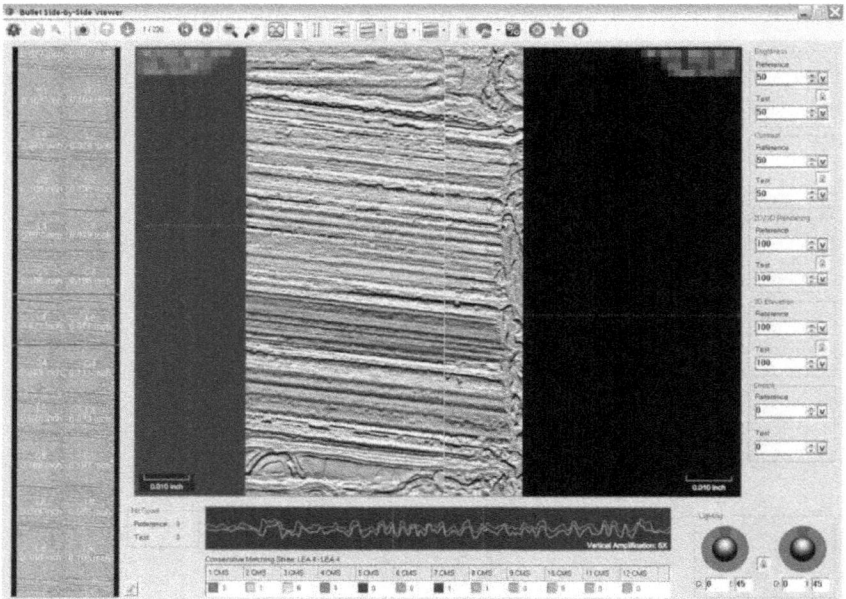

Capacidades y Herramientas para Análisis de Casquillos

Representación 2D/3D Ajustable de la Digitalización del Fulminante

Ajustar el nivel de representación entre 2D y 3D apalanca las fortalezas de ambos para una vista óptima de las marcas de superficie. La imagen 2D de las impresiones del cierre de recámara y del percutor se mejora al aplicarse al modelo topográfico 3D, el cual revela información útil de forma y marca.

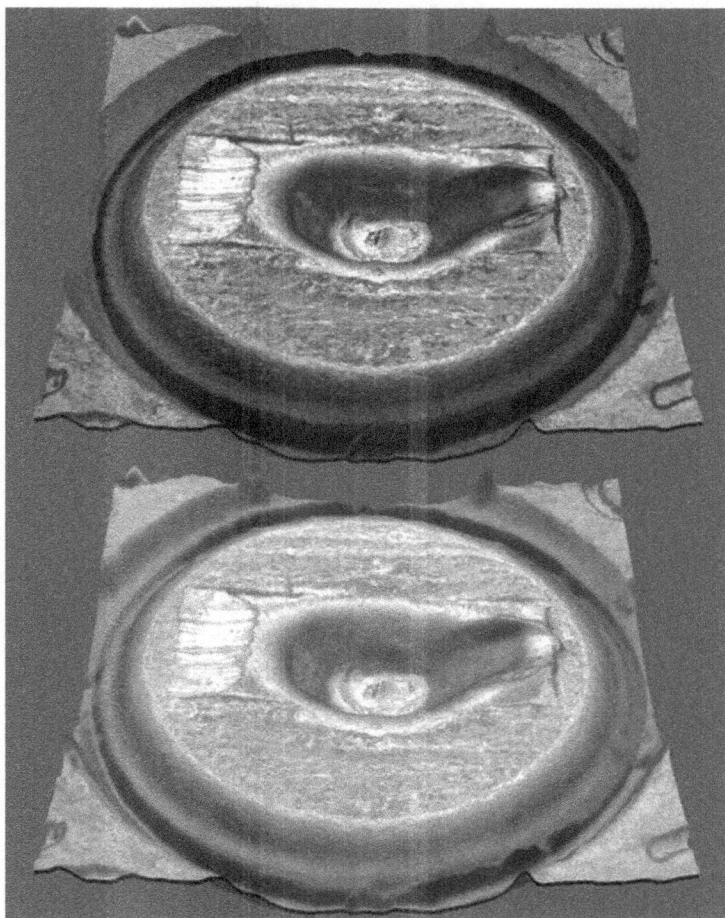

MultiVisor de Casquillos

El MultiVisor de Casquillos permite la comparación de alto nivel de candidatos potenciales de concordancia para ver simultáneamente imágenes de casquillos múltiples.

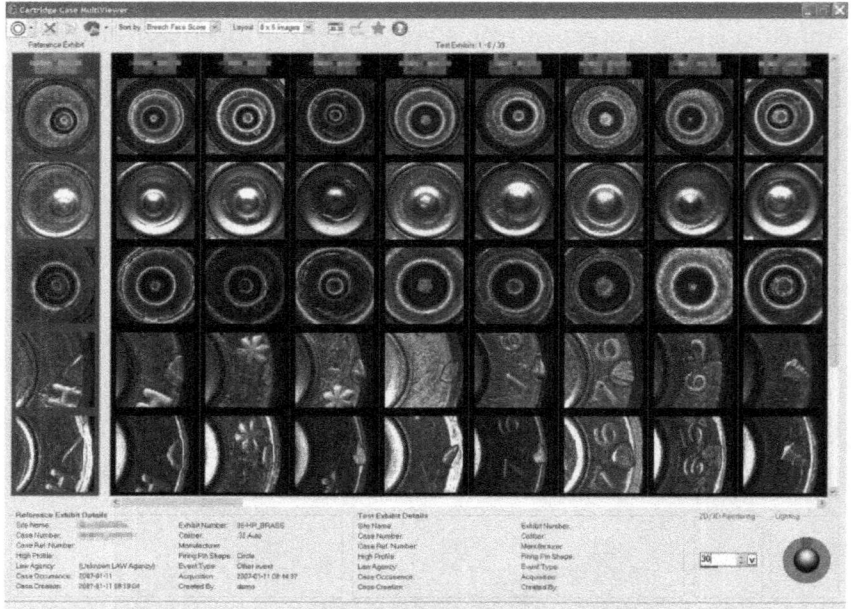

Visor de Casquillos en Paralelo

El Visor de Casquillos en Paralelo permite la comparación a profundidad de dos casquillos, similar a la experiencia de usar un microscopio de comparación. Hay muchos controles y herramientas disponibles para ayudar a hacer conclusiones, tales como iluminación dinámica, representación y vista inversa del fulminante en 3D.

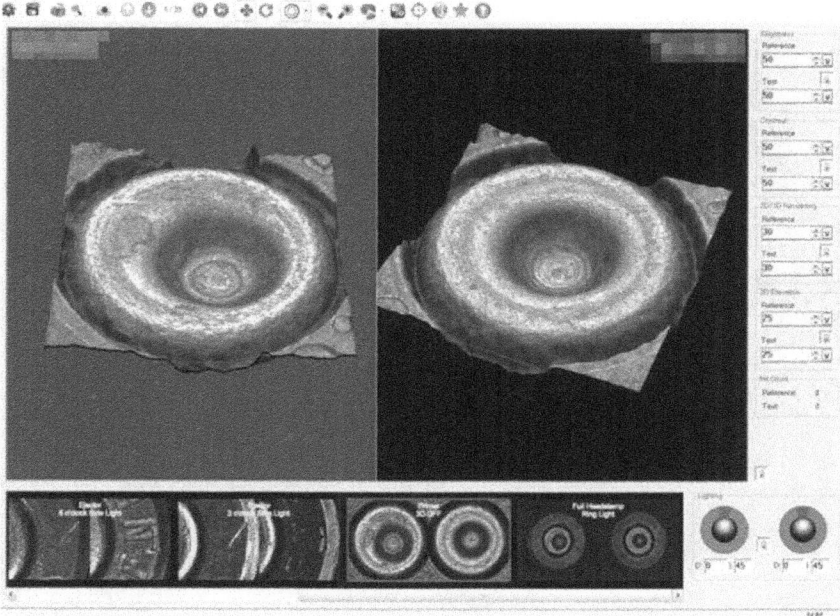

Imagen Completa del Cierre

Se captura todo el cierre del casquillo, dando acceso potencialmente a marcas adicionales que no se incluyen en otras huellas balísticas obtenidas. Esta imagen puede usarse como un registro de la evidencia sin tener el casquillo físico a la mano. Es útil para control de calidad y validación al observar la posición relativa de las marcas y mostrar información del calibre y del fabricante, si la hay.

Visualización Inversa del Fulminante en 3D

El modelo 3D del fulminante del casquillo puede girarse para ver la impresión del percutor desde el interior. Esta nueva perspectiva es única de la tecnología IBIS TRAX-3D y es un diferenciador clave de los microscopios modernos de comparación y demás sistemas de análisis balístico. Esta característica en MATCHPOINT+ puede usarse para discernir rápidamente diferencias entre evidencias. Por ejemplo, al comparar el perfil de impresiones de percutores, usar esta característica puede ayudar en ocasiones a diferenciar tipos de armas de fuego en base a las características típicas del percutor usado en la fabricación de distintos modelos de armas de fuego. Abajo, las distintas formas de dos percutores son evidentes.

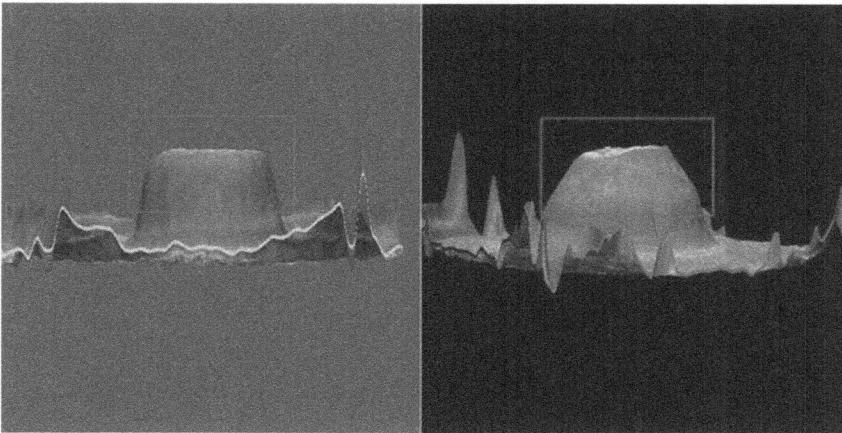

Imagen en 3D Toda en Foco del Fulminante del Casquillo

Esta útil modalidad de visualización permite el análisis de toda el área del fulminante con cada punto perfectamente enfocado en una sola imagen. Esto mejora la probabilidad de hallar marcas importantes. Por ejemplo, la figura de abajo es una comparación en paralelo de dos casquillos Makarov que muestra las impresiones del cierre de recámara (también conocido como "placa de cierre") y del percutor. Los rectángulos coloreados resaltan siete áreas visibles de similitud. Esta información podría alertar a un perito para continuar con el peritaje y considerar todas las marcas disponibles a fin de aumentar la probabilidad de hallar una concordancia.

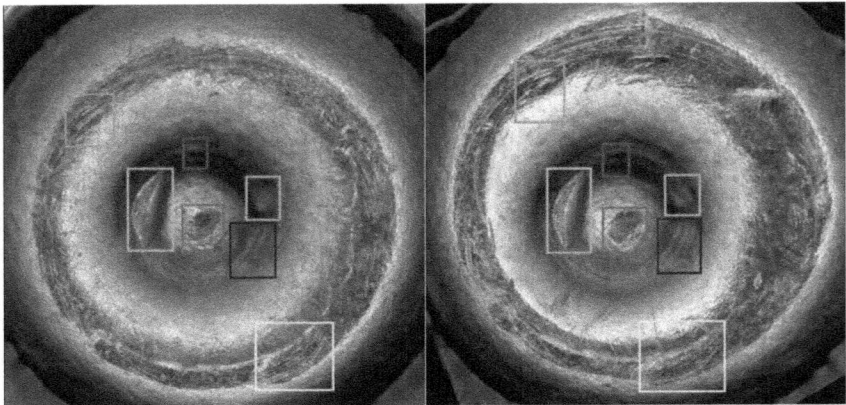

Filtrado, Impresión y Reporte de los Resultados de Correlación

Pueden clasificarse y analizarse múltiples calificaciones de correlación en una vista gráfica para distinguir fácilmente las elementos faltantes en las calificaciones, permitiendo así a los operadores agilizar su análisis. MATCHPOINT+ está equipado con una impresora a color para imprimir reportes, pantallas de información, pantallas del visualizador e imágenes para fines de presentación.

Mejores Prácticas Recomendadas

El Protocolo IBIS

Forensic Technology recomienda la revisión de las evidencias para las 10 primeras concordancias emitidas y clasificadas por el Servidor de Correlación IBIS. Una de las fortalezas de IBIS es que procesa las imágenes de tres marcas distintas, que pueden utilizarse para identificar posibles concordancias. Cada una de las marcas se captura de forma independiente una de la otra, y las pruebas han demostrado que capturar y evaluar todas las marcas disponibles aumenta significativamente las oportunidades de hallar una concordancia. Algunos tipos de armas de fuego no dejan marcas de calidad del cierre de recámara o del percutor; sin embargo, dejan marcas de calidad del expulsor. Una de estas armas es la AK-47. Para este tipo de arma, la marca del expulsor es generalmente la marca más confiable para hacer evaluaciones. Un perito en armas de fuego evalúa una serie de marcas para ayudarle a determinar que dos muestras se dispararon desde la misma arma.

Extienda la Búsqueda Más Allá de los Primeros Diez

Los operadores de IBIS no están limitados a revisar solamente los primeros diez resultados. Si el tiempo y las cargas de trabajo lo permiten, los operadores deben seguir buscado en el resto de la lista de resultados de correlación a fin de encontrar aciertos potenciales. Los científicos de Forensic Technology indican que las probabilidades de concordancias disminuyen bastante rápidamente entre relaciones de correlación clasificados debajo de los primeros diez. Aunque los algoritmos de IBIS están sintonizados para clasificar muestras tan alto como sea posible en la lista, algunas evidencias coincidentes caerán por debajo de los diez primeros lugares debido a una serie de razones asociadas con la gente, procesos y tecnología. Por lo tanto, algunos sitios de usuarios IBIS revisan más allá de los diez primeros resultados (p. ej., los primeros 25) como cuestión de protocolo. Otros usan un protocolo flexible el cual, dependiendo del caso a la mano, permite la revisión de muestras aún más allá en la lista.

Especialistas en Revisiones del Departamento de Policía de la Ciudad de Nueva York y el Servicio Policíaco de Sudáfrica (SAPS)

El Departamento de Policía de la Ciudad de Nueva York (NYPD) y el Servicio Policial de Sudáfrica (SAPS) asignan personal de la Unidad de Balística que se dedica exclusivamente a revisar resultados de correlación IBIS. Estos especialistas se vuelven muy hábiles para hallar concordancias potenciales y son una de las razones por las que el NYPD y SAPS son los dos usuarios líderes de IBIS en el mundo en términos de número de casos vinculados o aciertos generados.

Cómo Subcontratar Revisiones de Correlación

Servicios tales como FastTRAX, servicios de ingreso y revisión de datos IBIS suministrados por Forensic Technology, emplean su propio personal altamente capacitado y habilitado para llevar a cabo la digitalización de componentes de municiones disparadas y la revisión de resultados de correlación IBIS.

Elementos Fundamentales

- Capacitación: Adquirir las habilidades necesarias para interpretar los resultados de correlación IBIS y utilizar las diversas herramientas para análisis de MATCHPOINT+.

- Aseguramiento de calidad: Implementar un protocolo de aseguramiento de calidad para evaluar todos los datos generados, tales como los resultados de correlación de impresiones del cierre de recámara, impresiones del percutor, y marcas del expulsor, así como otra información del caso.

- Apego continuo con los protocolos: Establezca un protocolo para asegurar que se lleve a cabo una revisión de resultados de correlación de cada muestra reportada, y que se lleve a cabo de una manera oportuna tal que satisfaga las necesidades de las partes interesadas de investigación y fiscales.

Consideraciones Clave

- Identificar a las personas responsables de llevar a cabo las revisiones de resultados de correlación IBIS.

- Crear un protocolo exhaustivo para revisión de resultados de correlación.

- Identificar métodos de aseguramiento de calidad para el proceso de revisión de resultados de correlación.

Resumen

Lo Más Importante: Revisar los resultados de correlación IBIS de forma oportuna y hábil es esencial en esta coyuntura fundamental para no pasar por alto concordancias potenciales.

El Paso Siguiente: Después de haber identificado una posible concordancia de IBIS, debe confirmarla un perito calificado en armas de fuego. El siguiente capítulo comenta las bases de la tarea número diez de *Las 13 Tareas Fundamentales*—Cómo Confirmar Aciertos.

14
Chapter

Tarea Diez: Cómo Confirmar Aciertos

¿Para qué Buscar Aciertos?

Un programa basado en el punto de vista presuntivo depende de la gente. Aunque la tecnología ayuda a la gente a ser más eficiente y efectiva y apoya operaciones anteriormente no sustentables, la confirmación de posibles concordancias depende de personal capacitado y calificado. Como se describió anteriormente, a la confirmación de una concordancia entre dos casos se le llama "acierto".

El ATF define un "acierto" como "el vínculo de dos investigaciones distintas de delincuencia por parte del usuario de la tecnología NIBIN (IBIS), donde antes no había existido una conexión conocida entre las investigaciones".

Hoy en día, peritos llevan a cabo la confirmación real de las concordancias potenciales usando un microscopio tradicional de comparación. Dependiendo de las características de las evidencias que se estén examinando y los ajustes que necesite el microscopio, un perito pudiera tener dificultad para encontrar las áreas equivalentes de concordancia entre las marcas de cada evidencia. Estas dificultades pueden incrementar significativamente la cantidad de tiempo y esfuerzo necesarios para el peritaje, y pueden afectar la consiguiente conclusión.

La nueva tecnología que se vale de las herramientas de visualización en 2D y 3D, como el sistema MATCHPOINT+, puede ayudar a los peritos en armas de fuego a hacer conclusiones comparativas usando un microscopio de comparación más rápidamente y con menos esfuerzo.

La tecnología automatizada para identificación balística, como IBIS, también permite a las agencias compartir datos electrónicos e niveles local nacional, regional e internacional. Una agencia ahora puede consultar electrónicamente el inventario de muestras de otra agencia para localizar concordancias posibles y aciertos entre casos. Esta agrupación electrónica de muestras necesita acciones bien coordinadas entre la gente que debe confirmar los casos como aciertos, y la gente que tenga la evidencia real necesaria para el proceso de confirmación.

El intercambio de muestras plantea de inmediato muchos inconvenientes, y es algo que requiere mucha reflexión y deliberación. La recuperación de muestras físicas es un obstáculo común y puede ser origen de frustración y demora. Sean cuales fueren las soluciones implantadas, deben ejecutarse de manera precisa y oportuna con el fin de no convertirlas en obstáculos para el éxito del programa para compartir información balística. En la actualidad, Forensic Technology busca otras maneras para intercambiar datos balísticos de una forma más eficiente y efectiva.

Mejores Prácticas Recomendadas

La Academia Nacional del ATF para Capacitación de Peritos en Armas de Fuego

La Academia Nacional del ATF para la Capacitación de Peritos en Armas de Fuego brinda capacitación para aprendices y principiantes de peritaje en armas de fuego y herramientas de agencias federales, estatales y locales de seguridad pública. El programa de la Academia se compone de los fundamentos para hacer peritajes de armas de fuego y herramientas, y sirve de base para que el alumno, bajo supervisión, se desarrolle como un perito calificado de armas de fuego y herramientas. Las solicitudes para esta capacitación se aceptan procedentes de laboratorios de seguridad pública. Partes de esta capacitación se llevan a cabo en el Centro Nacional de Laboratorios del ATF en Ammendale, Maryland. La capacitación es sin costo; sin embargo, los estudiantes y/o sus agencias sede son responsables de ciertos gastos asociados con el viaje. Para mayor información, vaya a www.atf.gov/training/firearms.

Definición y Protocolo de Acierto NIBIN del ATF

Un "acierto" es la vinculación de dos investigaciones distintas de delitos, hecha por el usuario de la tecnología NIBIN, donde anteriormente no había existido una conexión conocida entre las investigaciones. Un acierto es una vinculación entre casos, no entre piezas individuales de muestras. Pueden ingresarse múltiples balas y/o casquillos como parte del registro del mismo caso; en esta instancia, cada hallazgo de vinculación con un caso adicional constituye un acierto. Un acierto debe ser confirmado por un perito en armas de fuego que haga peritaje de los especímenes reales bajo un microscopio. Otras vinculaciones NIBIN que provengan de pistas de investigación, presentimientos, o peritajes de laboratorio identificados con anterioridad, no son "aciertos", según esta definición. Por lo tanto, otras vinculaciones anteriormente denominadas "aciertos tibios" no deberán contabilizarse como aciertos. Cuando se dé un acierto inter-agencias, el acierto se acreditará a la agencia que haya iniciado y confirmado la comparación microscópica.

Cómo Marcar Aciertos en el Sistema IBIS: Los aciertos que satisfagan la definición anterior deberán vincularse al sistema IBIS, usando los procedimientos suministrados por parte de Forensic Technology (FT) en los materiales instructivos. Recuerde que si se confirma un vínculo entre dos casos, es necesario anotarlo en el registro IBIS. Las vinculaciones que provengan de pistas de investigación, presentimientos, o peritajes de laboratorio identificados con anterioridad, sólo deberán anotarse en la sección de comentarios de la pantalla IBIS. A estas vinculaciones no se les llamará aciertos. Cuando se confirme un acierto inter-agencias, cada sede involucrada deberá marcar el acierto en IBIS, usando los procedimientos suministrados por FT en materiales instructivos.

Reporte Estadístico: Para aciertos inter-agencias, solo la agencia que inicie y confirme la comparación deberá incluir el acierto en las estadísticas que se reporten a NIBIN del ATF.

Archivo de Caso sin resolver—Perito Forense del Condado de Allegheny

El Laboratorio del Perito Forense del Condado de Allegheny suministra servicios forenses a una serie de agencias de seguridad pública dentro del condado. El acuerdo con quienes entreguen material balístico es que el laboratorio retendrá las muestras hasta el momento que el caso sea desechado, o si la agencia que hizo la entrega gira otras instrucciones. Esta práctica está diseñada para eliminar la necesidad de solicitudes de devolución de evidencia, que malgastan tiempo y recursos. Por ejemplo, la práctica en muchas áreas del país es entregar balas disparadas y muestras al laboratorio. El laboratorio hará peritaje y procesará las muestras a través de IBIS y una red como NIBIN y, si ya no hay necesidad de retener las muestras, se regresan a la agencia que hizo la entrega. Posteriormente, la misma agencia, u otra agencia, entregan muestras nuevas, o se envía un arma para hacer disparos de prueba y procesarlos a través de IBIS. Cuando las muestras nuevas de los disparos de prueba se procesan a través de IBIS, a menudo sucede que la nueva muestra o disparos de prueba aparentan tener similitudes con la evidencia que se entregó con anterioridad y luego se regresó. Ahora, el laboratorio tiene que emitir una solicitud de devolución para que las muestras anteriores se regresen y se comparen con las muestras nuevas. Este procedimiento de solicitud de devolución requiere tiempo y recursos del laboratorio, así como de la agencia policial. Se ha reportado durante los *Talleres de Las 13 Tareas Fundamentales* que el proceso de solicitud de devolución podría llevar desde semanas hasta meses, y que no es raro que las mismas muestras se soliciten de regreso varias veces. Las solicitudes de devolución no solo gastan tiempo y recursos, exponen las muestras a pérdida y daños, y pueden dejar en duda su integridad. Estos inconvenientes se evitan si la agencia que hizo la entrega mantiene un archivo de caso sin resolver de las muestras hasta que ya no se necesiten.

Centralización de Muestras—NYPD

El Departamento de Policía de Nueva York tiene una política mediante la cual todas las armas de fuego y muestras asociadas con armas de fuego se envían a una sola unidad centralizada de balística para peritaje, ingreso a IBIS y rastreo de armas. El NYPD ha establecido acuerdos de sociedad con otras agencias federales, estatales y locales de seguridad pública que operan dentro de la jurisdicción de la ciudad para entregar todas sus armas de fuego y muestras asociadas con armas de fuego a la Unidad de Balística del NYPD.

Elementos Fundamentales

- Emplear peritos capacitados y calificados en armas de fuego que puedan confirmar concordancias y declarar aciertos.

- Asegurar que la evidencia física pueda recuperarse de su lugar de almacenaje de forma oportuna y de acuerdo con protocolos de cadena de custodios y procesos establecidos para ingreso al laboratorio

- Reportar los resultados de los peritajes.

Consideraciones Clave

- Definir los términos para concordancias posibles, concordancias confirmadas (aciertos) y vínculos entre casos.

- Definir el protocolo para retirar armas de fuego y muestras asociadas con armas de fuego para peritaje en el laboratorio.

- Definir el protocolo para confirmar concordancias e intercambiar datos sobre muestras y disparos de prueba entre distintas jurisdicciones.

Resumen

<u>Lo Más Importante:</u> Personal capacitado y calificado que confirme posibles concordancias (es decir, declarar "aciertos") y dar a los detectives pistas más oportunas de investigación.

<u>El Paso Siguiente:</u> Habiendo declarado un acierto, las partes interesadas necesitan saberlo. El siguiente capítulo comenta la tarea número once de *Las 13 Tareas Fundamentales*—Cómo Transmitir Información de Aciertos.

Tarea Once: Cómo Transmitir Información de Aciertos

¿Por qué Transmitir?

Como cualquier otro activo, la información puede ser extremadamente valiosa si se usa sabiamente, y es virtualmente inútil si se despilfarra o se ignora. La introducción hace casi 20 años de tecnología automatizada para identificación balística creó una nueva dinámica por la cual se podría recopilar y compartir información sobre armas y delitos.

La realidad durante mucho más de medio siglo fue que la información y su conexión a delitos por lo general se obtenían en respuesta a una solicitud de la policía para llevar a cabo un peritaje en particular. Durante varias décadas, esta creencia prevaleció de una generación de fuerzas del orden público a la siguiente, y sigue existiendo en muchos sitios hoy en día.

The 13 Critical Tasks

Hoy en día, es probable que los peritos en armas de fuego, usando tecnología automatizada para identificación balística como IBIS, descubran información sobre vínculos entre delitos, armas y sospechosos desde sus puestos en el laboratorio. Generalmente encontraran la información antes que los detectives de la investigación.

Sin embargo, al igual que en una carrera de relevos, el personal forense debe pasar de manera oportuna la "estafeta de información" a los investigadores.

Además, los investigadores deben estar conscientes que puede generarse información de esta naturaleza, deben apreciar su valor y entender qué hacer con ella.

Deben establecerse protocolos para asegurar que la información se transmita rápidamente y se le dé el seguimiento adecuado, y que no se pasen por alto las oportunidades para la resolución de delitos.

La tecnología automatizada para identificación balística, al aplicarse de acuerdo al punto de vista presuntivo, cambia la dinámica prevalente y pone al laboratorio de balística en una posición para ser mucho más proactivo al obtener información sobre las armas y su conexión con delitos. Aún más importante es que la tecnología balística ayuda al laboratorio a sustentar esta postura.

Se sabe que hay un problema de comunicación al escuchar declaraciones como las que se enumeran a continuación de parte de los especialistas forenses en el laboratorio...

- "No sabemos si nos están llegando todas las muestras que se están recuperando de las escenas de crimen, ni sabemos si nos están llegando todas las armas que entran en custodia policial."

- "Llamé al detective asignado al caso y de dije que tuvimos un acierto entre su caso y un arma recuperada en otro caso. Él me preguntó qué era un acierto. Cuando le dije, él respondió— Bueno, ¿y qué? No pareció interesado."

- "Nunca recibimos retroalimentación de los detectives sobre el valor de los aciertos que les enviamos—nos dejan en la ignorancia y nos preguntamos por qué seguimos poniendo gran esfuerzo a este programa."

- "No sabemos quiénes son los detectives que están investigando—sus nombres no están en el formato de entrega de muestras porque todo el tiempo están cambiando, así que nunca sabemos si la gente correcta está recibiendo la información que generamos sobre aciertos."

...o cuando escucha declaraciones como estas de parte de los detectives:

- "No sabía que la Laboratorio podría hacer eso—esto es genial— ¿desde cuándo podemos hacer esto? Ojalá nos lo hubieran dicho antes."

- "Nunca recolectamos los casquillos usados—generalmente los pateamos hacia la calle y la alcantarilla."

- "Cuando enviamos armas o muestras al laboratorio, nunca nos dicen nada, o si nos dicen algo, es meses, o algunas veces años después."

- "El detective asignado al caso nunca ve los reportes de envío de aciertos—todos van a otra unidad y se quedan durante meses sobre el escritorio de alguien más."

- "Nunca he visto un reporte de acierto."

- "De pronto a todos nos empezaron a llegar reportes de aciertos—nunca nadie dijo qué se esperaba que hiciéramos con ellos."

Estas declaraciones comúnmente representan comentarios recurrentes hechos por detectives reales y especialistas forenses de todo el mundo.

Tres fases de transmisión son necesarias al emplear el punto de vista presuntivo: (1) la retransmisión de información de aciertos a los investigadores, (2) el seguimiento de investigación de la información enviada, y (3) la evaluación del valor de la información enviada respecto del avance de la investigación.

Si bien hay muchas etapas a lo largo del proceso de las "13 tareas fundamentales" en las que muchas cosas pudieran salir mal, es en esta etapa donde los contratiempos e ineficiencias en la transmisión pueden tacharse rápidamente como "desperdicio gubernamental". ¿Por qué? Porque lo que se comunique o no se comunique en esta etapa afectará tanto la realidad como la percepción de la valía del resultado de todas las contribuciones de información hechas hasta el momento en términos de gente, procesos y tecnología al asumir el punto de vista presuntivo.

La atención que se ponga a esta tarea ayudará a asegurar que el programa esté generando la valía deseada e identificará un problema de transmisión de manera que puedan tomarse las debidas acciones para remediarlo.

Tomarse el tiempo para transmitir a los investigadores lo que pueden esperar ver en un reporte de acierto, el valor potencial de esa información, y las expectativas sobre cómo habrá de manejarse y reportarse, pueden contribuir en gran medida para asegurar la efectividad de todo el programa.

La documentación y debida transmisión del seguimiento de investigación de un acierto ayudará a asegurar que la información generada al asumir el punto de vista presuntivo no se desperdicie, y ayudará a los administradores a medir la valía resultante del esfuerzo hecho. La mayoría estará de acuerdo en que no debe sustentarse un programa que no suministre valía. Sin embargo, sería terrible retirar el apoyo de un programa de seguridad pública valioso porque no se hicieron esfuerzos para transmitir su valía a las partes interesadas afectadas—especialmente aquellas que lo autorizaron y al público que más se beneficie de él.

Mejores Prácticas Recomendadas

El Sistema de Notificación por Correo Electrónico de la Policía de Boston

La policía de Boston creó un proceso de notificación por correo electrónico para transmitir información de aciertos. Crearon un protocolo grupal de correo electrónico en base a dos grupos de gente dentro del departamento policial: aquellos que tienen *Necesidad de Conocer* (NTK) la información y aquellos que *Quieren Conocer* (WTK) la información (según lo establecen los protocolos departamentales). El grupo NTK incluye detectives y supervisores asignados, personal de información y comando, incluyendo al Comisionado. El grupo WTK incluye a las demás partes interesadas del departamento. Actualmente, se notifica aproximadamente a 39 personas de cada acierto IBIS dentro del departamento. El correo electrónico contiene información detallada sobre las muestras y armas, la gente involucrada, los dos o más casos conectados por el acierto, y las necesidades de seguimiento de investigación.

Nota: A la División de Homicidios se le da una pre-notificación directa, antes que a nadie más en el caso de que los temas de seguridad operativa establezcan que la información se comparta en ese momento.

Lo Política del Departamento de Policía de Boston para el Seguimiento de Aciertos IBIS

La policía de Boston tiene una política que requiere reportar las pistas que sean consecuencia de un acierto IBIS. Un detective encargado de investigar un tiroteo tiene la responsabilidad de anotar cualquier pista adicional resultante de un acierto IBIS. La policía requiere reportar cada 30 días. La información se ingresa al sistema para Gestión de Casos de Detectives.

El Protocolo del Departamento de Policía de Nueva York para el Seguimiento de Aciertos de Cómputo Balístico

La Unidad de Armas de Fuego del NYPD envía encuestas de seguimiento a quienes recibieron aciertos generados por sistemas automatizados de cómputo balístico. Estas encuestas recolectan información de los investigadores sobre su seguimiento de cualquier pista generada por los datos del acierto. Los datos de la encuesta se gestionan de forma electrónica en una base de datos. Ejemplos de las acciones de seguimiento mencionadas en el formato de encuesta son:

- Se hizo un arresto/arresto adicional

- Se desarrolló un pista substancial

- Se reabrió una investigación cerrada

- Se incorporó información a la investigación en curso

- El (los) sospechoso(s) fue(ron) arrestado(s) antes de que se recibiera la información

- El sospechoso murió antes de que se recibiera la información

- No hay pistas de investigación/la investigación se cerró

El Escuadrón NIBIN—Departamento de Policía de Phoenix

El Escuadrón NIBIN ingresa casquillos de la escena del crimen y disparos de prueba a la base de datos NIBIN, junto con la Oficina de Delitos Violentos del Departamento de Policía de Phoenix. A los detectives NIBIN se les asignan unidades y casos de investigación, y se les encarga transmitir y reportar aciertos NIBIN.

Elementos Fundamentales

- Colaborar con las partes interesadas afectadas para desarrollar e implementar procesos eficientes para generar información que vincule delitos, armas y sospechosos. Todos deben saber qué esperar y lo que se espera.

- Transmitir la información a los investigadores de manera oportuna.

- Concientizar sobre el proceso, su valía y las expectativas de las partes interesadas.

- Requerir el seguimiento de investigación de los aciertos.

- Reportar la acción de investigación y valía del acierto.

- Rastrear los aciertos y reportarlos a las partes interesadas.

Consideraciones Clave

- Emplear métodos sustentables para transmitir información de aciertos.

- Reportar el seguimiento de investigación.

- Crear concientización entre las partes interesadas afectadas.

Resumen

<u>Lo Más Importante:</u> Establecer protocolos para asegurar que se transmita la información de aciertos de manera oportuna a los investigadores, que se dé seguimiento adecuado a los aciertos, y que no se despilfarren las oportunidades para la resolución de delitos.

<u>El Paso Siguiente:</u> El siguiente capítulo comenta las bases de la tarea número doce de *Las 13 Tareas Fundamentales*—Cómo Apalancar Tácticas y Estrategias.

16
Chapter

Tarea Doce: Cómo Apalancar Tácticas y Estrategias

¿Por qué Apalancar?

Así como es importante integrar y apalancar los programas, se debe hacer lo mismo con las tácticas y estrategias. Con el fin de asegurar que se optimicen las acciones de todas las partes interesadas, los estancamientos organizacionales deben superarse a través de la compartición e integración de tácticas y estrategias de importancia. La información de aciertos debe compartirse y apalancarse usando los datos generados a través de otras estrategias. Cuando se combinan los distintos tipos de datos recopilados al asumir el punto de vista presuntivo, podemos optimizar las oportunidades para generar nueva y mejor información, diseñar tácticas más efectivas de seguridad pública, y maximizar la valía de los resultados de toda la iniciativa para la reducción de la delincuencia con armas de fuego.

Por ejemplo, los beneficios tácticos pueden optimizarse apalancando los datos de IBIS, los datos de rastreo de armas homicidas, y demás datos de delincuencia (p. ej., residencia de personas con órdenes pendientes de detención judicial) también. Las herramientas para mapeo y análisis delictivo pueden ser de gran valía para aumentar el apalancamiento y sustentar el esfuerzo.

Un buen ejemplo de la optimización de los beneficios estratégicos para brindar mayor valía de resultados es el Estudio de Caso de Boston sobre Freddy Cardoza que se usó en un capítulo anterior. Cardoza, un delincuente violento, había recibido una larga condena en prisión que lo sacó de la comunidad que él y sus amigos pandilleros depredaban. El punto de vista presuntivo dio beneficios tácticos que llevaron al arresto y condena de Cardoza por un largo periodo. A pesar de lo que aparentaba ser un valor significativo del resultado en el caso Cardoza, las partes interesadas lo llevaron más allá. A través de su colaboración continua para intentar hallar formas de derivar aún más valía de su labor, desarrollaron una estrategia que les permitió usar el caso Cardoza como un freno. Se lanzaron carteles y comunicados sobre la larga condena que recibió por posesión de una sola bala, para disuadir los miembros más jóvenes de la comunidad de seguir los pasos de Cardoza. Una estrategia efectiva para prevenir la violencia no tiene precio.

Mejores Prácticas Recomendadas

Proyecto Vecindarios Seguros (PSN)

El Proyecto Vecindarios Seguros, mencionado a detalle en capítulos anteriores, es un programa administrado por el Departamento de Justicia (DOJ) de los Estados Unidos, enfocado a reducir la violencia con armas y pandillas. El programa usa planeación y ejecución de las partes interesadas en colaboración, el apalancamiento e integración de programas, comunicación y alcance comunitario, y responsabilizando a la gente. PSN aúna la seguridad pública con esfuerzos de prevención y disuasión. También añade otro elemento muy importante que es fundamental para el éxito: **los recursos para ayudar a que se cumpla con el trabajo.** PSN ayuda a proveer a las partes interesadas con las herramientas necesarias en términos de gente, procesos y tecnología. Puede hallarse más información en la página en Red del Proyecto Vecindarios Seguros: www.psn.gov.

Revisión de Actores de Impacto y Tiroteos Callejeros de Boston (IPSSR)

Como se mencionó en capítulos anteriores, la IPSSR tiene su origen en el Proyecto de Armas de Boston: Operación Cese al Fuego, sobre el cual se fundaron muchos de los principios del Proyecto Vecindarios Seguros. Los programas se basan en sociedades de colaboración, la integración de datos de los programas de varias agencias de seguridad pública y derecho penal, y el apalancamiento de organizaciones militantes y la comunidad religiosa.

Departamento de Policía de Pittsburgh—Mapeo y Análisis de Datos de Aciertos NIBIN y Datos LIMS

La Unidad de Información de la Policía de Pittsburgh importa datos de aciertos NIBIN y los apalanca con datos del Sistema para Gestión de Información de Laboratorio (LIMS) del laboratorio, para hacer análisis de tendencias y patrones usando una aplicación llamada Analyst Notebook (Cuaderno del Analista).

Centros Regionales de Armas Homicidas—ATF

ATF estableció el concepto de los Centros Regionales de Armas Homicidas (RCGC) para asegurar un rastreo 100 por ciento exhaustivo de todas las armas homicidas recuperadas. La finalidad del RCGC es analizar patrones y tendencias a nivel local que puedan detectarse a través de información de rastreo exhaustivo de armas homicidas recuperadas. Equipado con el mejor equipo tecnológico y aplicaciones de investigación disponibles, el RCGC está dotado con personal del ATF, así como investigadores estatales y locales que analizan patrones y tendencias, desarrollan pistas de investigación para detener el flujo de armas homicidas hacia el interior de las comunidades, y ayudar a los departamentos estatales y locales de policía en la asignación de sus recursos.

Centros de Fusión

De acuerdo al Departamento de Justicia de Estados Unidos, un centro de fusión es "un mecanismo efectivo y eficiente para intercambiar información, optimizar recursos, eficientar operaciones, y mejorar la capacidad para combatir la delincuencia mediante la fusión de una diversidad de recursos". Para conocer todas las pautas de desarrollo y operación de los Centros de Fusión, consulte www.it.ojp.gov/fusioncenter.

Entrevistas Post-Arresto Exigidas por Ley

Algunas agencias de seguridad pública exigen esfuerzos para llevar a cabo entrevistas legales post-arresto de sospechosos arrestados por el delito de posesión de armas de fuego. La ley pide que se haga una sencilla pregunta y se documente la respuesta en un reporte: ¿Dónde obtuvo el arma?

Aplicación GunOps

GunOps es una solución en aplicación (software) desarrollada por ShieldOps, que trabaja en paralelo con el sistema IBIS. Usando detallados mapas geográficos, GunOps posibilita una forma visual e interactiva para monitorear muestras de armas de fuego recuperadas tal como se registra en el departamento de policía. Esto permite a los operadores filtrar y visualizar muestras asociadas con armas de fuego por áreas geográficas, lo que a su vez posibilita una priorización de su carga de trabajo. Esto se logra conectando muchas piezas de información oportuna sobre delitos armados, incluyendo los resultados de peritajes balísticos que pueden determinar si la misma arma se usó en más un incidente delictivo. La aplicación gestiona un gran volumen de información sobre delitos armados. Para mayor información consulte: www.shieldops.web.officelive.com.

Elementos Fundamentales

- Llevar a cabo juntas regulares para compartir toda la información desarrollada desde dentro y fuera del arma al asumir el punto de vista presuntivo con las partes interesadas operativas asociadas.

- Apalancar la información saliente, como aciertos, datos de rastreo de armas homicidas, huellas dactilares, ADN, ubicaciones de las armas homicidas, y tipos de municiones usadas.

- Colaborar de forma rutinaria con las partes interesadas asociadas para mejorar las tácticas y estrategias, y desarrollar nuevas que optimicen el valor de los resultados.

Consideraciones Clave

- Espere la participación de las partes interesadas operativas clave en juntas programadas regularmente para asegurar que la información sobre tácticas y estrategias de importancia se comparta entre todas las partes interesadas que correspondan.

- Establezca el protocolo para llevar a cabo juntas regulares con las partes interesadas operativas con el fin de compartir información de reciente desarrollo y dar actualizaciones sobre seguimientos, comentar en las juntas de partes interesadas el apalancamiento de más valía de los resultados, como parte de la agenda.

- Definir los tipos de datos (p. ej., aciertos balísticos, rastreos de armas homicidas, y puntos focales) y cómo serán manejados e integrados al programa.

- Optimizar el uso de tecnología para el apalancamiento y sustentabilidad (p. ej., aplicaciones para mapeo e información electrónicas).

Resumen

<u>Lo Más Importante:</u> Apalancar los diversos datos salientes (p. ej., aciertos balísticos, datos de rastreo de armas homicidas, huellas dactilares, ADN, datos de prueba) para perfeccionar las tácticas y estrategias actuales, desarrollar nuevas, y optimizar el valor al público en la resolución y prevención de delitos.

<u>El Paso Siguiente:</u> El siguiente capítulo comenta las bases de la tarea número trece de *Las 13 Tareas Fundamentales*—Cómo Mejorar los Programas.

17

Tarea Trece: Cómo Mejorar los Programas

¿Por qué la Necesidad de Mejorar?

En el capítulo anterior, la responsabilidad por la mejora continua de las operaciones cotidianas requeridas at asumir punto de vista presuntivo recaía de lleno sobre los hombros de las partes interesadas operativas orientadas tácticamente. Esta capítulo vuelve al punto de partida; de regreso a las partes interesadas orientadas estratégicamente para crear políticas, que estuvieron involucradas en la tarea número uno de *Las 13 Tareas Fundamentales*—Cómo Gestionar las Partes Interesadas. Ambos grupos deben coincidir en esta coyuntura.

Las mejoras pueden identificarse de mejor manera recolectando retroalimentación de cada una de las partes interesadas. Sus inquietudes deben ser escuchadas, o el programa será ineficiente e incluso podría fracasar.

Al implementar cualquier programa nuevo, son de esperarse algunos "contratiempos". Deben preverse; no son pretextos para detenerse, sino más bien representan oportunidades para mejorarse. Para reforzar este punto, considere el estudio de caso a continuación.

Un Estudio de Caso: Trinidad y Tobago

Durante los primeros 26 meses de operación del sistema IBIS, el personal del Centro de Ciencias Forenses de Trinidad y Tobago estaba desilusionado de que solo se hubieran generado y confirmado 11 concordancias de muestras balísticas. Surgieron dudas sobre la valía de las inversiones del gobierno para combatir la delincuencia. Se lanzó un esfuerzo en colaboración para mejorar el programa de balística. La atención se centró en el aumento en las cargas de trabajo provocado por los crecientes niveles de violencia armada y las ascendentes listas de casos pendientes de muestras balísticas. Los niveles de personal eran un problema fundamental a resolver y se necesitarían varios meses para reclutar y capacitar a gente nueva. Mientras tanto, las listas pendientes seguían en aumento, provocando demoras significativas que tendrían como consecuencia que los delincuentes armados siguieran en libertad.

Impulsado por la necesidad de mejorar, el Centro de Ciencias Forenses desarrolló un enfoque innovador y dual para resolver el problema. Iniciaron reclutamiento para aumentar de tres a siete el número de peritos en armas de fuego. Al mismo tiempo, contrataron los servicios del Grupo Internacional de Recursos de Washington, D.C. para suministrar tres peritos calificados en armas de fuego durante un periodo de un año. Estos recursos experimentados, totalmente capacitados y calificados, pudieron empezar a trabajar de inmediato para eliminar la lista pendiente de muestras balísticas que había llegado a más de 2,200 casos, abarcando desde la simple posesión de un arma hasta homicidios.

Al implementar mejoras de personal (gente) y procesos con la intención de optimizar el potencial de la tecnología IBIS, el número de aciertos IBIS confirmados creció de forma dramática de 11 hasta casi 300 ¡en solo 10 meses! Un acierto da a un investigador poder de apalancamiento para desarrollar nuevas pistas provenientes de no menos de dos eventos. Increíblemente, el nuevo equipo forense observó una proporción en aciertos de aproximadamente 50 por ciento de muestras descargadas desde dos armas de fuego automáticas, indicando así un patrón del uso repetitivo de armas homicidas. El estudio de caso de Trinidad y Tobago es un ejemplo de que la sustentabilidad de los programas depende de la mejora continua.

Como lo demuestra el estudio de caso, la inversión inicial de tiempo y atención para desarrollar mediciones objetivas de desempeño brindará rendimientos significativos en la capacidad para centrarse de manera rápida y precisa en problemas reales, y evitar los enredos de percepciones engañosas que malgastan el tiempo.

Si bien la tecnología aplicada a través de buenos procesos puede ayudar a la gente para hacer sus programas eficientes y efectivos, a final de cuentas solo la gente tiene la capacidad para tomar las decisiones y asumir las acciones necesarias para lograr el éxito sostenido de un programa.

Mejores Prácticas Recomendadas

New York "COMPSTAT"

Como se describió en capítulos anteriores, COMPSTAT brinda un método sustentable para una compartición máxima de información en basa a cuatro principios: (1) Información Precisa y Oportuna, (2) Tácticas Efectivas, (3) Despliegue Rápido, y (4) Seguimiento y Evaluación

Implacables. Este cuarto principio es particularmente importante para esta tarea fundamental. El seguimiento y evaluación de los resultados son una parte esencial del proceso. Los datos se presentan en formatos de semana a la fecha, de los últimos 30 días, y de año a la fecha, con comparativos contra la actividad del año anterior. Los comandantes de la delegación y los miembros de la administración superior de la agencia pueden discernir con facilidad las tendencias delictivas emergentes y las establecidas, así como las desviaciones y anormalidades, y pueden fácilmente hacer comparaciones entre comandos

Congreso de Usuarios NIBIN del ATF

ATF estableció el Congreso de Usuarios NIBIN, compuesto por representantes selectos de cada una de las 13 regiones NIBIN. Los representantes regionales recopilan información específica, como mediciones de desempeño y asuntos de inquietud, de los usuarios de NIBIN dentro de sus regiones. La información se reporta al Congreso de Usuarios NIBIN en juntas que se llevan a cabo trimestral o semestralmente. El Congreso de Usuarios NIBIN que ha sido muy efectivo para mejorar los procesos y la tecnología NIBIN.

La gráfica de abajo resume el ciclo de mejora continua:

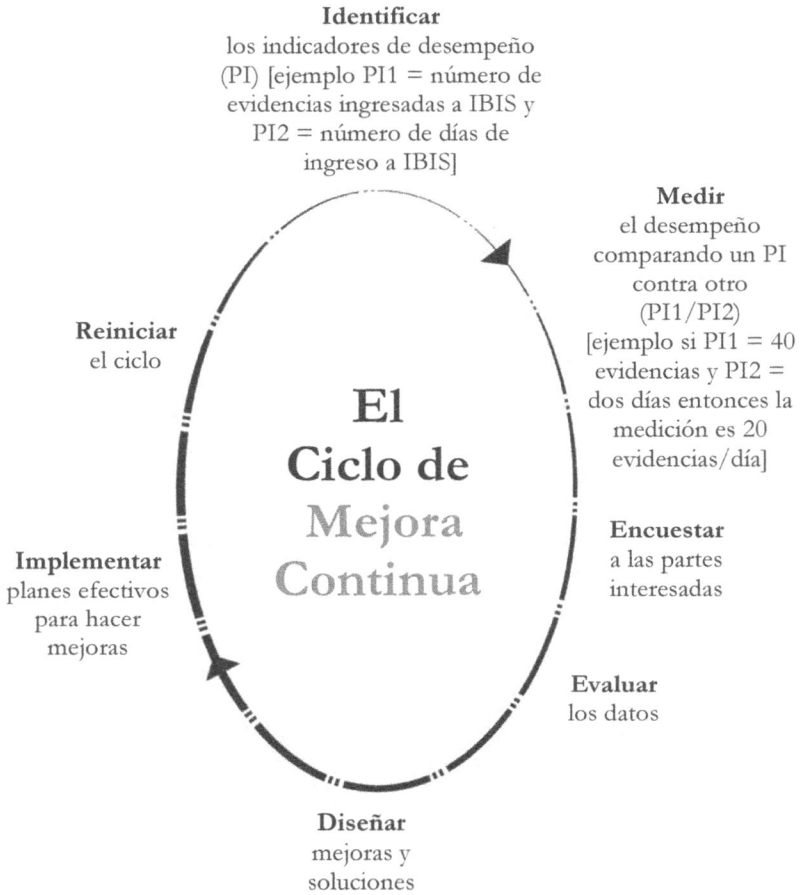

Identificar
los indicadores de desempeño
(PI) [ejemplo PI1 = número de
evidencias ingresadas a IBIS y
PI2 = número de días de
ingreso a IBIS]

Medir
el desempeño
comparando un PI
contra otro
(PI1/PI2)
[ejemplo si PI1 = 40
evidencias y PI2 =
dos días entonces la
medición es 20
evidencias/día]

Reiniciar
el ciclo

El
Ciclo de
Mejora
Continua

Implementar
planes efectivos
para hacer
mejoras

Encuestar
a las partes
interesadas

Evaluar
los datos

Diseñar
mejoras y
soluciones

Elementos Fundamentales

- Realizar mejoras al programa que sean cotidianas y orientadas operativamente, a través de la colaboración táctica de las partes interesadas.

- Usar las mediciones de desempeño y la retroalimentación de las partes interesadas para impulsar las mejoras.

- Juntar periódicamente a las partes interesadas orientadas operativamente y a las partes interesadas orientadas estratégicamente para hacer revisiones del programa, con el fin de validar la valía de los resultados del programa, e identificar lo que funciona y lo que no.

Consideraciones Clave

- Asegurar la recolección y análisis de retroalimentación continua de las partes interesadas

- Asegurar la creación de mediciones objetivas y reportes asociados de desempeño.

- Instituir un proceso regular para identificar e implementar mejoras.

Resumen

<u>Lo Más Importante:</u> Llevar a cabo juntas regulares para revisar el programa con el fin de ayudar a sustentarlo, alertando sobre los problemas, de forma sistemática, a las partes interesadas; algunos problemas y tasas lentas de éxito al principio son de esperarse —no son razones para detenerse, sino un reto a mejorarse.

<u>El Paso Siguiente:</u> El siguiente capítulo comenta el modus operandi que es vital para la ejecución de *Las 13 Tareas Fundamentales*—Protocolos Regionales para Armas Homicidas.

18

Chapter

Protocolos Regionales para Armas Homicidas

¿Por qué se Necesita Tener Protocolos?

Quizás muchos lectores recuerden un homicidio muy publicitado que sucedió hace 40 años en Los Ángeles. En la escena de ese crimen, las muestras de armas de fuego que quedaron identificaban claramente la marca y modelo del arma homicida. Durante varios meses, la policía emitió una alerta sobre el arma por todo el continente Norteamericano, solo para enterarse finalmente que el arma había estado guardada en el depósito de bienes asegurados del departamento de policía todo ese tiempo.

El meollo de esta viñeta no es enfatizar un descuido del LAPD— pues está entre las agencias más innovadoras de seguridad pública del mundo hoy en día y es uno de los más exitosos al emplear el punto de vista presuntivo para investigar delitos que involucren el mal uso delictivo de armas de fuego. El meollo es que aún hoy en día, las armas homicidas siguen quedando sin detectar en los depósitos de bienes asegurados de departamentos de policía, como fue el caso hace 40 años cuando el arma que usaron los seguidores del culto de Charles Manson en los asesinatos Tate-LaBianca estuvo guardada en el depósito de bienes asegurados del LAPD.

Hoy en día, el desafío de rastrear el arma y su evidencia asociada en casos de asesinato y asalto se ha vuelto aún más difícil. Con demasiada frecuencia, los delincuentes jóvenes dependen de las armas para arreglar sus disputas y, en el proceso, a menudo viajan de una jurisdicción policial a otra en el transcurso de cometer sus delitos. En el mundo de "malosos y armas" hay un círculo vicioso, ya que un asesinato se convierte en la fuerza motivadora del siguiente. Esto tiene como consecuencia que más armas se usen en tiroteos, generando con ello más pruebas e información que el sistema de justicia penal debe procesar. Los investigadores, laboratorios forenses y las agencias de justicia penal deben seguir ese ritmo; las demoras para procesar las pruebas y generar las pistas que ayuden a avanzar las investigaciones desembocan en la comisión potencial de más delitos.

La policía debe apoyarse en las acciones policiales de otras jurisdicciones para resolver casos. Un arma decomisada por la policía en una ciudad bien pudiera ser la pieza de evidencia faltante en un caso de homicidio que esté siendo investigado por la policía en una ciudad vecina. Siendo la violencia pandillera y armada tan regional, el alcance del punto de vista presuntivo también debe ser regional. Por lo tanto, cualquier solución sustentable debe involucrar la integración de tecnologías de interconexión como IBIS y eTrace con el fin de desarrollar y compartir información de armas homicidas entre múltiples jurisdicciones dentro de una región dada.

Un Protocolo Regional para Armas Homicidas (RCGP) basado en el punto de vista presuntivo puede brindar una solución efectiva y sustentable, para asegurar que la información de valía para resolver delitos asociados con armas dentro de una región particular pueda ir y venir a través de los límites urbanos.

¿Qué es el Protocolo?

El ATF, a través de sus Centros Regionales para Armas Homicidas a finales de la década de los 90, fue el precursor del concepto RCGP. Los oficiales en el Condado de Palm Beach, Florida, trabajaron con personal local del ATF para mejorar y ampliar el concepto, asignando una serie de protocolos adicionales dentro de los procedimientos operativos estándar de las agencias de seguridad pública del condado.

Un RCGP se define como: Un conjunto de acciones predefinidas y consistentes adoptadas por la policía y personal forense, diseñadas para generar óptima inteligencia útil sobre las armas de fuego y muestras balísticas encontradas durante investigaciones delictivas llevadas a cabo dentro de aquellas áreas geográficas en las cuales es más probable que los delincuentes armados crucen múltiples jurisdicciones policiales.

La esencia del punto de vista presuntivo se refleja en los dos objetivos principales del RCGP: El primero es asegurar que la información de valía generada de dentro y fuera de un arma se extraiga de forma eficiente y efectiva de todas las armas que entren en custodia como consecuencia del uso y posesión delictivas, y de cada pieza de muestra balística que se encuentre en la escena del crimen. Este objetivo ayudará a generar información tanto táctica como estratégica sobre la cual las fuerzas del orden público puedan accionar.

El segundo objetivo es asegurar que la información sea generada, diseminada, y usada por todas las agencias de seguridad pública dentro de una región, que necesiten la información. Si bien un incidente de tiroteo puede darse en una jurisdicción, las muestras de ese incidente, como el arma homicida, pueden encontrarse en otra jurisdicción. Es también común que los incidentes de tiroteo que sucedan en una ciudad se extiendan a otra. Los delincuentes armados rutinariamente cruzan hacia jurisdicciones vecinas debido a los patrones habituales y demás actividades delictivas asociadas, como el tráfico de drogas.

Un RCGP es similar a los programas del punto de vista presuntivo comentados con anterioridad, y difiere solo en cuanto a que necesita la colaboración y acuerdo de múltiples agencias de seguridad pública dentro de la misma "región afectada por la delincuencia"[18] para seguir los mismos protocolos para armas homicidas y procesamiento de muestras. El aspecto regional de un RCGP está diseñado para evitar situaciones en las cuales los oficiales de policía de una agencia policial sigan buscando un arma homicida en las calles de su ciudad mientras el arma se encuentra guardada y olvidada en la repisa del depósito de bienes asegurados de una agencia policial vecina. Por ejemplo, un arma decomisada a una persona durante una detención de tránsito en los suburbios pudiera ser fundamental para la solución de un caso en la ciudad vecina, y viceversa. Esta fue la situación que las fuerzas del orden público de Alabama enfrentaron durante seis años en el caso de Hazel Love, mencionado anteriormente en el Capítulo 2. He aquí la historia otra vez.

Un Estudio de Caso: McCalla, Alabama

En Marzo de 1996, la Oficina del Alguacil del Condado de Jefferson investigaba un allanamiento de morada el cual se convirtió en un robo que desencadenó el asesinato de Hazel Love, una mujer de 68 años en McCalla, Alabama. Los investigadores recuperaron varios casquillos descargados en la escena, y después balas, durante la autopsia. Las muestras se entregaron al laboratorio del Departamento de Ciencia Forense de Alabama (ADFS) en

---

[18] Geographical area in which armed criminals are most likely to be crossing multiple police jurisdictions.

Birmingham. Los operadores de IBIS en el laboratorio de ADFS ingresaron las muestras a la base de datos de NIBIN.

En septiembre de 2000, la policía en Adamsville, Alabama, llevó a cabo la investigación de un criminal que tenía posesión ilegal de un arma de fuego. En ese momento se retuvo un arma de fuego como evidencia y se colocó sobre una repisa en el depósito de bienes asegurados del departamento de policía.

En diciembre de 2002, la Policía de Birmingham que investigaba un allanamiento de morada supo del arma de fuego almacenada en Adamsville. Los investigadores solicitaron una verificación NIBIN del arma de fuego. Dos semanas después, la Laboratorio de ADFS sorpresivamente reportó que no había una concordancia de NIBIN con el allanamiento de morada de Birmingham, pero que de hecho había un vínculo entre el arma de fuego de Adamsville y el asesinato en 1996 de Hazel Love en McCalla. El acierto fue confirmado posteriormente por un perito en armas de fuego.

En febrero de 2003, la Oficina del Alguacil del Condado de Jefferson arrestó a dos hombres que estaban vinculados al arma de fuego de Adamsville por el asesinato de Hazel Love, así como por diversos delitos graves en todo el país. Uno de los sospechosos está cumpliendo ahora múltiples cadenas perpetuas sin posibilidad de libertad condicional.

Este caso demuestra la necesidad de recolectar y compartir datos balísticos de escenas de crimen y armas de fuego decomisadas por la policía dentro de la región afectada por la delincuencia—hasta que esto se hizo, el asesinato de Hazel Love quedaba sin resolver. La evidencia olvidada por un departamento es la evidencia crucial de otro. En este caso, ningún departamento sabía de la evidencia del otro.

Si bien las fuerzas de seguridad pública de Alabama finalmente hicieron lo debido en este caso, no todas las agencias tienen tanta suerte. El punto de vista presuntivo es un auxiliar efectivo en la investigación de la delincuencia armada, y se optimiza cuando la gente, procesos y tecnología correctas están en equilibrio e institucionalizadas dentro de toda la región afectada por la delincuencia. Hoy, las elementos faltantes en el rastreo de armas homicidas y pruebas de balística son fundamentales para regionalizar el punto de vista presuntivo. Por ejemplo, muchas agencias policiales de todo Estados Unidos no utilizan al máximo NIBIN y eTrace, y por lo tanto no pueden explotar de forma efectiva la valía táctica y estratégica de la información que estos sistemas pueden generar.

Al momento de escribir esto, la policía en Alaska, Idaho, Kentucky, Maine, New Hampshire, North Dakota, Utah, Vermont, West Virginia, y Wyoming, no cuentan con tecnología IBIS en el estado. Así, pudieran no estar haciendo uso de, o tener acceso inmediato a alternativas tales como proveedores públicos o privados del servicio NIBIN (p. ej., el Laboratorio del ATF o Servicios IBIS FastTRAX).

Algunos observadores podrían apresurarse a decir que los estados mencionados anteriormente no son los primeros que vienen a la mente al pensar en violencia urbana. Sin embargo todos ellos tienen ciudades con problemas de delincuencia que involucran drogas, pandillas y armas. Aún así, al considerar que una fortaleza importante de un red para identificación balística como NIBIN es el hecho de que sea nacional, entonces cada estado se convierte en un eslabón de una cadena—una cadena que solo es tan fuerte como su eslabón más débil.

Considere a Maine, New Hampshire y Vermont, que son tres de los estados de Nueva Inglaterra. Se conectan a través de carreteras interestatales con importantes áreas metropolitanas en Massachusetts y Nueva York, donde la violencia con drogas y pandillas es mucho más frecuente. Así como el calor fluye de sur a norte hacia la región de Nueva Inglaterra a través de las principales vías de transporte, también las armas y demás tipos de bienes ilegales se mueven a través de estos corredores. El arma encontrada durante una redada anti-drogas en Boston pudiera representar la pieza "crucial" de evidencia para la policía que esté investigando un asesinato asociado con pandillas en Providence, Rhode Island. Lo opuesto también es cierto. Considere este posible escenario: un auto con placas de Nueva York es detenido por exceso de velocidad en Manchester, New Hampshire, y luego es llevado al depósito municipal por tener un registro vencido. La grúa se lo lleva al lote policial y se le hace inventario. La policía encuentra un arma corta a la cual se le borraron números de serie. Acusan del delito al conductor y guardan el arma en la bóveda de muestras. Sin una verificación NIBIN, nadie tiene idea que el arma se usó en un asesinato en Nueva York.

La ilustración de abajo respalda el punto anterior—muestra un arma recuperada en Boston y correlacionada a través de NIBIN a 14 incidentes de tiroteo con 19 víctimas. Tres de los delitos sucedieron en otras ciudades dentro del área afectada por la delincuencia. Uno de ellos, que involucró a una víctima, sucedió en Rhode Island, y se vinculó a través de NIBIN mientras Rhode Island aún participaba en el programa.

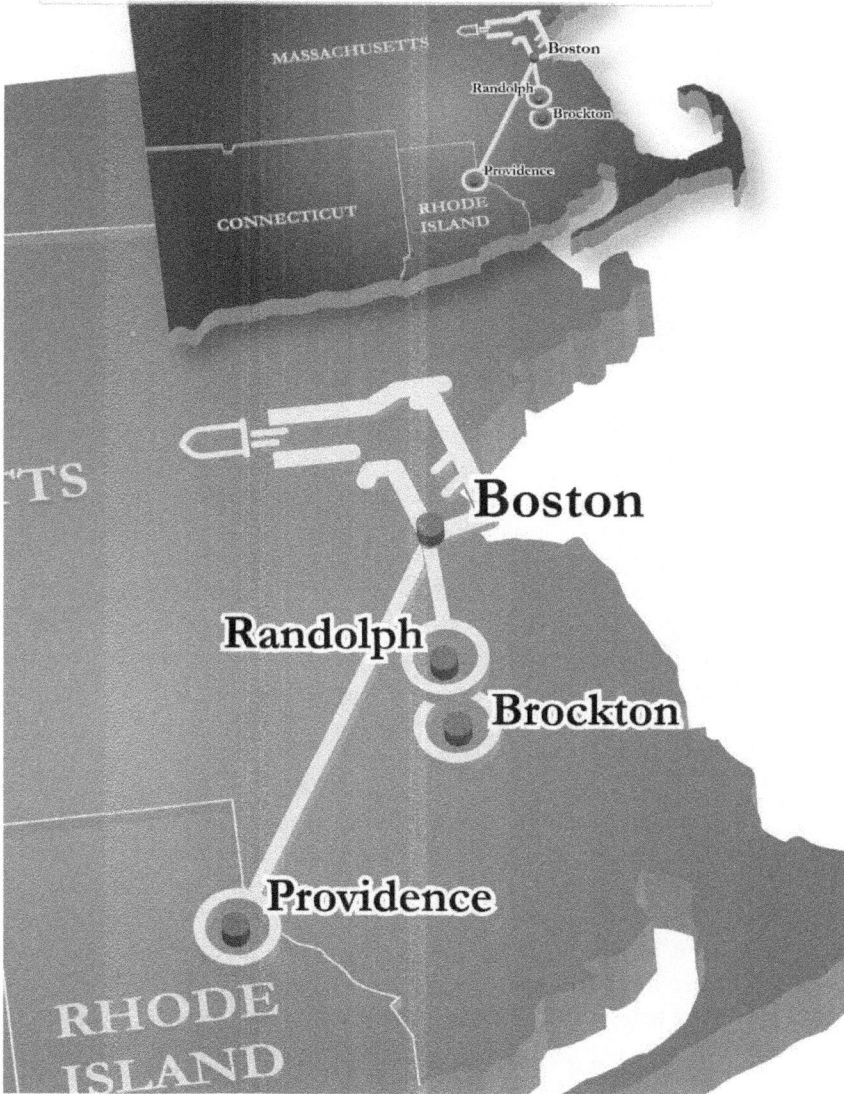

14 Tiroteos: Junio 1999-Julio 2000
Decomiso de Armas: Septiembre 2002

La ilustración deja claro que el valor de NIBIN es "de ida y vuelta", y que la policía tanto en ciudades grandes como pequeñas puede beneficiarse de la información que suministren redes balísticas como NIBIN. Al igual que en el caso Hazel Love, el poder de la tecnología balística se apalancó a través de jurisdicciones mediante una red, y esta acción comprobó ser vital para ayudar a la policía a resolver su asesinato.

Por esto es que un pequeño número de agencias policiales en Kentucky y Maine están haciendo todo su esfuerzo por asumir el punto de vista presuntivo, con la ayuda de unos cuantos defensores emprendedores y determinados. Se suscribieron a eTrace del ATF, y a través de subsidios del Proyecto Vecindarios Seguros (PSN), han tercerizado el ingreso de datos a IBIS y servicios de búsqueda NIBIN a través de FastTRAX, con la finalidad de explotar los dos tipos más básicos de información generada desde dentro y fuera del arma—datos de balística y de rastreo de armas homicidas.

Si bien la delincuencia armada puede verse generalmente como un problema de seguridad propio de una localidad, también puede verse como un problema de seguridad nacional para regiones que incluyan ciertas fronteras internacionales. Un país que asuma el punto de vista presuntivo para recolectar datos de delincuencia regional a través de fronteras, acumula al paso del tiempo un inventario formidable de datos que se usan para: resolver delitos, detener a delincuentes armados, generar información, identificar mercados ilegales de armas, y reconocer patrones y tendencias delictivas. La policía y los creadores de políticas pueden utilizar estos datos exhaustivos al diseñar nuevas estrategias y tácticas para enfrentar estos problemas inter-fronteras.

La explotación oportuna de información de armas homicidas y muestras balísticas que se recolecta a lo largo de diversas jurisdicciones policiales afectadas **llevará a más correlaciones entre armas y delitos, y a identificar más rápidamente a los autores de los tiroteos.** Al identificar más rápidamente a los autores de los **tiroteos**, los oficiales pueden apresarlos antes de que tengan la oportunidad de volver a delinquir. Los protocolos aplicados de manera consistente sirven para institucionalizar y asignar una solución sustentable dentro de la región atendida.

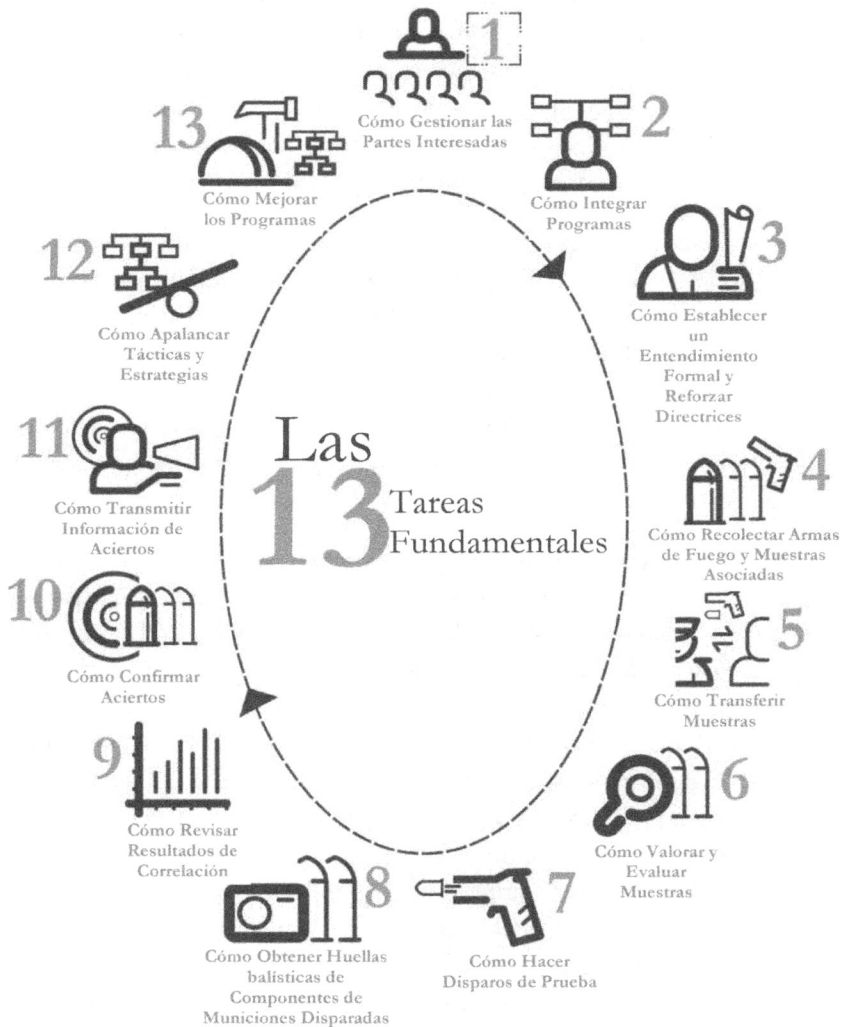

1 Cómo Gestionar las Partes Interesadas

2 Cómo Integrar Programas

3 Cómo Establecer un Entendimiento Formal y Reforzar Directrices

4 Cómo Recolectar Armas de Fuego y Muestras Asociadas

5 Cómo Transferir Muestras

6 Cómo Valorar y Evaluar Muestras

7 Cómo Hacer Disparos de Prueba

8 Cómo Obtener Huellas balísticas de Componentes de Municiones Disparadas

9 Cómo Revisar Resultados de Correlación

10 Cómo Confirmar Aciertos

11 Cómo Transmitir Información de Aciertos

12 Cómo Apalancar Tácticas y Estrategias

13 Cómo Mejorar los Programas

Las 13 Tareas Fundamentales

Elementos Fundamentales

Las 13 Tareas Fundamentales, en equilibrio con la gente, procesos y tecnología, pueden ayudar a lograr el éxito sustentable en la resolución de delincuencia con armas de fuego a través de jurisdicciones dentro de una región dada. Los elementos fundamentales presentados abajo llevarán al desarrollo de protocolos regionales para armas homicidas.

- Gestión de partes interesadas: Nuevamente, como se mencionó en capítulos anteriores, las partes interesadas afectadas deben asociarse como grupo. Sin embargo, en esta ocasión, debido a que el área de inquietud abarca una región, se necesita una mezcla diversa[19] de representación de toda la región afectada por la delincuencia, y no de dentro de una sola jurisdicción.

- Análisis de elementos faltanteselementos faltantes: Un ejercicio que se realizó en la segunda mitad del taller identifica obstáculos y y falta de continuidad en los procesos actuales, incluyendo acciones que no se están llevando a cabo e información que no está siendo compartida. Se presentan las mejores prácticas que otros han usado exitosamente para gestionar elementos faltantes similares a fin de ser consideradas por el grupo y adoptarse como soluciones posibles.

- Protocolos sustentables y beneficios sustanciales: Los nuevos protocolos para armas homicidas y muestras deben ser sustentables y tener todo el potencial para brindar beneficios sustanciales. Para lograr esto, el plan debe asumir el punto de vista presuntivo en la investigación de delitos que involucren el mal uso de armas de fuego y deben estar equilibrados en términos de gente, procesos y tecnología. Una prueba que ayuda a medir el potencial de éxito y sustentabilidad del plan de acción propuesto es visualizarlo en términos de su capacidad para lograr uno o más de los siguientes criterios: (1) brindar a las partes interesadas nuevas oportunidades para resolver y evitar delitos cometidos con armas de fuego, (2) demostrar diferenciación de los procesos existentes—una mejor manera de hacer las cosas, (3) cambiar las "reglas del juego" para todos los involucrados.

---

[19] Una mezcla de participantes compuesta de policía, personal forense y fiscales de distintas agencias (incluyendo agencias locales, estatales y federales) dentro de la misma región afectada por la delincuencia.

Consideraciones Clave

- Actividades estructuradas del taller: Un taller moderado orientaría a las partes interesadas interdependientes a través de las trece tareas fundamentales, con la finalidad de estimular el pensamiento y brindar una base de comparación respecto de las maneras en que la delincuencia armada se está enfocando actualmente vs. emplear el punto de vista presuntivo. El taller y materiales de apoyo[20] crean un foro para que la mezcla diversa de aproximadamente treinta miembros de las partes interesadas en promedio, piense y actúe en conjunto. Para lograr esto, y como servicio público, Forensic Technology facilita sin costo una serie de *Talleres de las 13 Tareas Fundamentales* para las comunidades de seguridad pública y forense.

- La duración del taller: Los talleres pueden ser de uno o dos días de duración. Un taller de un día puede cubrir la mayoría de los temas y ofrecer un perfil de los cambios en gente, procesos y tecnología que sean necesarios para un nuevo protocolo. Un taller de dos días sería necesario con el fin de ofrecer un Protocolo regional para Armas Homicidas más detallado y completo. La inquietud primordial es el tiempo y disponibilidad de las partes interesadas. Lo que se hace a menudo para optimizar el tiempo es que el grupo grande se reúna un día, y el perfil que se genere a partir de esa sesión se convierte en un grupo más pequeño que crea un borrador más detallado y final. La coordinación para los comentarios y aprobación del borrador final puede manejarse a través de correo, mensajería, correo electrónico o fax.

- La identificación de los asistentes al taller: Los asistentes deben representar personal de línea, de supervisión y administrativo que representen a los grupos de partes interesadas afectadas de seguridad pública de toda la región. Forensic Technology suministra la siguiente guía de selección para los organizadores

---

[20] El *Cuaderno de Trabajo de las 13 Tareas Fundamentales*, una guía de auto-ayuda, también está disponible sin costo para las agencias de justicia penal en *www.forensictechnology.com/13*.

del taller con el fin de asegurar que los asistentes se beneficien de las perspectivas de las partes interesadas que posean las distintas habilidades necesarias para asumir el punto de vista presuntivo:

o Patrullaje

o Procesamiento de escena del crimen

o Investigaciones (locales, estates, federales)

o Unidades especiales (Inteligencia, Pandillas, Homicidios, Fuerzas de control de Armas de Fuego, etc.)

o Fiscales (estates y federales)

o Control de bienes asegurados y muestras

o Forenses (admisión, peritos en armas de fuego, huellas dactilares, ADN)

o Administradores (gerentes de alto nivel, gerentes de programas especiales, etc.)

o La identificación del recinto para el taller: Considere la ubicación e instalaciones, así como las horas de inicio y término. Considere los pormenores contractuales laborales que pudieran aplicar.

o La logística: Debe hacer un proyector para computadora y un sistema de sonido capaz de proyectar diapositivas de Microsoft® PowerPoint® y vídeos con pistas de audio en el lugar. Si el recinto es grande, pudiera también necesitarse un sistema de voceo. Si no hay restaurantes o cafeterías cerca, también deben considerarse las necesidades de provisión de alimentos.

o La invitación de los participantes: Apalanque el poder de un defensor en un puesto de autoridad (p. ej., Director de la Agencia, Fiscal Estatal, Fiscal Federal) y envíe la invitación en papel membretado de esa persona, con su permiso.

- o Considere entregar a los participantes Certificados de Logro, si el taller se considera parte de un requisito registrado de capacitación en servicio.

Resumen

Lo Más Importante: Establecer un protocolo regional sustentable para armas homicidas y procesamiento de muestras que esté operando en toda la región afectada por la delincuencia, y sea acordado y ejecutado por todas las agencias de seguridad pública de la región.

El Paso Siguiente: El siguiente capítulo describe algunas técnicas para identificar los elementos faltantes y equilibrar la gente, procesos y tecnología necesarias en la creación de un protocolo sustentable para armas homicidas y procesamiento de muestras que pueda ofrecer beneficios sustanciales a una sola localidad o región.

19

Análisis de Elementos Faltantes y Técnicas de Equilibrio

¿Dónde Están las Elementos faltantes?

Hay una multitud de actividades e interacciones que deben ejecutarse y coordinarse debidamente en todas las 13 tareas. Como en cualquier serie de actividades complejas que requieran una estrecha coordinación, las cosas a veces pueden salir mal o "pasar inadvertidas"—o en otras palabras, no hacerse.

Cinco años de experiencia ofreciendo *Talleres de Las 13 Tareas Fundamentales* han dado al autor la oportunidad de identificar patrones recurrentes que tienden a centrar la atención en ciertas áreas donde se dan más a menudo "elementos faltantes" en términos de gente, procesos y tecnología, elementos faltantes donde las acciones pudieran ejecutarse de forma indebida o simplemente "pasar inadvertidas" y jamás intentarse.

Las áreas donde a menudo hay elementos faltantes en términos de gente, procesos y tecnología son las siguientes.

Las "elementos faltantes de gente" se encuentran generalmente en cuatro áreas:

- Partes interesadas

- Comunicación

- Contratación de personal

- Capacitación

La tabla de abajo sugiere algunas preguntas clave para iniciar el análisis de elementos faltantes.

Elementos faltantes de Gente	Preguntas Clave para Análisis de Elementos faltantes
Partes Interesadas	¿Quiénes son los defensores que impulsan el esfuerzo?
	¿Están representadas todas las agencias clave?
	¿Están representadas las tres disciplinas (policial, forense, fiscales)?
	¿Hay una mezcla de personal de línea, supervisión y gestión involucrada?
	¿Hay un foro continuo para la colaboración de las partes interesadas?
Comunicación	¿Hay comunicación permanente entre la gente correcta?
	¿La comunicación es clara y está bien documentada?
	¿Se ha dado seguimiento a la comunicación, y se ha hecho aplicable?
	¿Se han identificado y comentado los problemas?
Contratación de Personal	¿Hay suficiente gente calificada para satisfacer las cargas actuales de trabajo?
	¿La falta de personal está demorando los procesos?
	¿Habrá suficiente gente calificada para satisfacer las cargas de trabajo y tiempos de entrega en el futuro?
	¿Se usa al personal de forma eficiente y efectiva?
Capacitación	¿Todos los participantes del programa saben cuál es su papel y qué se espera de ellos?
	¿Mayor capacitación puede mejorar la calidad del trabajo y aumentar la información saliente?
	¿Hay oportunidades de capacitación cruzada y redistribución de la carga de trabajo?

Las "elementos faltantes de procesos" pueden hallarse por lo general en cuatro áreas:

- Institucionalización

- Procesamiento exhaustivo sustentable

- Extracción de información útil

- Capital táctico y estratégico para investigación

La tabla de abajo sugiere algunas preguntas clave para iniciar el análisis de elementos faltantes.

Elementos faltantes de Procesos	Preguntas Clave para Análisis de Elementos faltantes
Institucionalización	¿Se incorporaron procesos a los procedimientos operativos estándar de la organización? ¿Se están aplicando los procesos actuales, y se revisan regularmente para seguimiento y verificar que sean completos?
Procesamiento Exhaustivo Sustentable	¿Se explota por entero la información de dentro y fuera del arma (p. ej., balística, rastreo de armas homicidas, ADN, huellas dactilares, etc.)? ¿Hay, como mínimo, un proceso sustentado establecido actualmente para el rastreo de armas homicidas y pruebas de balística? ¿El procesamiento de muestras se completa de manera oportuna para satisfacer las necesidades de los investigadores y los fiscales?
Extracción de Información Útil	¿Se está analizando la información saliente de dentro y fuera del arma de manera eficiente y efectiva para la extracción óptima de información y su diseminación hacia quienes la necesiten? ¿Se hace de manera oportuna?
Capital Táctico y Estratégico para Investigación	¿Se está analizando la información de dentro y fuera del arma por su valía táctica a corto plazo y valor estratégico a largo plazo?

Las "elementos faltantes de tecnología" pueden encontrarse generalmente en cuatro áreas:

- Tecnología balística

- Otras tecnologías forenses

- Tecnologías de información

- Apalancar los datos para la resolución sustentable de la delincuencia

La tabla de abajo sugiere algunas preguntas clave para iniciar el análisis de elementos faltantes.

Elementos faltantes de Tecnología	Preguntas Clave para Análisis de Elementos faltantes
Tecnología Balística	¿Hay acceso exclusivo o compartido a la tecnología balística? ¿La tecnología es parte de una red? ¿Se está usando a su máximo potencial la tecnología balística? ¿Hay cargas de trabajo no equilibradas entre las agencias que usan tecnología balística? ¿La tecnología se mantiene al día con los avances en modernización?
Otras Tecnologías Forenses	¿Hay acceso exclusivo o compartido a pruebas de ADN? ¿Hay protocolos implementados para coordinar múltiples peritajes forenses (balística, ADN, huellas dactilares, y cabellos y fibras)? ¿Los protocolos actuales para hacer pruebas forenses provocan demoras en el procesamiento? ¿Se han mapeado alguna vez estos procesos? ¿Qué obstáculos se encaran al tener acceso a estas tecnologías?
Tecnologías de Información	¿Se mapea la información de dentro y fuera del arma junto con otra información demográfica de delitos para visualización y análisis de vinculación? ¿Son sustentables los procesos de mapeo e integración de datos?
Apalancar los Datos para la Resolución Sustentable de de la Delincuencia	¿Se analizan de forma cruzada los datos de información forense saliente y datos demográficos de delitos (p. ej., balística y rastreo de armas homicidas (el "qué" y el "quién"))? ¿Se están apalancando los vínculos de datos cruzados para uso táctico y estratégico? ¿Hay sistemas de datos normativos y demográficos establecidos para permitir la vinculación de datos cruzados con datos de armas homicidas (p. ej., registros de transacciones de armas de fuego para rastreo de armas homicidas)?

Cómo Equilibrar el Banquillo

Un método sencillo pero efectivo de ayudar a los asistentes al *Taller de Las 13 Tareas Fundamentales* a equilibrar la gente, procesos y tecnología involucra el uso de tres rotafolios:

Gráfica Uno—Procesos: En esta gráfica anote las nuevas acciones o protocolos propuestas que las partes interesadas del taller crean se necesite llevar a cabo bajo el punto de vista presuntivo. Por ejemplo, hacer disparos de prueba con todas las armas delictivas decomisadas para procesamiento en NIBIN.

Gráfica Dos—Gente: En esta gráfica anote la gente que las partes interesadas del taller crean necesarias para llevar a cabo los procesos anotados, de acuerdo al tipo de habilidad requerida para ejecutar el proceso. Por ejemplo, a fin de implementar el proceso mencionado de hacer disparos de prueba con todas las armas delictivas decomisadas para procesamiento en NIBIN, las partes interesadas del taller calculan que se necesitarían dos peritos en armas de fuego y tres técnicos de laboratorio NIBIN.

Gráfica Tres—Tecnología: En esta gráfica anote los sistemas y herramientas que las partes interesadas del taller crean que se necesite llevar a cabo para ser usados por la gente que realizará los procesos. Esta gráfica también puede usarse para inyectar soluciones de tecnología al proyecto que tenga el potencial para acelerar los procesos y ayudar a hacer más productiva a la gente. La tecnología también puede ayudar a reducir el número de gente que se necesite para implementar un proceso propuesto y ayudar a equilibrar el banquillo.

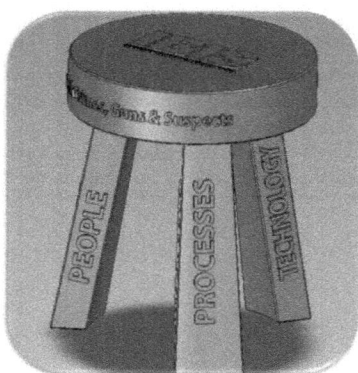

Las tres gráficas proporcionan una ayuda visual flexible y con la cual se puede trabajar fácilmente para que las partes interesadas la usen al equilibrar la gente, procesos y tecnología necesarios para asumir un punto de vista presuntivo que funcionaría de mejor manera para su región.

Una manera de visualizar cómo se usan las gráficas es considerar las acciones involucradas para nivelar el trípode de una cámara. Dependiendo del terreno a la mano, se puede acortar una pata, extender la segunda, y dejar la tercera tal como está. Se siguen haciendo ajustes, evaluando y reajustando las patas del trípode hasta que se oriente la cámara del modo necesario para tomar la mejor fotografía posible en las condiciones presentes.

Cómo Trabajar con las Gráficas

Al moderar un taller en 2008, un grupo de partes interesadas anotó "necesidad de hacer disparos de prueba con todas las armas homicidas decomisadas para procesamiento NIBIN" en la gráfica de procesos. En la gráfica de gente calcularon que el laboratorio forense necesitaría "al menos cinco empleados adicionales especialmente capacitados para llevar a cabo los disparos de prueba e ingreso de datos".

Las partes interesadas inmediatamente llegaron a un consenso de que era altamente improbable contratar cinco recursos adicionales. Por otro lado, el nuevo proceso para hacer disparos de prueba con todas las armas homicidas decomisadas para procesamiento en NIBIN sería insustentable sin ellos. Al observar las tres gráficas, se percataron de que la gráfica de tecnología estaba en blanco. Eso dio lugar a la pregunta de si cierto tipo de tecnología podría ayudar a reducir el requisito de los cinco recursos adicionales necesarios para hacer disparos de prueba con las armas homicidas decomisadas para procesarlas a través de NIBIN, o no. La pregunta de tecnología dio lugar a una plática entre las partes interesadas para entender más sobre de la necesidad de contratar cinco empleados adicionales de laboratorio para llevar a cabo el proceso que se estaba considerando. Se dieron cuenta que el proceso de hacer disparos de prueba era visto por algunos como algo que solo podía hacerse en el laboratorio, y por lo tanto el laboratorio necesitaría más gente.

Cierto pensamiento innovador y fuera de lo usual de las partes interesadas, enfocado a explorar una solución de tecnología, llevó a reconocer que se habían hecho avances en sistemas portátiles para hacer disparos de prueba que eran portátiles, más pequeños y menos costosos que un tanque estacionario de agua instalado en un laboratorio. Mientras trabajaban en la gráfica de tecnología, el grupo reconoció que al adquirir estos dispositivos portátiles para hacer disparos de prueba, el proceso para hacer disparos de prueba podría moverse fuera del laboratorio, y podrían llevarlo a cabo oficiales de policía que trabajaban en el campo de tiro para capacitación y sabían bastante del manejo de armas de fuego. Esta acción podría quitar al laboratorio la carga de hacer disparos de prueba. El laboratorio sería entonces responsable solo por una parte del proceso nuevo—el ingreso de muestras de disparos de fuego a la base de datos NIBIN. En base a este nuevo cálculo de carga de trabajo, se determinó que el laboratorio solo necesitaría contratar a un nuevo empleado, en vez de cinco, para mantenerse al día en el ingreso de datos—un número que probaría ser mucho más fácil de alcanzar a fin de tener una solución sustentable. Las tres gráficas se usaron para hallar una manera sustentable de implementar el nuevo proceso propuesto al ajustar el equilibrio entre gente, procesos y tecnología.

Resumen

<u>Lo Más Importante</u>: Invertir el tiempo y esfuerzo necesarios para formular un punto de vista presuntivo enfocado regionalmente para la investigación de delitos que involucren el mal uso de armas de fuego mediante el equilibrio de gente, procesos y tecnología, para una efectividad sostenida.

<u>El Paso Siguiente</u>: La Policía de West Palm Beach (Florida) desarrolló un protocolo para el procesamiento de armas homicidas que sigue el punto de vista presuntivo para ayudar a mejorar su efectividad al implementar una respuesta a los crecientes niveles de violencia armada en la ciudad. Se dieron cuenta que su éxito sostenido al investigar delitos con armas estaba ligado a lo que las agencias policiales circundantes estaban haciendo (o no estaban haciendo) con sus muestras de armas homicidas—los patrones delictivos en el área del Condado de Palm Beach County exigían un enfoque regional. El siguiente capítulo suministra un estudio de caso de la información entrante, la información saliente y los resultados del Proyecto de Protocolo Regional para Armas Homicidas del Condado de Palm Beach.

20
Chapter

Recomendaciones de Política del Protocolo para Delitos Armados del Condado de Palm Beach: Un Estudio de Caso

Generalidades

Este estudio de caso suministra un excelente ejemplo práctico de la valía de *Las 13 Tareas Fundamentales* para usarse en el desarrollo e implementación de una política en forma de Recomendaciones de Política del Protocolo para Delitos Armados del Condado de Palm Beach. Los protocolos de Palm Beach logran un equilibrio entre la gente, procesos y tecnología necesarios para sustentar el punto de vista presuntivo en la investigación de delitos que involucren el mal uso de armas de fuego.

Cómo Empezó Todo

Durante un periodo de seis meses, entre agosto y diciembre de 2004, hubo una serie de tiroteos en West Palm Beach, Florida. Los tiroteos estaban asociados con delitos como robo, robo de vehículo a mano armada, y asesinato. Cuatro personas fueron asesinadas durante la misma semana, generando una cobertura minuciosa de parte de los medios. Los residentes temían salir al distrito financiero central y expresaron enfáticamente sus inquietudes de seguridad pública a los Administradores de la Ciudad. La policía no podía generar pistas útiles a través de los métodos tradicionales de investigación "preguntando de persona a persona" pues los testigos estaban reacios a presentarse. Los detectives dirigieron su atención al uso de tecnología para ayudarse a generar información útil con el propósito de avanzar la investigación.

A continuación hay una breve sinopsis de los eventos que ocurrieron entre agosto y diciembre de 2004:

- Agosto 29, 2004: Hubo disparos durante un altercado entre jóvenes en un restaurante Steak & Shake. Se recolectaron casquillos disparados calibre .40 en la escena, se ingresaron a IBIS, y se hizo una búsqueda contra NIBIN.

- Septiembre 25, 2004: Hubo disparos en un club nocturno durante un altercado entre varios jóvenes. Los testigos no quisieron cooperar y no hablaron con la policía. Se recolectaron casquillos S&W calibre .40 en la escena, se ingresaron a IBIS, y se hizo una búsqueda contra NIBIN. IBIS ayudó a los peritos forenses a vincular las muestras al tiroteo de Steak & Shake del mes anterior.

- Noviembre 4, 2004: Un vehículo se detuvo junto a otro que estaba parado frente a un semáforo afuera de un restaurante IHOP. Los dos hombres del primer vehículo dispararon contra los dos hombres del segundo y los mataron. Creyeron erróneamente que los individuos del segundo vehículo eran los involucrados en el altercado del restaurante Steak & Shake. Se recolectaron casquillos disparados calibre .40 y .380 en la escena, se ingresaron a IBIS, y se hizo una búsqueda contra NIBIN. Los casquillos calibre .40 se vinculaban al tiroteo de Steak & Shake en agosto, y al tiroteo del club nocturno en septiembre.

- Noviembre 5, 2004: Un pistolero disparó a un joven que estaba parado frente a una tienda Tiger en Riviera Beach, FL. Los dispararon hicieron estallar los aparadores de la tienda, pero nadie salió lesionado. Se recolectaron casquillos disparados calibre .40 y S&W en la escena, se ingresaron a IBIS, y se hizo una búsqueda contra NIBIN. Los casquillos calibre .40 se vincularon a los tiroteos de Steak & Shake en agosto, del club nocturno en septiembre, y del doble asesinato que había ocurrido el día anterior.

- Más tarde el mismo día: Hubo un robo a mano armada en la Tienda Cell Page & Pawn en West Palm Beach, FL. Se hicieron disparos contra los delincuentes pero no hubo lesionados. Se recolectaron casquillos disparados calibre .40 y S&W en la escena, se ingresaron a IBIS, y se hizo una búsqueda contra NIBIN. Los casquillos calibre .40 se vinculaban al tiroteo de Steak & Shake, el tiroteo del club nocturno septiembre, el doble asesinato, y el tiroteo en la tienda Tiger, antes el mismo día.

- Noviembre 7, 2004: Hubo un tiroteo desde un vehículo en Palm Lakes Boulevard de West Palm Beach. Dos hombres sentados dentro de su vehículo fueron asesinados en una lluvia de tiros. Se dispararon más de 40 tiros de un fusil de asalto y una pistola calibre .40. Se recolectaron casquillos disparados calibre .40 y 7.62 x 39mm en la escena, se ingresaron a IBIS, y se hizo una búsqueda contra NIBIN. Los casquillos calibre .40 se vincularon al tiroteo de Steak & Shake en agosto, al tiroteo del club nocturno en septiembre, al primer doble asesinato, al tiroteo en la tienda Tiger, y al amago de robo en la Tienda Cell Page & Pawn.

- Noviembre 9, 2004: La policía de Riviera Beach persiguió a un sospechoso por un incidente no relacionado con los tiroteos anteriores. El sospechoso dejó caer una pistola calibre .380 y evadió a la policía. Más tarde fue identificado por testigos. Se hicieron disparos de prueba con la pistola, y los casquillos se ingresaron a IBIS y se hizo una búsqueda contra NIBIN. Los casquillos calibre .380 se vinculaban al doble asesinato del 4 de noviembre.

- Diciembre 3, 2004: Hubo un robo de auto a mano armada en un restaurante Arby's en Palm Beach Gardens, FL. Se hicieron disparos y en medio de la confusión, el sospechoso dejó caer una pistola Glock calibre .40. Se hicieron disparos de prueba con la pistola y los casquillos se ingresaron a IBIS y se hizo una búsqueda contra NIBIN. La verificación NIBIN ayudó a los peritos forenses a determinar que la pistola Glock fue el instrumento del delito en todos los tiroteos descritos anteriormente.

Sabiendo que todos los delitos involucraban la pistola Glock calibre .40, la policía puedo apalancar las muestras balísticas de cada delito con otras muestras balísticas: huellas dactilares, ADN, y video de vigilancia para identificar a cuatro sospechosos. Tres sospechosos se declararon culpables y actualmente están cumpliendo largas condenas federales y estatales. El cuarto sospechoso, al momento de escribir esto, está esperando ser enjuiciado.

La pistola Glock que se usó en estos tres delitos había sido robada del vehículo de un oficial del orden público del Condado de Palm Beach en marzo de 2003. Cerca de un año después, pasó a manos de uno de los cuatro sospechosos implicados en estos tiroteos, a cambio de joyería robada.

La Gente

Los arrestos en la ola de tiroteos de 2004 ayudó a generar "defensores" dentro del Departamento de Policía de West Palm Beach, quienes lanzaron una campaña para promover el desarrollo de protocolos estándar para el manejo de armas de fuego y muestras asociadas encontradas por el departamento. Los protocolos seguirían el punto de vista presuntivo, asegurando que cada partícula de información que un arma de fuego o pieza de muestra balística tuviese se explotara para aprovechar al máximo su valía de investigación.

En marzo de 2005, el Consejo de Planeación de Seguridad Pública del Condado de Palm Beach (LEPC), que representa a todas las agencias de seguridad que operan en el país (ciudadanas, municipales, estatales y federales) conformó un grupo de trabajo para desarrollar soluciones enfocadas al orden público y a la prevención, para enfrentar los crecientes niveles de violencia juvenil asociada con armas de fuego. Copresidiendo el grupo de trabajo estaban representantes de los departamentos policiales que servían a West Palm Beach, Riviera Beach, y Mangonia Park. El grupo de trabajo recibió ayuda del ATF durante el desarrollo de una de las soluciones de seguridad pública que involucró la creación de una forma estándar para procesar muestras e información asociadas con la delincuencia armada. El protocolo para delincuencia armada que desarrollaron involucró la integración de una serie de herramientas y auxiliares de investigación, incluyendo: forenses, tecnología, rastreo de armas homicidas, y entrevistas estructuradas.

Para ayudar al LEPC y su grupo de trabajo con su tarea, la Comisión de Justicia Penal del Condado (CJC) de Palm Beach contrató a la Universidad Estatal de Florida para ayudar a recolectar datos estadísticos sobre patrones y tendencias de delincuencia juvenil, y ayudar a rastrear el avance y efectividad de lo que llegaría a conocerse como el Proyecto para la Prevención de la Violencia Juvenil.

Palm Beach County Criminal Justice Commission

Youth Violence Prevention Project

Courts · Crime Prevention Corrections · Law Enforcement

OUR MISSION

The Palm Beach County Board of County Commissioners has always been firmly committed to protecting and improving the lives of our young people. A serious threat to their well-being is posed by the proliferation of gang-related crime and youth violence.

When Palm Beach County experienced a significant rise in youth violence in 2004, the County Commission and the Criminal Justice Commission responded by launching the Youth Violence Prevention Project. Commissioners approved $6 million over a three-year period to fund the initiative.

WHY IT'S IMPORTANT

Palm Beach County hired the Florida State University Center for Criminology and Public Policy Research to conduct research regarding youth crime trends. Among other things, the 2005 FSU study found that:

✔ 84 percent of violent offenders have an arrest record before the age of 30

✔ 79 percent of homicide offenders have an arrest record before the age of 30

✔ The largest and fastest growing age group of homicide offenders is 20 to 24 years of age

✔ Five cities were identified as having the highest rates of youth crime: Riviera Beach, West Palm Beach, Lake Worth, Boynton Beach and Belle Glade

Criminal Justice Commission
301 N. Olive Avenue, Suite 1001
West Palm Beach, FL 33401

phone: 561-355-4943
fax: 561-355-4941
www.pbcgov.com/cjc

Comisión de Justicia Penal del Condado de West Palm Beach

Proyecto para la Prevención de la Violencia Juvenil

Tribunales • Prevención de la Delincuencia Correcciones • Fuerzas del Orden Público

NUESTRA MISIÓN

La Junta de Comisionados Municipales del Condado de Palm Beach ha tenido siempre el firme compromiso de proteger y mejorar las vidas de nuestros jóvenes. La proliferación de violencia asociada con pandillas y violencia juvenil plantea una amenaza grave para su bienestar.

Cuando el Condado de Palm Beach experimentó un aumento significativo en la violencia juvenil en 2004, la Comisión Municipal y la Comisión de Justicia Criminal respondieron lanzando el Proyecto para la Prevención de la Violencia Juvenil. Los Comisionados aprobaron $6 millones de dólares durante un periodo de tres años para financiar la iniciativa

evita la violencia juvenil...

o éste podría ser un rumbo que tú conozcas

S.T.Y.L.E.
Salvando Las Vidas de los Jóvenes en Todas Partes

POR QUÉ ES IMPORTANTE

El Condado de Palm Beach contrató al Centro para Criminología e Investigación de Políticas Públicas de la Universidad Estatal de Florida (FSU) para llevar a cabo una investigación sobre las tendencias de la delincuencia juvenil. Entre otras cosas, el estudio en 2005 de la FSU descubrió que:

✔ 84 por ciento de los infractores violentos tienen un registro de arresto antes de los 30 años de edad

✔ 79 por ciento de los infractores homicidas tienen un registro de arresto antes de los 30 años de edad

✔ El grupo de edad más grande y de más rápido crecimiento de infractores homicidas es de 20 a 24 años de edad

✔ Se identificaron cinco ciudades como las de mayores índices de delincuencia juvenil: Riviera Beach, West Palm Beach, Lake Worth, Boynton Beach y Belle Glade

Comisión de Justicia Penal
301 N. Olive Avenue, suite 1001
West Palm Beach, FL. 33401

teléfono: 561-355-4943
fax: 561-355-4941
www.pbcgov.com/cjc

En noviembre de 2005, el grupo de trabajo redactó el Protocolo para Delincuencia Armada de West Palm Beach, implementado en ese entonces tan solo dentro del Departamento de Policía de West Palm Beach, con el apoyo de la Oficina del Alguacil de Palm Beach y el ATF.

En junio de 2006, un artículo periodístico en el *Palm Beach Post* puso en marcha una serie de eventos que ayudarían a cambiar la manera en que se enfrentaba la delincuencia armada en el Condado de Palm Beach.

El artículo aparece a continuación en su totalidad.

Acribillado en el Condado de Palm Beach County: Muchos heridos de bala comparten dos códigos postales

Por Andrew Marra, Redactor del Palm Beach Post

Domingo, junio 11, 2006

Una atemorizante descarga cerrada resuena en el noticiario nocturno: El gerente de un campo de golf balaceado en la tienda de artículos y equipo. Un hombre del suburbio Lake Worth acribillado mientras paseaba a su perro. Un cajero adolescente baleado en el pecho por un ladrón en un local de sándwiches.

¿Es el Condado de Palm Beach realmente tan letal?

Un análisis del Palm Beach Post encontró que, al tiempo que la violencia cayó en picada en todo Florida durante la década pasada, el Condado de Palm Beach se hizo aún más letal. Las muertes por tiroteo aumentaron y el costo de atender a los lesionados se disparó.

Entre los hallazgos:

• El condado dijo tener dos de los cinco códigos postales más violentos de Florida en 2004, medido por el número de heridas de bala atendidos en hospitales.

• El número de gente asesinada el año pasado por tiroteos en el Condado de Palm Beach permaneció más o menos igual que hace 10 años, aún cuando las muertes en tiroteos bajaron 25 por ciento en todo Florida y 48 por ciento en el Condado Miami-Dade en ese tiempo.

• *Los hospitales del Condado de Palm Beach facturaron en promedio $55,000 para atender a cada víctima de tiroteo en 2004, 88 por ciento más que en 1994.*

• *El nivel de violencia armada siguió alto, a pesar del hecho de que las autoridades destruyeron más de 7 mil armas de fuego decomisadas por oficiales del orden público en el Condado de Palm Beach durante los últimos cinco años.*

La reputación delictiva del Condado de Palm Beach va en aumento, aún cuando muchos otros lugares disfrutan algunos de los índices más bajos de asesinatos y violencia armada en décadas.

El año pasado, una investigación nacional etiquetó a West Palm Beach la 14ª ciudad más peligrosa de los Estados Unidos — por arriba de Nueva York, Los Ángeles y Miami, conocida alguna vez como la capital de asesinatos de América.

En todo Florida, los expertos atribuyen una disminución en la delincuencia violenta en parte a las leyes estatales que impusieron penas más severas por usar armas de fuego durante los delitos y requirió que los criminales violentos cumplieran al menos 85 por ciento de sus condenas. La disminución llegó al mismo tiempo que la población del estado aumentaba de manera súbita.

Se citó la fácil disponibilidad

Pero partes del Condado de Palm Beach, que han sido afectadas por los mismos cambios, no han vivido las mismas disminuciones.

"Si se toma en cuenta la fácil disponibilidad de armas cortas para una población que es cada vez más violenta, se trata de un problema de importancia," dijo es Fiscal Estatal del Condado de Palm Beach, Barry Krischer. "El reto para el Condado de Palm Beach es llegar a la población en riesgo, y hacerles entender que un arma corta no es la única solución."

A nivel municipal, la violencia armada mortal está más extendida que hace una década. En 2005, al menos 173 personas fueron atendidas por heridas graves de bala en los dos departamentos de emergencias del condado, en el Centro Médico St. Mary's en West Palm Beach y el Centro Médico Delray. Eso es más que las 171 víctimas atendidas en 1995.

Mucha gente está muriendo también. Al menos 60 fueron asesinados por balas el año pasado en el Condado de Palm Beach, ligeramente más que los 59 acribillados en 1995, según el forense del condado — pero mucho menos que las 46 personas que murieron baleadas el año pasado en el Condado de Broward, donde la población es 40 por ciento mayor.

El aumento en violencia armada pudiera no parecer alarmante. Pero tome en cuenta que la delincuencia armada cayó de forma dramática en todo el resto del estado durante el mismo periodo de tiempo, y el contraste es marcado.

En Miami-Dade, por ejemplo, las 136 muertes por tiroteos el año pasado fueron 48 por ciento menos que en 1995. En todo el estado, hubo 555 asesinatos asociados con armas en 2004, 25 por ciento menos que en 1994.

La Jefe de Policía de West Palm Beach, Delsa Bush, descartó las comparaciones con otras áreas y con años anteriores, objetando que los asesinatos tienden a ocurrir en grupos al azar.

"No hay cómo ni por qué," dijo Bush. "Los homicidios no se pueden predecir. Aumentan y disminuyen."

Bush reconoció, sin embargo, que la violencia armada está atrincherada en uno de los vecindarios más rudos de la ciudad, donde el análisis del Post demuestra que el número de víctimas aumentó de 1994 a 2004.

"La mayoría de las víctimas por tiroteo son jóvenes de raza negra en un cierto rango de edad," dijo Bush. "Se están buscando y pelean entre sí, y para nosotros es difícil manejarlo."

Se usan armas en un porcentaje creciente de homicidios en el Condado de Palm Beach. En 1996, se usaron armas de fuego en 63 por ciento de los asesinatos del condado. Para la década del año 2000, esa cifra superaba el 70 por ciento. Aún más, para las autoridades no es nada fácil arrestar a los asesinos.

La policía de West Palm Beach, por ejemplo, dice que han resuelto tan solo cinco de los 22 homicidios del año pasado, aunque dice que esperan aclarar otros en los meses por venir. Los oficiales han atribuido su baja tasa de arrestos a una renuencia entre las víctimas y testigos de tiroteos a presentarse con información.

La Alcaldesa de West Palm Beach, Lois Frankel, culpó los tiroteos que han matado a docenas en años recientes a la fácil disponibilidad de armas y a una obsesión con hacer justicia por mano propia entre los jóvenes en las zonas marginadas.

Las armas, dijo Frankel, son "demasiado fáciles de conseguir" en West Palm Beach.

"Por cada arma que confiscamos, un malviviente puede ir a conseguir una en otro lugar," dijo.

Cada año, la Oficina del Alguacil del Condado de Palm Beach destruye más de mil armas decomisadas por agencias locales de seguridad. Se roban armas de fuego de autos, negocios, hogares.

Muchos sospechosos arrestados en tiroteos letales tienen condenas por crímenes que les impiden comprar armas legalmente. Otros no pueden comprar un arma porque son menores de 18. Pero eso no significa que no puedan conseguir una.

"Cada joven con quien hemos hablado nos dijo: Si quieren un arma, pueden conseguir una esta noche," dijo Diana Cunningham, directora ejecutiva de la Comisión de Justicia Penal, que recientemente publicó un estudio sobre violencia juvenil.

Los tiroteos aumentaron en las áreas más violentas del condado. Tanto así que en 2004, dos códigos postales en las áreas de West Palm Beach y Riviera Beach — 33407 y 33404 — se clasificaron en tercer y cuarto lugar en el estado debido al número de residentes atendidos en hospitales de Florida por heridas de bala, de acuerdo al análisis del Post de más de 1,400 lesiones por disparos.

Esos dos códigos postales ocupan Riviera Beach y la mayoría de la punta norte de West Palm Beach — vecindarios que por mucho tiempo se ha sabido están entre los más violentos del Sur de la Florida. Los tiroteos, drogas y pobreza son tan generalizados que los residentes a menudo se resignan a la difícil situación de sus vecindarios.

"Así está la actitud ahora," dijo Connie Hooks, 27, quien está criando a tres hijos en la pequeña casa de sus abuelos en la Calle 50 y la Avenida

Pinewood en West Palm Beach. "Es triste sentirse así y solamente encogerse de hombros."

Ella vive en una intersección donde una niña de 16 años, Angel Brooks, murió baleada en 2004 por dos adolescentes con rifles de asalto, tras una discusión por una motoneta. Hooks, quien maneja un autobús de enlace en la Marina Sailfish, oye disparos algunas noches. Otras noches escucha noticias de amigos o conocidos que se involucraron en tiroteos o pleitos.

"Me preocupa hallarme en el sitio equivocado en el momento equivocado," dijo.

Abundan historias de víctimas que se ven atrapadas en la balacera. Un empleado adolescente del tren subterráneo baleado durante un robo a mano armada en West Palm Beach. Una niña de 16 años asesinada después de implorar por su vida. Un hombre baleado en el pecho al ver quién tocaba a su puerta. Un empelado de una tienda de abarrotes asesinado durante un robo.

Todos en los últimos dos meses. Todos en el Condado de Palm Beach.

Los efectos de la violencia armada pueden ser terribles aún cuando todos sobreviven.

"Algunas veces hasta nos atemoriza ver una película," dijo Gerald Philemond, 30, un técnico en computación cuyos dos hijos fueron alcanzados por balas perdidas mientras los llevaba en auto por Boynton Beach una noche de marzo.

Sus hijos, de 11 y 2, sobrevivieron al tiroteo. Pero tienen horribles cicatrices, tanto físicas como emocionales.

El de 11 años, que fue alcanzado en la pierna, a menudo está demasiado asustado para salir de casa. El de 2 años tiene una larga herida en el cuello y una gigantesca cicatriz de bala en su brazo derecho, el cual aún está en un cabestrillo y del cual podría nunca recuperar toda la funcionalidad.

Las cuentas médicas de sus hijos a la fecha suman más de $400,000, dijo Philemond.

Los costos hospitalarios se disparan

Los muertos y los heridos no son los únicos afectados. El costo de atender a las víctimas de tiroteos se ha disparado hasta las nubes.

Un ejemplo: El Centro Médico St. Mary's cobró un promedio de $37,500 por atender a víctimas de balas en 1994, según el análisis del Post. Diez años después, esa cifra había alcanzado los $52,800.

Con todo, los hospitales del Condado de Palm Beach facturaron más de $8 millones por la atención médica de víctimas de balas en 2004.

El impacto no solo llega en dólares y centavos.

En los departamentos de emergencias, doctores y enfermeras saben que la suerte está echada cuando llega una víctima de tiroteo. Los recursos se desvían inmediatamente para preparar la sala de operaciones y alistar a la víctima para cirugía de emergencia.

El personal de la sala de emergencias puede tener preparado a un paciente para cirugía en cinco minutos. Pero se requiere un equipo de varios médicos y enfermeras, inclusive un kinesiólogo.

"Todo esto tiene un costo," dijo el Dr. Ivan Puente, director de servicios de emergencias del Centro Médico Delray. Algunas veces el costo es en suministros médicos, o suministros de sangre. Algunas veces impacta de lleno a los otros pacientes.

A menudo, explicó Puente, los doctores y enfermeras deben dejar a pacientes menos críticos cuando llega una víctima de tiroteo gravemente lesionada. Para quienes no están al borde de la muerte, la sala de emergencias se convierte en una sala de espera.

"Tendrán que esperar hasta que terminemos con este paciente," dijo Puente.

Los contribuyentes del Condado de Palm Beach están cargando con gran parte del costo financiero. El distrito para cuidado de la salud del condado, financiado por dólares de impuestos locales, paga para cubrir las cuentas de sala de emergencias de las víctimas no aseguradas de lesiones traumáticas, incluyendo a muchas víctimas de disparos.

El distrito para el cuidado de la salud pagó $18.5 millones en 1995 para cubrir los costos por la atención de residentes no asegurados del condado en las *salas de emergencias de los Centros Médicos St. Mary's y Delray. Este año espera pagar $36.5 millones, o aproximadamente $29 por cada habitante del condado.*

Los temores sobre la delincuencia están ayudando a estimular un aumento dramático en el número de habitantes del condado que están comprando licencias para portar armas. Cerca de 25 mil habitantes del condado tuvieron permisos para portar armas ocultas el año pasado, 72 por ciento más que hace 10 años. Durante el mismo periodo, la población del condado creció tan solo 31 por ciento.

La mayoría de los propietarios de armas de fuego obtiene sus armas legalmente y casi nunca, si es que alguna vez sucede, las usan fuera de un campo de tiro o viaje de cacería. Pero el abismo entre los propietarios de armas con apego a las leyes y los delincuentes armados está lejos de ser constante.

Armas de fuego desaparecen de hogares, autos y tiendas de armamento. Terminan en tiendas de empeño, o en las manos de distribuidores clandestinos — o siguen pasando de manos hasta que alguien las mete en sus pantalones y roba un banco, roba un vehículo a mano armada, o siega a un enemigo.

En 2003, una pandilla callejera robó un rifle de asalto Colt AR-15 de la patrulla del jefe de policía de Pahokee y lo usó para robar bancos por todo el condado. Un año después, ladrones llegaron al Centro de Tiro con Armas y Arco Gator al oeste de West Palm Beach, haciéndose con más de 50 armas de fuego. Diez meses después de ese hecho, los ladrones atacaron nuevamente, tomando 68 armas más de la tienda.

"Cada arma ilegal alguna vez fue legal," dijo Zach Ragbourn, un vocero de la Campaña Brady para Evitar la Delincuencia Armada.

Jóvenes negros al centro

Los políticos, grupos comunitarios y oficiales de seguridad has debatido por años cómo enfrentar la violencia armada, y han creado numerosos programas de intervención juvenil.

La Comisión de Justicia Penal dice que los jóvenes de raza negra tienen estadísticamente mayor probabilidad de ser tanto los autores como las víctimas de la violencia armada en el Condado de Palm Beach. También son

197

el grupo demográfico de más rápido crecimiento en el Condado de Palm Beach, según un estudio de la comisión.

"Ese es el grupo de edad que termina siendo las víctimas y los autores de estos asesinatos," dijo Cunningham, director ejecutivo de la comisión.

Los defensores de la justicia penal recomendaron que los gobiernos municipal y local creen centros juveniles en los vecindarios donde viven algunos de los jóvenes que están en mayor riesgo.

Pero nadie cree que la violencia armada vaya a desaparecer pronto en el Condado de Palm Beach. Y los costos, de muchas formas, siguen llegando.

Aún a los funerales.

Tan solo el año pasado, el Condado de Palm Beach gastó más de $6,900 para enterrar o cremar al menos a seis víctimas de tiroteo — aquellos cuyas familias eran demasiado pobres para pagarlo ellas mismas.

Después de leer este artículo, Forensic Technology generaría una carta a los actores principales identificados en el artículo periodístico, con la finalidad de crear conciencia de IBIS y NIBIN. Además, como parte de la iniciativa de responsabilidad social de la empresa, Forensic Technology incluiría una oferta en cada carta para dar *El Taller de Las 13 Tareas Fundamentales* sin costo para la Ciudad y el Departamento de Policía. De acuerdo con esta iniciativa, se envió la siguiente carta a la Alcaldesa de West Palm Beach, Lois Frankel.

Septiembre 7, 2006

Alcaldesa Lois J. Frankel
200 2nd Street
West Palm Beach, Florida 33401

Estimada Sra. Frankel,

Recientemente leí un artículo que apareció en el Palm Beach Post, llamado "Acribillado en el Condado de Palm Beach County: Muchos heridos de bala comparten dos códigos postales". Este artículo menciona su involucramiento en recientes esfuerzos dirigidos a detener la violencia asociada con armas.

Aprecio el hecho de su tenacidad para encontrar formas innovadoras de enfrentar el problema, y aplaudo sus esfuerzos permanentes para sofocar la violencia armada en su ciudad. A resultas de ello, hoy me siento obligado a escribirle porque tengo cierta información qué darle al final de esta carta, que pudiera serle de valía.

Obtuve alguna de esta información durante mi carrera de 24 años con la Oficina de Alcohol, Tabaco y Armas de Fuego, la cual terminó con mi jubilación como el Agente Especial a Cargo de la División de Nueva York en 1999. Además, cierta información se tomó de mis siete años de experiencia como Vicepresidente de una empresa llamada Forensic Technology Inc.; los fabricantes de IBIS – el Sistema Integrado de Información Balística.

*Pensé que le interesaría saber que hay herramientas disponibles como el Sistema Integrado de Información Balística (**IBIS®**) para ayudar a la policía a resolver más delitos asociados con pandillas y tiroteos, pero se requieren gente y procesos eficientes para hacerlos funcionar. La tecnología IBIS puede encontrar "la aguja en el pajar" al sugerir posibles concordancias entre pares de balas y casquillos usados, a velocidades mucho más allá de la capacidad humana, para ayudar a los peritos forenses a brindar información más oportuna a los detectives sobre delitos, armas y sospechosos.*

Para ayudar a ampliar esta capacidad a todas las jurisdicciones policiales, la Oficina de Alcohol, Tabaco y Armas de Fuego y Explosivos (ATF) administra la Red Nacional Integrada de Información Balística (NIBIN) que conecta los sistemas IBIS en más de 225 laboratorios de todo el país. <u>NIBIN ayuda a la policía a resolver delitos de tiroteos, y ha comprobado ser efectiva en investigaciones que involucran violencia asociada con pandillas.</u>

NIBIN depende de la combinación correcta de gente, procesos y tecnología aplicados en conjunto a nivel estatal y local. A su vez, los miembros estatales y locales de NIBIN dependen del gobierno federal para tener apoyo programático y tecnológico.

Por ello, NIBIN necesita apoyo de todas sus partes interesadas clave: incluyendo investigadores y peritos forenses, jefes de policía y fiscales, administradores públicos, legisladores, así como el público, para ser lo más efectivo posible.

La delincuencia violenta va en aumento – el FBI reporta que los asesinatos han aumentado casi 5 por ciento. Algunos líderes ciudadanos y peritos en delincuencia culpan al incremento en la violencia pandillera y al mal uso delictivo de armas de fuego.

*Cada escena de tiroteo y arma homicida tiene una historia que contar. Una gran parte de la historia yace en las singulares marcas que quedan en los componentes de las municiones disparadas que se encuentran en las escenas de crimen. Estos datos deben explotarse por completo, a fin de vincular de la mejor manera posible delitos, armas y sospechosos. La tecnología **IBIS** ciertamente puede ser una herramienta efectiva, pero se requieren partes interesadas dedicadas que apliquen sus esfuerzos a través de procesos bien integrados para hacer la tecnología lo más efectiva posible.*

*Como desarrolladores de **IBIS**, los que laboramos en Forensic Technology hemos recopilado un libro de trabajo que detalla las áreas fundamentales y mejores prácticas que los usuarios de **IBIS** en 39 países de todo el mundo han comprobado en el campo. La publicación, llamada "13 Tareas Fundamentales: Cómo Crear una Red Eficiente y Efectiva Red Integrada de Información Balística", está disponible para la Policía, Laboratorios de Criminalística, Fiscales y Administradores de Seguridad Pública, con tan solo pedirla. Puede ser una consulta muy útil al conformar cualquier estrategia para la reducción de la delincuencia violenta. Se puede solicitar una copia PDF en www.forensictechnology.com/13. Puede saberse más acerca de Forensic Technology en www.forensictechnology.com.*

Sinceramente,

Pete Gagliardi,

Vicepresidente de Comunicación Corporativa y de Mercadotecnia

En más o menos una semana, la carta para la Alcaldesa Frankel había llegado al Departamento de Policía de West Palm Beach, pasado por la Oficina del Jefe, y llegado al escritorio de la Comandante de la División de Investigaciones Criminales, Capitán Laurie Van Deusen.

La Capitán Van Deusen no perdió tiempo para ponerse en contacto con Forensic Technology . Su correo electrónico aparece a continuación.

Estimado Sr. Gagliardi,

La Alcaldesa Frankel me remitió su carta, respecto de los beneficios de NIBIN e IBIS, pues estamos trabajando para reducir la delincuencia violenta. En su carta a la Alcaldesa Frankel se hace referencia a un artículo que fue publicado en nuestro periódico local, que se titula "Acribillado en el Condado de Palm Beach County: Muchos heridos de bala comparten dos códigos postales ". Apreciamos su interés en este artículo y su interés para dar a nuestra Ciudad información acerca de NIBIN e IBIS. Estamos totalmente de acuerdo con lo que usted señala ser los beneficios tanto de IBIS como de NIBIN en nuestros intentos por sofocar la delincuencia violenta.

El propósito de mi respuesta es hacerle saber que a lo largo de nuestras investigaciones, señaladas en el artículo periodístico, hemos de hecho, con mucho éxito, utilizado NIBIN e IBIS, que han permitido a nuestros investigadores vincular una multitud de delitos y de infractores. Nuestra agencia, tomando el liderazgo en esta ola de delincuencia, no se hubiera acercado a resolver muchos de estos casos mencionados en el artículo, de no ser por la utilización de NIBIN e IBIS y por supuesto, la cooperación de nuestros agentes locales del ATF y personal del Laboratorio para Armas de Fuego de la Oficina del Alguacil del Condado de Palm Beach, así como de otros oficiales y agentes locales, estatales y federales.

Los investigadores de mi división han pasado una enorme cantidad de horas en estas investigaciones, con procedimientos judiciales por venir en un futuro no muy lejano.

En cuanto a su oferta en la carta, Sr. Gagliardi, estoy solicitando una copia de la publicación llamada "13 Tareas Fundamentales: Cómo Crear una Red Eficiente y Efectiva Red Integrada de Información Balística". Ciertamente la capacitación continua y avanzada que se brinde a nuestros oficiales es primordial, y tenemos la esperanza de cosechar información adicional para esta publicación que comprobará ser benéfica para todas las investigaciones futuras.

Por último, me gustaría saber más sobre las oportunidades de capacitación que estén disponibles sobre IBIS, ya que nuestra agencia ha sido felicitada y reconocida por sus iniciativas con armas de fuego y prácticas asociadas – incluyendo que uno de nuestros sargentos se haya capacitado en la primera fase de IBIS. La capacitación que se proporcionó a este sargento fue clave en el avance de estas investigaciones mencionadas. Podré explicar más al hablar con usted. Mi información de contacto aparece abajo.

Sinceramente,

Capitán Laurie J. Van Deusen
Departamento de Policía de West Palm Beach
Comandante, División de Investigaciones Criminales
600 Banyan Blvd.
West Palm Beach, FL 33401

El Taller

El Correo electrónico de la Capitán Van Deusen inició una serie de pláticas entre Van Deusen y personal de Forensic Technology que llevó a ofrecer el *Taller de Las 13 Tareas Fundamentales* por un periodo de dos días, a principios de noviembre de 2006.

Treinta personas de agencias locales, municipales y federales de seguridad pública operando dentro del condado y de la Oficina del Fiscal Estatal asistieron al taller. Sus diversas responsabilidades laborales, tales como investigaciones, procesamiento de escena del crimen, manejo de muestras, forenses y fiscales, ofrecieron perspectivas diversas sobre los temas que surgieron en el taller.

Al principio, algunos miembros del grupo de trabajo parecían un tanto escépticos de comentar abiertamente en un grupo "lo bueno, lo malo y lo feo" sobre sus esfuerzos para combatir la delincuencia. Al avanzar el primer día del taller, vieron que las mejores prácticas que orgullosamente habían puesto en práctica reflejaban en gran parte muchas de *Las 13 Tareas Fundamentales* que se presentaron. Empezaron a ver valía en el hecho de que ahora contaban con validación independiente para convencer a los superiores de que iban por el camino correcto. Se podía ver y escuchar la interacción y comentarios cándidos sobre lo que estaba funcionando y no en el Condado de Palm Beach.

Para cuando terminó el taller, el grupo estaba sorprendido y complacido de haber podido llegar abiertamente al meollo de los temas que les afectaban, y que podían identificar las mejoras de gente, procesos y tecnología que creían necesarias para un protocolo efectivo a nivel municipal para la delincuencia armada. El grupo no quería que su labor pasara desapercibida. El consejo fue que la Comisión de Justicia Penal (CJC) escuchara de primera mano sobre las inquietudes y recomendaciones que surgieron en el taller, ya que la CJC es responsable de desarrollar iniciativas y coordinar financiamiento para reducir la violencia armada en el país.

Forensic Technology presentó los hallazgos del taller a la CJC el 3 de noviembre de 2006. Los puntos detallados a continuación fueron bien recibidos por el consejo.

Inquietudes de los Participantes, Generadas a Partir del Taller de Las 13 Tareas Fundamentales, con el fin de Diseñar una Red Más Eficiente y Efectiva para la Resolución de la Delincuencia con Armas de Fuego en el Condado

GENTE:

- Se necesita(n) con urgencia recurso(s) adicional(es) de Peritos en Armas de Fuego en el Laboratorio del Condado para confirmación de aciertos NIBIN y trabajo general de casos.

- Se necesita(n) con urgencia Recurso(s) para Ingreso de Datos a NIBIN para apoyar a los Departamentos Policiales del Condado con el fin de reducir la carga de ingreso de datos que tienen los Peritos en Armas de Fuego del Laboratorio del Condado, y para acelerar las correlaciones de muestras y disparos de prueba en NIBIN para seguimiento de investigación.

- Cada DP debería tener una persona designada o Custodio de Bienes Asegurados y Muestras, para asegurar apego al Protocolo para Procesamiento de Armas Homicidas del Condado.

  o Considerar delegar a fin de compartir recursos

- Debe determinarse la integración a largo plazo del subgrupo de Fuerzas del Orden Público para Violencia Juvenil.

- o   Actuar como comité de dirección estratégica y táctica

- o   Llevar a cabo juntas regulares para compartir información

- o   Revisar de forma rutinaria lo que está funcionando y lo que no

PROCESOS:

- Desarrollar un protocolo a nivel Municipal para procesamiento de armas homicidas que copie el Protocolo del Departamento de Policía de West Palm Beach (WPBPD) (incluyendo NIBIN y Rastreo, ADN y huellas dactilares) y revisar el MOU que lo gestionará y lo hará aplicable.

  - o   Recomendar que el laboratorio se involucre para dar cierta capacitación sobre temas técnicos forenses

  - o   Dar alta prioridad a procesar lo recuperado en vehículos robados

- Formar un grupo de trabajo multi-agencias para revisar los procesos de ingreso del Laboratorio del Condado, a fin de identificar cualquier capacitación necesaria para la entrega de muestras, identificar cuellos de botella, y dar Procedimientos Operativos Estándar (SOPs) a los usuarios afectados.

  - o   Considerar contratar gente para un enfoque de la unidad de armas de fuego tipo Miércoles de Entrada Libre.

- Considerar desarrollar nuevos SOPs para suministrar recurso(s) ambulante(s) de Ingreso de Datos NIBIN para el ingreso de disparos de fuego a NIBIN.

  - o   Brindar capacitación a los nuevos recursos para ingreso de datos.

- Encontrar nuevas y mejores formas de eliminar las listas pendientes del Laboratorio del Condado a fin ser más proactivo al generar concordancias balísticas y pistas de investigación, y para reducir la dependencia sobre presentimientos que guíen las comparaciones balísticas.

- Satisfacer la necesidad del Laboratorio del Condado de dar información oportuna de investigación, manteniéndose actualizados con todas las revisiones de correlación y confirmación de ACIERTOS NIBIN.

- Recomendar hacer disparos de prueba con todas las armas policiales para su ingreso posterior a NIBIN, por si el arma alguna vez es robada.

- Recomendar la documentación voluntaria de la descripción de armas de fuego de propiedad privada, para que el propietario la guarde en un sitio seguro para consulta futura, si el arma es robada posteriormente.

  o Considerar suministrar un sobre en el cual el propietario pueda guardar un casquillo disparado de su arma.

TECNOLOGÍA:

- Evaluar las capacidades de tecnología actuales.

- Identificar la tecnología que se necesite para ayudar a sustentar los nuevos procesos a implementarse, y para hacer más eficiente y efectiva a la gente involucrada.

  - o Considerar adquirir sistemas remotos para ingreso de Datos NIBIN, llamados BrassTRAX para ser usados por los grandes Departamentos de Policía (p. ej WPBPD) y el recurso ambulante para ingreso de datos, de manera que el aumento en ingreso de datos NIBIN no interfiera con las actividades de Análisis NIBIN en el Laboratorio del Condado

  - o Considerar una estación remota de análisis Match Point Plus para el Laboratorio del Condado, a fin de liberar el sistema NIBIN de ese lugar para más ingreso de datos.

  - o Considerar usar juegos para un procesamiento de ADN con hisopos que sea Uniforme a nivel Municipal

  - o Considerar aplicaciones para rastreo y mapeo de armas homicidas y muestras balísticas a nivel Municipal

  - o Considerar estaciones para hacer disparos de prueba en los Departamentos de Policía del Condado – Compañeros de Balística

Conclusión: La meta debe ser mantener un equilibrio apropiado de gente, procesos y tecnología.

Tras el *Taller de Las 13 Tareas Fundamentales* y la presentación de las inquietudes y recomendaciones del taller a las partes interesadas (CJC, LEPC, y las agencias de seguridad pública del Condado de Palm Beach County, incluyendo al ATF), empezó el desarrollo de un protocolo para armas homicidas cuyo propósito fue servir como una política recomendada para el manejo de muestras de armas de fuego entre las agencias de seguridad pública que operan dentro del Condado de Palm Beach. Se basó en el reconocimiento de que los delincuentes son móviles y que los bienes asegurados, incluyendo los bienes asegurados hallados, retenidos por una agencia policial pudieran ser la pieza clave de evidencia que otra (agencia) esté buscando. Las nuevas recomendaciones de política se forjarían sobre lo que el grupo de trabajo había implementado en West Palm Beach y lo que se había identificado en el *Taller de Las 13 Tareas Fundamentales*. La CJC, a quien se presentó una estrategia exhaustiva y bien integrada para combatir la delincuencia, apoyó la empresa ampliada con financiamiento fundamental por la cantidad de dos millones de dólares para gente, tecnología y coordinación inter-agencias.

El Proceso

Toda esta labor dio como resultado el desarrollo de las **Recomendaciones de Política para Protocolos de Delincuencia Armada del Condado de Palm Beach**, las cuales cubren la recolección de muestras balísticas, el procesamiento de ADN con hisopos, y hacer disparos de prueba con todas las armas de fuego decomisadas, la interfaz con NIBIN y el Centro Nacional para Rastreo de Armas Homicidas del ATF, y más. El 11 de febrero de 2010, el Comité Local de Planeación de Emergencia (LEPC) aprobó los protocolos para delincuencia armada que se muestran a continuación, como la política recomendada a seguir por las agencias de seguridad pública del Condado de Palm Beach County.

Recomendaciones de Política para Protocolos de Delincuencia Armada del Condado de Palm Beach

(Conocido más comúnmente como el "Protocolo para Armas de Fuego" del Condado de Palm Beach)

Propósito:

La delincuencia asociada con armas de fuego a menudo cruza múltiples áreas jurisdiccionales y, por ello, la compartición mutua de ciertos tipos de información sobre delincuencia con armas de fuego armada es importante para llegar a un enfoque coordinado para resolver estos delitos. Un enfoque exhaustivo para combatir la delincuencia asociada con armas de fuego involucra la identificación, investigación y arresto de delincuentes violentos armados, así como de aquellas personas que proveen ilegalmente armas de fuego al elemento delictivo.

La entrega oportuna y exhaustiva de todas las "armas homicidas conocidas y sospechosas" recuperadas, y muestras asociadas con armas de fuego al Laboratorio de Criminalística de la Oficina del Alguacil del Condado de Palm Beach para ingresarse al programa NIBIN (Red Nacional Integrada de Información Balística.) a través de la computadora IBIS, o mediante el ingreso de un casquillo, por parte de agencias que participen en BrassTRAX, a través de BrassTRAX, ayudarán a vincular y resolver delitos asociados con tiroteos y generar pistas adicionales de investigación. Nada sustituirá a una investigación meticulosa y bien documentada. Si todas las agencias participantes hagan más ingresos oportunos a NIBIN o BrassTRAX, aumentará la probabilidad de vinculación delictiva para conseguir nuestra meta definitiva de resolver delitos.

El procesamiento y documentación completas de todas las armas recuperadas, tanto "armas homicidas conocidas" como "armas homicidas sospechosas" (más comúnmente llamadas 'armas halladas'), y todas las muestras asociadas con armas de fuego, en conjunto con la documentación minuciosa de los hechos y declaraciones sobre el caso hechas por poseedores, asociados de los poseedores, testigos, y personas arrestadas, genera casos más sólidos, que a menudo resultan en vinculación delictiva multi-jurisdiccional. "Delito más forense, igual a detección más condena." La documentación, procesamiento y análisis forenses minuciosos tienen mayor probabilidad de apoyar un proceso judicial exitoso, o de dar como resultado un acuerdo negociado sustancial de aceptación de culpabilidad, reduciendo así el tiempo que los oficiales de seguridad pública pasen en el tribunal estatal o federal.

De ahí, se detallan las siguientes técnicas y procedimientos que están destinadas a ser pautas para la implementación de un enfoque multi-jurisdiccional y exhaustivo para combatir delitos asociados con armas de fuego. Estas pautas no pretenden remplazar, sustituir o de otra manera descartar la aplicación de las Reglas de Procedimiento Penal de Florida y/o las Reglas de Evidencia de Florida en cualquier audiencia. Sustituyen sin embargo a las recomendaciones y acuerdos anteriores de parte de agencias sobre esta política.

Recomendaciones de Política:

General:

- Se recomienda que las agencias adopten una política consistente con estas recomendaciones y protocolos, a utilizarse al investigar delitos e incidentes asociados con armas de fuego.

- Se recomienda que se hagan disparos de prueba con todas las armas de fuego emitidas que una agencia entregue a su personal, que la agencia retenga dos casquillos para ingresarlos a NIBIN o para comparación en el Laboratorio para Armas de Fuego, si el arma de fuego es robada de un oficial del orden público, o se dispara en un incidente que involucre a un oficial.

- Un "arma homicida conocida" o "arma homicida sospechosa" es cualquier arma de fuego de posesión ilegal, usada en un delito, o que las fuerzas del orden público sospechen que se haya usado en un delito. Esto pudiera incluir un arma de fuego hallada como arma abandonada, sin importar las circunstancias, si la agencia de orden público que hizo la recuperación tiene razón para creer que el arma de fuego pudiera haberse usado en un delito o es de posesión ilegal.

Definiciones:

- Un "casquillo" es lo se expulsa de un arma de fuego semiautomática, o lo que queda en el barril de un revólver, una vez que se disparó un arma.

- Un "Casquillo de escopeta" es un casquillo usado o no usado que se dispara desde un arma de caza tipo escopeta.

- Un "blindaje" es el recubrimiento de una bala, que pudiera o no separarse del casquillo una vez que se disparó el arma.

- Un "proyectil" es la porción de la bala, recubierta por el blindaje, que pudiera separarse del casquillo una vez que se disparó el arma.

- Un "fragmento" es una porción del blindaje o proyectil que pudiera recuperarse cuando un proyectil no permanece intacto.

- Todas las armas homicidas conocidas, armas homicidas sospechosas, y demás muestras y artículos asociados con armas de fuego, cuando sea posible, deben fotografiarse en la escena del crimen, o de la ubicación que se recuperaron si no es una escena de crimen, antes de ser movidos, recolectados o procesados, ya que las fotografías pudieran ayudar a desarrollar una investigación, apoyar la causa razonable, y fortalecer la acción judicial de los acusados con delitos asociados con armas de fuego.

- Todas las "armas homicidas conocidas" y "armas homicidas sospechosas" recuperadas, y demás muestras asociadas con armas de fuego deben recolectarse, documentarse y considerarse para peritaje forense por parte del Laboratorio de Criminología del Condado de Palm Beach e ingreso en la Red Nacional Integrada de Identificación Balística (NIBIN), o para ingreso en BrassTRAX por parte de miembros calificados de las agencias de seguridad pública que participen en el Programa BrassTRAX. Las circunstancias de cada caso determinarán si el arma o demás muestras o artículos asociados con armas de fuego necesitan inicialmente ser peritados y trabajados por el Laboratorio para Armas de Fuego del Condado de Palm Beach, o si el arma y demás muestras asociadas con balística permanecerán en la agencia de seguridad pública respectiva hasta que sean requeridos.

- Miembros del Laboratorio para Armas de Fuego del Condado de Palm Beach llevarán a cabo el ingreso a NIBIN a través de la terminal IBIS.

- Los ingresos a BrassTRAX serán para casos que solamente involucren la recuperación de armas, o casos en los cuales se recuperó un solo casquillo, a menos que el gerente o encargado del Laboratorio para Armas de Fuego de la Oficina del Alguacil del Condado de Palm Beach (PBSO) autorice otra cosa. Sólo miembros capacitados y calificados de las agencias de seguridad pública harán ingresos a BrassTRAX. el gerente del Laboratorio para Armas de Fuego del Condado de Palm Beach, en casos cuestionables, tendrá la autoridad final en cuanto al punto de ingreso de un casquillo disparado de prueba o casquillo(s) recuperado(s) en una escena o lugar de crimen. Cuando haya preguntas, debe contactarse al Gerente del Laboratorio para Armas de Fuego de la Oficina del Alguacil del Condado de Palm Beach don el fin de comentar las circunstancias, así como las muestras y artículos asociados con armas de fuego que se entregan.

- Todas las armas que entren en posesión de cualquier agencia de seguridad pública deben rastrearse a través del Centro Nacional de Rastreo (NTC) del Departamento de Justicia de los E.U., Departamento de Alcohol, Tabaco, Armas de Fuego y Explosivos (ATF), para ayudar a Identificar fuentes ilegales de armas homicidas. Esto puede hacerse entregando un Formato 3312.1 del ATF (Formato de Solicitud del Centro Nacional de Rastreo), vía correo o fax al NTC del ATF al número de fax sin costo anotado en la parte superior del formato, o a través del sistema de rastreo en internet, eTrace.

- El rastreo de todas las armas de fuego y revisión de los resultados de rastreo pudieran desarrollar pistas de investigación, ya que las armas incautadas por las agencias de seguridad pública pudieran ser armas robadas no reportadas, o armas que se reportaron robadas a las fuerzas del orden público pero que la víctima o propietario no tenía un número de serie del arma disponible para dar a las fuerzas del orden público, o los resultados del rastreo pudieran rastrear a individuos sin historial delictivo que estén suministrando armas a personas con historiales delictivos. Las investigaciones correspondientes para seguimiento de rastreos exitosos también pudieran ayudar a la víctima del delito para recuperar su propiedad robada y ayudar a resolver delitos.

- Para perfeccionar un caso enjuiciable sólido, y para desarrollar información sobre armas homicidas, los oficiales en la escena de un crimen, o al decomisar un arma de fuego para fines legítimos de seguridad pública, deben hacer una serie de preguntas básicas a el (los) sospechoso(s), poseedor, o miembros de el (los) poseedor(es) y/o testigos para establecer la posesión del arma. Obtener declaraciones de todos los contemporáneos con el incidente que involucren al arma, ayuda a limitar o evitar el potencial de posteriores coartadas falsas en una investigación, en cuanto a la propiedad, posesión y el origen del arma de fuego.

- Las armas homicidas conocidas y armas homicidas sospechosas, al "pasar" por el NCIC/FCIC[21], deben ingresarse a NCIC/FCIC como "Armas Recuperadas," ya que esto evitará que otra agencia en los Estados Unidos ingrese esta misma arma como "Robada", cuando una agencia ya esté en posesión del arma. Las armas a veces se recuperan durante delitos o incidentes, antes de que un propietario o víctima se dé cuenta que se robó un arma, o antes de que se suministre un número de serie a las fuerzas del orden público para ingresar el robo a NCIC/FCIC. (Ver los Criterios de NCIC/FCIC que detallan los puntos específicos de ingresos de "Arma Recuperada".

- Establecer procesos para asegurar que todas las armas ingresadas a NCIC/FCIC como robadas, perdidas o recuperadas, se ingresen de manera exacta, lo cual es parte de los procesos de validación exigidos a través de los Acuerdos de Agencia Usuaria de Terminal NCIC/FCIC, ya que la información de armas ingresada de manera imprecisa anulará o minimizará la oportunidad para recuperar un arma robada o perdida.

- Debe incluirse una copia por teletipo de los ingresos o liberaciones de armas robadas, perdidas, recuperadas, o robadas recuperadas, como documentos dentro de la infracción original, ya que éstos sirven como excelentes referencias y son importantes para investigaciones de casos.

- Debe haber procesos implementados en cada agencia y dentro del Condado de Palm Beach para verificar la exactitud de la información de armas que se ingresó a NCIC/FCIC. Siempre y

---

[21] Centro Nacional de Información sobre Delitos/Centro Federal de Información Ciudadana

cuando se perciban discrepancias, de inmediato deben hacerse modificaciones, con copias de las modificaciones verificadas nuevamente para asegurar registros exactos. El ingreso modificado, la copia real del teletipo, deben incluirse en el reporte original.

Procedimientos para Procesar Armas Homicidas Conocidas, Armas Homicidas Sospechosas, y todas las demás Muestras Asociadas con Armas de Fuego o Evidencia de Propiedad:

- Deben usarse guantes limpios de látex al manejar cualquier arma o muestra asociada con armas de fuego para evitar la contaminación cruzada. Sólo cuando haya circunstancias que lo exijan, deberá manejarse sin guantes cualquier arma o muestra asociada con armas de fuego. Las circunstancias que exijan no usar guantes deben documentarse en los reportes policiales.

- Dependiendo de los hechos y situación del caso, las armas homicidas conocidas, armas homicidas sospechosas, y cualquier muestra o artículos asociados con armas de fuego será procesada para buscar latentes y ADN de la manera establecida por las políticas respectivas de las agencias de seguridad pública, las cuales son consistentes con la obtención de los mejores resultados de muestras forenses. Personal de Escena del Crimen de la agencia, u otro personal debidamente capacitado dentro de la agencia que incaute el arma o demás muestras o artículos asociados con armas de fuego, pudiera llevar a cabo el procedimiento para buscar latentes y ADN, o entregando el (las) arma(s) homicida(s) conocida(s) o sospechosa(s) y muestras o artículos asociados con armas de fuego al Laboratorio para Armas de Fuego del Condado de Palm Beach para procesamiento. Los hechos conocidos del caso determinarán la necesidad de procesar o no procesar para buscar latentes o ADN. Las excepciones para no procesar deberán documentarse en reportes de incidente.

- El departamento de recuperación será responsable por la recolección y entrega de todos los estándares de ADN de sospechosos/eliminación al laboratorio de Criminalística de la

PBSO, cuando sea necesario y bajo aprobación del Coordinador de ADN de la Oficina del Alguacil del Condado de Palm Beach. Todas las solicitudes para análisis de ADN deben iniciarse llamando por teléfono al del Coordinador de Muestras de ADN de la Oficina del Alguacil del Condado de Palm Beach antes de cualquier entrega.

- Las armas homicidas conocidas y armas homicidas sospechosas deben entregarse al Laboratorio para Armas de Fuego de la Oficina del Alguacil del Condado de Palm Beach para ingreso a NIBIN, si la agencia no está participando en el Programa BrassTRAX[22]. Los oficiales de agencias de seguridad y personal de la agencia no deben "hacer disparos de prueba" con arma alguna en el campo, únicamente con la finalidad de determinar si el arma está funcionando; personal capacitado en el manejo de armas, en una locación controlada, como un campo de tiro, con todas las prácticas de seguridad y usando equipo para protección, llevará a cabo todos los disparos de prueba y pruebas de funcionamiento. Cualquier departamento de recuperación que participe en el programa BrassTRAX llevará a cabo los "disparos de prueba" de todas las armas homicidas conocidas y sospechosas, donde dicha capacidad exista, o el arma de fuego puede entregarse al Laboratorio de Criminalística de la PBSO para hacer disparos de prueba e ingreso a NIBIN, cuando haya múltiples casquillos en una escena o lugar de crimen, o cuando lo solicite el personal del Laboratorio para Armas de Fuego.

- Al entregar cualquier arma, "arma homicida conocida" o "arma homicida sospechosa," o muestras asociadas con armas de fuego al Laboratorio de Criminalística del Alguacil del Condado de Palm Beach, el departamento de recuperación debe llenar un Recibo de Bienes Asegurados del Laboratorio de Criminalística del Condado de Palm Beach por todas las armas entregadas al Laboratorio de Criminalística del Condado de Palm Beach. El

---

[22] BrassTRAX se refiere al Programa de West Palm Beach Programa para ingreso remoto de datos a NIBIN que usa tecnología BRASSTRAX-3D.

Recibo de Bienes Asegurados del Laboratorio para Armas de Fuego del Condado de Palm Beach debe incluir, cuando lo sepa la agencia que hizo la entrega, toda la información descriptiva pertinente sobre cada arma entregada; es decir, marca/fabricante, país de origen e importador, modelo, número de serie, calibre, tipo (pistola, revólver, rifle, escopeta, Derringer), terminado/color, marcas o modificaciones singulares (mirilla, números aplicados por el propietario), marcas cirílicas o demás que sean singulares. Información referente al poseedor y miembros del poseedor (nombre, alias, fecha de nacimiento, raza, sexo, número de identificación (licencia de conducir, carnet de identificación, etc...), fecha de recuperación (crucial), lugar de recuperación (sea específico), si el arma está liberada NCIC/FCIC o si el arma es una arma de fuego robada recuperada.

- Si se sabe que un arma sea un 'arma de fuego robada recuperada,' debe anexarse una copia del Teletipo "ACIERTO" NCIC/FCIC al recibo de Bienes Asegurados de la agencia que hizo la entrega y al Recibo de Bienes Asegurados del Laboratorio para Armas de Fuego del Condado de Palm Beach, o documentar información referente a la agencia que hizo el ingreso, y el número de caso de la agencia que hizo el ingreso, en el Recibo de Bienes Asegurados del Laboratorio de Criminalística del Condado de Palm Beach, ya que esta información es importante para eTrace y posterior investigación, de haber un 'ACIERTO' NIBIN."

- Si la agencia de recuperación entregó un rastreo del arma al Centro de Rastreo del ATF, debe documentarse el número asignado de eTrace u otro método usado para rastrear el arma en el Recibo de Bienes Asegurados del Laboratorio de Criminalística del Condado de Palm Beach, ya que esto evita duplicidad de esfuerzos.

- El Recibo de Bienes Asegurados del Laboratorio de Criminalística del Condado de Palm Beach debe indicar el tipo de procesamiento y análisis solicitado para cada arma y demás artículos; es decir, latentes, huellas dactilares, toma de fotografía, disparos de prueba y/o solo ingreso a NIBIN. Mencione si la agencia que hizo la entrega procesó el arma para buscar latentes y procesó con hisopos para buscar ADN y sólo se requiere el ingreso a NIBIN, u otro peritaje solicitado al Laboratorio de Criminalística.

- Las solicitudes para todo el trabajo asociado con armas de fuego, incluyendo comparaciones con otros casos, deben mencionarse específicamente en el Recibo de Bienes Asegurados del Laboratorio de Criminalística de la oficina del Alguacil del Condado de Palm Beach, incluyendo el nombre de la agencia y el número de caso respectivo de la agencia, junto con los números de caso del Laboratorio de Criminalística, cuando se conozcan. Las solicitudes para casos de comparación asociados con armas de fuego requerirán una llamada y/o correo electrónico al Gerente del Laboratorio para Armas de Fuego antes de las entregas, para comentar los hechos del caso y los artículos incautados que pudieran necesitar compararse, ya que lo mejor es hacer peritaje y comparación de todas las muestras asociadas con armas de fuego al mismo tiempo, en vez de hacerlo por separado, cuando sea posible.

- Es crucial mantener el control y cuidado de todas las armas homicidas conocidas y armas homicidas sospechosas, así como todas las otras muestras asociadas con armas de fuego, ya que la pérdida de dichos artículos pudiera llevar a la supresión del testimonio experto del Perito en Armas de Fuego, el cual pudiera vincular las muestras asociadas con el arma de fuego a el (los) acusado(s) o a otros casos que dependan de peritajes forenses de armas de fuego o de muestras asociadas con armas de fuego.

- Todas las armas entregadas, sin importar las circunstancias, deben ser verificadas en NCIC/FCIC para buscar información en cuanto a su estatus al ser ingresada como perdida o robada. El estatus "Liberar NCIC/FCIC" o "ACIERTO", con el nombre de la agencia que hizo el ingreso y el número de caso mencionados, deben anotarse por cada arma entregada.

- Debe incluirse una copia de la confirmación de teletipo de un registro de "ACIERTO" NCIC/FCIC en el archivo original del caso, archivo de trabajo del caso, y anexar una copia al Recibo de Bienes Asegurados en el cual se documenta el arma al momento de su entrega a la Sección Bienes Asegurados y Muestras de la agencia respectiva.

- Cuando se entregue un arma al Laboratorio de Criminalística de la oficina del Alguacil del Condado de Palm Beach, mencione en el Recibo de Bienes Asegurados del Laboratorio de Criminalística del Condado de Palm Beach si el arma es un "arma robada recuperada" o no, el nombre de la agencia que ingresa que haya resultado en el "ACIERTO" y el número de caso de la agencia que hizo el ingreso. Esto sirve para fines múltiples. NOTA: La información relevante está contenida dentro de cada ingreso que pudiera necesitarse para consulta futura y pudiera ser valiosa para una investigación. Una vez que el registro de un arma robada se libera (elimina) de NCIC/FCIC, el registro ya no estará disponible sin una ardua búsqueda fuera de línea.

Procedimientos para procesar todos los arrestos asociados con armas homicidas:

- Notifique al acusado sus Derechos constitucionales (Miranda) cuando sea necesario.

- El oficial de arresto debe asegurarse que se tomen las huellas dactilares del acusado, si es arrestado. Esto ayudará a identificar al acusado posteriormente. Cuando sea posible, si no se hace arresto alguno en relación con un arma o casquillo que se esté incautando, debe obtenerse una huella del pulgar en un formato para Notificación de Comparecencia, o tarjeta/reporte de entrevista de campo, si las circunstancias dictan que un sujeto <u>no será</u> transportado a una oficina de fichado. El apego a este proceso será de gran valor si el arma se vincula a otros incidentes a través de NIBIN, latentes, o ADN, y cuando pudiera haber duda en cuanto la identidad verdadera de la persona encontrada y liberada en el campo.

- Solicite al acusado suministrar un estándar de ADN. La negativa a cooperar o entregar voluntariamente un estándar de ADN debe anotarse en el reporte y afidávit de causa probable (reporte de arresto.)

- Intente obtener una declaración grabada o escrita del acusado, poseedor, o asociados del poseedor, en cuando a la posesión del acusado o poseedor del arma; es decir, cómo se obtuvo el arma de fuego, cuándo, dónde y de quién se obtuvo el arma de fuego. Pregunte si el acusado o poseedor tiene cualquier condena(s) criminal(es) previa(s). Documente todas las declaraciones del acusado, ya sean formales o espontáneas, referentes al arma de fuego y/o registro delictivo en el reporte policial. <u>Documente todas las negativas de acusado para suministrar información referente a el (las) arma(s) de fuego.</u> Los resultados de rastreo del arma pudieran identificar un comprador original al detalle. El arma pudiera haber no sido reportada como arma robada o perdida cuando la víctima/propietario no tuvo disponible el número de serie qué dar a las fuerzas del orden público al hacer el reporte inicial.

- Intente obtener declaraciones de cualquier testigo, asociado y cómplice; (es decir, otros pasajeros en la detención del vehículo) del acusado en cuanto a los hechos y circunstancias del delito. Esto ayuda a establecer la posesión del acusado o poseedor del arma de fuego, al impedir coartadas falsas por parte de cómplices o asociados, que reclamen propiedad del arma tras el arresto.

- Prepare un reporte narrativo detallado en cuanto a las circunstancias que llevaron al arresto, o el decomiso del arma, incluyendo una descripción completa del arma de fuego, marca/fabricante, país de origen, importador, modelo, número de serie, calibre, tipo de arma, estatus en NCIC/FCIC (robada o no. Incluya información completa del vehículo, información de testigo/cómplice, y un listado de todos los oficiales presentes durante el arresto. Si el arresto inició con, o incluyó llamada(s) al 9-1-1, obtenga y guarde una copia de la (s) llamada(s) al 9-1-1 y reporte(s) CAD (Despacho Asistido por Computadora). Si el

219

arresto incluyó una detención de tráfico grabada en vídeo, obtenga y guarde una copia del encuentro grabado. Si el arresto incluye una persecución a pie, pelea o forcejeo que el centro de comunicación también haya grabado en audio, solicite y guarde una copia de la cinta.

- Obtenga una impresión del historial delictivo del acusado y averigüe el número y tipos de condenas delictivas anteriores y averigüe la primera fecha de condena por un delito. Es importante determinar la fecha exacta de la primer condena por delito, ya que esta fecha pudiera ser un factor importante al acusar a un Convicto por posesión de un arma de fuego, particularmente si un arma tiene el ADN del acusado, y el arma se reportó robada después de la fecha exacta de la primer condena por delito. Tener esta información ayudará a consolidar el proceso judicial por esta acusación.

- Use la información del historial delictivo, junto con las acciones del acusado por las cuáles se hizo el arresto, para determinar cuáles violaciones a la ley aplican, y cuál juzgado (Federal o Estatal) da la máxima sentencia posible.

- Los casquillos ingresados a NIBIN se correlacionan automáticamente a otros casquillos, así como a casquillos disparados de prueba de armas decomisadas e ingresadas a NIBIN, vía IBIS o BrassTRAX, en toda nuestra Región NIBIN. Si el acusado o poseedor es de fuera de nuestra Región NIBIN, que incluya los Condados de Miami Dade, Broward, Palm Beach e Indian River, todos los cuales tienen laboratorios para armas de fuego, solicite a través del Gerente del Laboratorio para Armas de Fuego de la Oficina del Alguacil del Condado de Palm Beach, (correo electrónico, llamada telefónica, o documéntelo en el Recibo de Bienes Asegurados), que el casquillo disparado de prueba de un arma homicida conocida o sospechosa se "correlacione manualmente" en otras Regiones NIBIN donde el sujeto pudo haber vivido o viajado, o la información de investigación sugiera que el arma se disparó durante la comisión de un delito fuera de nuestra Región NIBIN. Hacer esto caso por caso aumentará la probabilidad de una vinculación delictiva inter-jurisdiccional. Esto debe solicitarse; no se hace automáticamente. Las áreas o regiones de correlación pueden ampliarse en cualquier momento después del ingreso a NIBIN, pero debe haber justificación. Como ejemplo, si un asociado o un poseedor, o información confidencial dice, "el poseedor disparó el arma durante la comisión de cualquier tipo de delito en Tucson, Arizona," se debe solicitar que el casquillo disparado de prueba de correlacione en aquellas Regiones NIBIN entre el Sur de Florida y Tucson, Arizona (básicamente el corredor este a oeste de I-10.) Los Peritos en Armas de Fuego del Laboratorio para Armas de Fuego se encargarán de este aspecto.

Con la finalidad de asegurar que las agencias de seguridad pública estén conscientes de las recomendaciones de política para protocolo de delincuencia armada, y que se entienden y siguen de manera correcta, la Oficina del Alguacil del Condado de Palm Beach y el ATF desarrollaron un curso de capacitación que cubre varias áreas importantes:

- Identificación de armas de fuego y municiones, nomenclatura de armas de fuego, y el proceso eTrace del ATF

- Las capacidades para peritaje de armas de fuego del Laboratorio de Criminalística de la Oficina del Alguacil del Condado de Palm Beach

- Los detalles de las recomendaciones de política para el protocolo

- Un ejercicio práctico con diversos tipos de armas de fuego

A continuación se muestra una copia del programa de capacitación.

También se desarrollaron herramientas para permitir una mejor comunicación de los protocolos y la compartición de información operativa como: (A) la carta de acierto NIBIN, (B) Publicación 3312.12 del ATF, *GUÍA DEL ATF PARA OFICIALES DE POLICÍA sobre Armas Recuperadas*, (C) Aviso Policial para las Víctimas de Robo de Vehículos, y (D) Publicación 3312.8 del ATF *Registro Personal de Armas de Fuego.*

- La carta de acierto NIBIN: Esta carta comunica el hecho de que se confirmó un "acierto" NIBIN al "Punto de Contacto para Investigación de la Agencia" designado, cuya labor es rastrear todos los aciertos NIBIN para sus agencias respectivas. Identifica la información del caso necesaria para dar seguimiento a los aciertos. También señala responsabilidades, solicita seguimiento y retroalimentación, y suministra informaciones del contacto.

- Publicación 3312.12 del ATF, GUÍA DEL ATF PARA OFICIALES DE POLICÍA sobre Armas Recuperadas: Esta publicación sirve como una rápida consulta ilustrada de bolsillo sobre cómo identificar y describir ciertos tipos de armas de fuego para fines de rastreo de armas homicidas. También contiene información útil asociada con armas de fuego, como consejos para hacer consultas de base de datos sobre las armas de fuego, los tipos de gente que la ley prohíbe posean armas de fuego, y qué preguntar a las personas arrestadas por posesión de armas de fuego.

Aviso Policial a las Víctimas de Robo de Auto: Esta tarjeta se desarrolló como respuesta al modus operandi (MO) delictivo común en el Condado de Palm Beach County, que conllevaba el uso de autos robados cono el transporte usado en la comisión de delitos asociados con armas de fuego y tiroteos desde vehículos en movimiento. La tarjeta se deja en vehículos robados que se recuperaron y regresaron a los propietarios legítimos. La tarjeta aconseja a los propietarios sobre qué hacer y qué no hacer si faltan o se encuentran ciertos artículos en los vehículos.

AVISO POLICIAL A LAS VÍCTIMAS DE ROBO DE AUTO

Nombre de la Agencia de Recuperación:_____ # Caso:_____ Teléfono:_____
Agencia Original a la que se Reportó:_____ # Caso:_____ Teléfono:_____

→DE SUMA IMPORTANCIA←

SI SU VEHÍCULO FUE RECUPERADO RECIENTEMENTE DESPUÉS DE UN ROBO Y USTED DESCUBRIÓ ARTÍCULOS YA SEA FALTANTES O ARTÍCULOS EN SU VEHÍCULO QUE NO SEAN DE SU PROPIEDAD, POR FAVOR TOME LA ACCIÓN MENCIONADA A CONTINUACIÓN. LA POLICÍA PODRÍA VINCULAR OTROS DELITOS A SU ROBO Y DESCUBRIR A UN SOSPECHOSO, O ESTABLECER UN PATRÓN DE DELINCUENCIA.

NO TOQUE CUALQUIER ARMA QUE DESCUBRA, CONTACTE INMEDIATAMENTE E INFORME AL DEPARTAMENTO LOCAL DE POLICÍA, EN UNO DE LOS NÚMEROS ANOTADOS ARRIBA, O LLAME AL 911.

HAGA UNA LISTA DE TODOS LOS ARTÍCULOS QUE NO LE PERTENEZCAN. TRATE DE MANIPULAR LOS ARTÍCULOS TAN POCO COMO SEA POSIBLE, USANDO GUANTES LIMPIOS O UN TRAPO, DE SER NECESARIO.

CONTACTE A LA AGENCIA DE SEGURIDAD PÚBLICA CON LA CUAL HIZO SU REPORTE ORIGINAL DE ROBO DE VEHÍCULO E INFORME DE CUALQUIER ARTÍCULO QUE HAYA RECOLECTADO. ELLOS LE DIRÁN CÓMO PROCEDER. TENGA SU NÚMERO DE CASO A LA MANO.

Publicación 3312.8 del ATF Registro Personal de Armas de Fuego: Este registro se da a propietarios de armas de fuego para que puedan registrar descripciones completas y adecuadas de sus armas de fuego. En el caso de que alguna vez les sean robadas sus armas de fuego, tendrán un registro exacto para consultar al describir las armas de fuego robadas para reportar a la policía y la emisión del aviso para búsqueda de propiedad robada.

Departamento de Justicia de los E.U.
Departamento de Alcohol, Tabaco, Armas de Fuego y Explosivos
Centro Nacional de Rastreo

Investigaciones de
Armas de Fuego
Perdidas/Robadas

Registro Personal de Armas de Fuego

Cada año, miles de armas de fuego se reportan perdidas o robadas. La capacidad de los propietarios para identificar adecuadamente estas armas de fuego es esencial para que las fuerzas del orden público puedan investigar estos delitos y pérdidas. Las reclamaciones al seguro y readquisición de armas de fuego también dependerán de la capacidad de identificar correctamente estas armas de fuego.

Mantenga esta lista separada de sus armas de fuego para ayudar a la policía en caso de que sus armas de fuego alguna vez se pierdan o sean robadas.

Al llenar este registro y guardarlo en un lugar seguro, usted estará tomando un paso importante en el esfuerzo para evitar robos y mantener las armas de fuego lejos de las manos de los delincuentes.

Recuerde:

"Un arma robada amenaza a todos."

Publicación ATF 3312.8
Revisada diciembre 2003

Ejemplos de Caso

En vigor por más de dos años al día de hoy en West Palm Beach y varias poblaciones circundantes, los protocolos para armas homicidas están brindando múltiples beneficios a las partes interesadas involucradas. Se han generado múltiples aciertos NIBIN, vinculando eventos de tiroteo y armas de fuego a delitos, no solo a través de múltiples jurisdicciones policiales dentro del condado sino también entre condados. Aquí hay solo algunos ejemplos.

Riviera Beach

La policía en la ciudad de Riviera Beach respondió a un reporte de un tiroteo hacia el interior de un vehículo ocupado y llevó a cabo una búsqueda de la escena del crimen. Se entregó una muestra de casquillo de 9mm recuperado al laboratorio de criminalística y se procesó a través de la base de datos NIBIN, de acuerdo al protocolo. En abril de 2007, la Oficina del Alguacil de Palm Beach (PBSO) arrestó a un joven por posesión ilegal de una pistola Smith & Wesson de 9mm. De acuerdo al protocolo, el arma de fuego fue procesada con un raspado de hisopo para buscar la presencia de ADN, y se entregó al laboratorio de criminalística para hacer disparos de prueba e ingresarlos a la base de datos. La PBSO notificó a la Policía de Riviera Beach que la búsqueda en NIBIN había vinculado la pistola de 9mm que decomisaron al tiroteo en enero del vehículo ocupado. Armada con esta información, la Policía de Riviera Beach continuo la investigación del tiroteo y se enteró que el ADN recuperado del área de la cacha y gatillo de la pistola Smith & Wesson pertenecía al joven arrestado por la PBSO. Lo policía tuvo suficiente información para vincular al sospechoso hallado en posesión ilegal del arma de fuego en Palm Beach al tiroteo hacia el interior del vehículo ocupado en Riviera Beach. De acuerdo al protocolo, toda esta información fue compartida entre las partes interesadas afectadas quienes acordaron que el sospechoso, un tirador activo, podría ser retirado de la comunidad por un periodo mucho más largo, de ser enjuiciado federalmente como un criminal con antecedentes, donde enfrentaría sentencia obligatoria aumentada—el caso se turnó al ATF.

Esta caso sirve para apoyar la valía de apalancamiento de la revisión regular de todos los datos de tiroteos recientes y los distintos tipos de información (p. ej., información de inteligencia, forense, etc.) que se conozcan sobre ellos.

Asistentes a Clubes

Una víctima fue asesinada en un incidente de tiroteo en un bar local Latino en West Palm Beach. Se desarrollaron pocas pistas y el caso iba en camino de quedar "sin resolver". Se recuperó un casquillo, se ingresó a IBIS, y se hizo una búsqueda contra la base de datos NIBIN. Aproximadamente dos meses después en Miami, dos mujeres que paseaban perros en distintos lugares fueron asaltadas a punta de pistola. Se transmitió una descripción del vehículo involucrado a las agencias policiales del condado. Oficiales de policía en una patrulla vieron el vehículo sospechoso e iniciaron su persecución. Los sospechosos dispararon contra los oficiales que los perseguían. La policía arrestó a los sospechosos. Nunca se halló el arma, pero se recuperaron los casquillos disparados, se ingresaron a IBIS, y se hizo una búsqueda contra la base de datos NIBIN. NIBIN ayudó a los peritos forenses a determinar que el arma que usaron los sospechosos del robo arrestados por disparar contra la policía fue la misma arma que se usó en el asesinato en el bar Latino. Este caso ejemplifica el hecho de que un grupo de partes interesadas en colaboración, que ejecuten un proceso institucionalizado apalancado con Forensic Technology, puede ser muy efectivo para responder a la delincuencia armada de jurisdicciones cruzadas.

La Evidencia de Uno

La policía en North Palm Beach recuperó un arma durante un arresto de rutina. Se hicieron disparos de prueba con el arma de fuego y los casquillos disparados de prueba se ingresaron a IBIS y se hizo una búsqueda contra la base de datos NIBIN. NIBIN ayudó a los peritos forenses a vincular el arma de fuego a un robo a mano armada que estaba siendo investigado por la Oficina del Alguacil del Condado de Palm Beach, a un homicidio en la Ciudad de Boynton Beach, y a varios incidentes donde hubo varios disparos que habían ocurrido en las ciudades de Royal Palm Beach y West Palm Beach.

Arrestos en Miami

La Oficina del Alguacil del Condado de Palm Beach había estado investigando un homicidio sin pistas prometedoras. Una pieza de muestra de esa investigación, un casquillo disparado, se ingresó a IBIS y se hizo una búsqueda contra la base de datos NIBIN. Un tiroteo que involucró a un oficial en Miami dos meses después terminó en dos arrestos y el decomiso de un arma. Se hicieron disparos de prueba con el arma, y los disparos de prueba se ingresaron a IBIS y se hizo una búsqueda contra la base de datos NIBIN. NIBIN ayudó a los peritos forenses a vincular el arma de fuego a las muestras de un asesinato en el Condado de Palm Beach, dando a la Oficina del Alguacil nuevas y prometedoras pistas a seguir sobre los dos sujetos arrestados en Miami.

Termina la Ola Delictiva

La Oficina del Alguacil de Palm Beach recuperó un arma robada. Se hicieron disparos de prueba con ella y los disparos de prueba se ingresaron a IBIS y se hizo una búsqueda contra la base de datos NIBIN. NIBIN ayudó a los peritos forenses a vincular el arma robada a un tiroteo en la ciudad de Royal Palm Beach en la cual la víctima quedó paralizada. Se arrestó a un sospechoso, y el arma y el infractor se vincularon posteriormente al robo de un vehículo a mano armada, y a cuatro robos a mano armada en las ciudades de Boynton Beach, Delray Beach y Boca Raton, además de múltiples tiroteos en la ciudad de West Palm Beach.

Lake Park

Hubo un asesinato en Lake Park, FL, y muestras de casquillos se ingresaron a IBIS y se hizo una búsqueda contra la base de datos NIBIN. Más tarde, la policía recuperó un arma y se hicieron disparos de prueba con ella. Los disparos de prueba se ingresaron a IBIS y se hizo una búsqueda contra la base de datos NIBIN. NIBIN ayudó a los peritos forenses a vincular el arma al asesinato de Lake Park. Un rastreo de armas del ATF ayudó a la policía a identificar al comprador original del arma, quien la había reportado robada. El propietario del arma dio a la policía una lista de la gente que había estado en su casa alrededor de la hora en que se supo que la pistola había desaparecido. La policía pudo ubicar a una de las personas de esa lista en la escena de crimen del asesinato en Lake Park. Se obtuvo una confesión de ese sospechoso, y en el proceso se cerró la investigación de un segundo asesinato.

Las historias de éxito anteriores validan el hecho de que los delincuentes armados son móviles, y las muestras de sus delitos armados a menudo se esparcen a través de múltiples jurisdicciones. Un artículo de bienes asegurados que pareciera no tener relevancia para la agencia policial que lo encontró podría ser la solución del caso de una agencia vecina. Estas historias de éxito son prueba fehaciente de que un protocolo sustentable para el procesamiento de armas homicidas puede evitar que muestras importantes 'caigan en las grietas", y que los delincuentes sigan pasando desapercibidos.

Tecnología

Una de las recomendaciones que surgió del *Taller de Las 13 Tareas Fundamentales* que se llevó a cabo en West Palm Beach y apoyó el LEPC (Consejo de Planeación de Seguridad Pública) del Condado de Palm Beach, fue la compra de un sistema adicional BRASSTRAX-3D para que la Policía de West Palm Beach pudiera ingresar sus muestras de casquillos y evidencia de disparos de prueba directamente a la base de datos NIBIN de una forma oportuna y mucho más eficiente.

La adición de la tecnología BRASSTRAX-3D fue con el propósito de ayudar a sustentar los nuevos Protocolos para Armas de Fuego del Condado de Palm Beach al brindar dos beneficios clave para todo el proceso:

- La tecnología permitiría al Departamento de Policía de West Palm Beach llevar a cabo su propio ingreso de datos, acelerando así el proceso de contribuir muestras y disparos de prueba al laboratorio, y dando como resultado aciertos de investigación que generaran pistas. Los delincuentes armados podrían ser identificados más rápidamente y negárseles la oportunidad de hacer más daño.

- Históricamente, el Departamento de Policía de West Palm Beach había entregado grandes cantidades de muestras asociadas con armas de fuego al laboratorio del condado, y era responsable de un porcentaje significativo de la carga de trabajo del laboratorio. Al usar su propio sistema IBIS para ingresar las muestras de casquillos y evidencias de disparos de prueba directamente a NIBIN, la Policía de West Palm Beach quitaría una significativa carga de trabajo de los hombres del personal del laboratorio del condado. El laboratorio podría entonces redirigir el tiempo disponible hacia otras prioridades, como llevar a cabo el ingreso de datos a NIBIN para los otros miembros del Protocolo del Condado de Palm Beach que no tuvieran acceso a IBIS y NIBIN, y enfocarse a la confirmación de posibles aciertos a partir de datos ingresados por la Policía de West Palm Beach a NIBIN.

El éxito de esta táctica fue reconocido rápidamente. **El Capitán Pat Maney, quien al momento de escribir esto era el Comandante de la División de Investigaciones Delictivas—Departamento de Policía de West Palm Beach, declaró que:** *"Antes de la instalación de BRASSTRAX en nuestro Departamento, todos los ingresos de casquillos tenían que hacerse en la Oficina local del Alguacil. Este proceso no solo limitaba nuestra capacidad de hacer ingresos, sino que creaba pérdidas significativas de tiempo entre la recuperación de muestras y el ingreso al sistema NIBIN. Con la instalación de BRASSTRAX ahora tenemos la capacidad para ingresar casquillos a horas de la recuperación, o inmediatamente después de hacer disparos de prueba. El resultado final; ¡hemos triplicado el número de aciertos en casquillos que dan como resultado pistas de investigación en el mismo lapso de tiempo que en 2007! BRASSTRAX es una parte integral para vincular delitos violentos asociados con armas de fuego en el Condado de Palm Beach."*

Al momento de recopilar datos para este estudio de caso, el autor de este libro habló en detalle con personal de investigación y forense de alto rango sobre el uso por la policía de BRASSTRAX-3D para enviar datos balísticos al laboratorio forense donde sería revisado de una forma más oportuna y eficiente. Los gerentes de investigación y forenses fueron muy claros al decir que esta táctica claramente había beneficiado a todas las partes interesadas involucradas, y que no tenían problemas ni inquietudes sobre las metodologías empleadas. Todos dijeron que la tecnología era fácil de usar y generaba automáticamente imágenes de calidad consistentemente alta. Tanto los gerentes de investigación como forenses sentían que se les había dado una herramienta y un proceso para ayudar a acelerar su trabajo, y al mismo tiempo hacerlos más productivos y efectivos. Los gerentes dijeron que ahora pueden entregar de forma electrónica muestras fundamentales al laboratorio y trabajarlas en cuestión de unas cuantas horas, en lugar de las semanas, meses y en ocasiones años que se requerían antes de los nuevos procesos que se han hecho posibles a través de la integración de la nueva tecnología. **Dijeron que perder esta capacidad sería un retroceso en los esfuerzos para combatir la delincuencia.**

A continuación se presenta un artículo periodístico del *South Florida Sun-Sentinel* para aludir a dos puntos esenciales de este estudio de caso: (1) identifica el razonamiento y proposición de valor detrás de la decisión del Departamento de Policía de West Palm Beach de adquirir un sistema BRASSTRAX-3D para llevar a cabo el ingreso de datos directamente a la base de datos NIBIN, y (2) resume las dos investigaciones de homicidio doble que se presentaron anteriormente en este estudio de caso, las cuales sirvieron como el impulso inicial para la creación de las Recomendaciones de Política para Protocolos de Delincuencia Armada del Condado de Palm Beach.

"BrassTRAX ayuda a la policía en el Condado de Palm Beach a correlacionar armas con asesinos"

Por Jerome Burdi | South Florida Sun-Sentinel
Mayo 16, 2008

West Palm Beach – El arma corta Glock calibre .40 robada al ayudante del alguacil cobró las vidas de cuatro hombres en tres días y dejó un rastro de evidencia en sus casquillos, desechados en las escenas de los asesinatos.

Fue un noviembre de 2004 sangriento en la ciudad.

Dos homicidios dobles en Palm Beach Lakes Boulevard, etiquetados por la policía como asesinatos por venganza, dieron lugar a protestas y mítines organizados por líderes comunitarios. La policía dijo al público que los ataques fueron planeados, no al azar. La única pista que los detectives tenían era que el asesino usó la misma arma en los cuatro asesinatos.

Los detectives resolvieron el caso al conectar todas las balas usando la Red Nacional Integrada para Identificación Balística, o NIBIN. La base de datos analizó las marcas perceptibles en cada una de las balas — vinculándolas a un arma y a un asesino.

El caso fue tan exitoso que la policía de West Palm Beach recientemente compró BrassTRAX, un sistema de cámara que permite a los oficiales capturar imágenes de dichas marcas.

"El arma tiene una huella única, tiene su propio detalle microscópico," dijo el científico forense en jefe de la Oficina del Alguacil del Condado de Palm Beach, Omar Felix. "Esa huella se imprime en el casquillo o en la bala al dispararse del barril."

Cuando la policía recupera casquillos o balas de una escena de crimen, los analizan e ingresan los detalles de las marcas a NIBIN, la base nacional de datos. La base de datos buscará repetidamente para ver si el arma se ha usado en otros delitos.

Cuando los oficiales recuperan un arma, disparan una bala hacia el interior de un tubo metálico llamado "atrapa balas." Entonces el oficial retira el la bala y registra en BrassTRAX las marcas que hizo el arma. Esa imagen se ingresa luego a la base nacional de datos.

La policía de West Palm Beach empezó a usar el sistema BrassTRAX —pagado con 100 mil dólares de la Comisión de Justicia Penal del condado— en marzo. La compra convierte a la policía de West Palm Beach en la segunda agencia policial del condado que puede ingresar imágenes de casquillos a la red nacional.

La Oficina del Alguacil ha usado la red NIBIN desde 2001, y todas las agencias policiales del condado solían llevar sus muestras de balas ahí. La más nueva tecnología de West Palm Beach ayudará a reducir la carga de trabajo de la Oficina del Alguacil y aminorará la espera, en ocasiones de meses, para hacer ingresos, dijeron los oficiales.

Los departamentos de policía de Riviera, Delray y Boynton Beach también están autorizados a ingresar su información en la base de datos usando BrassTRAX del Departamento de Policía de West Palm Beach.

El Departamento de Policía de West Palm Beach también ingresa información de las armas de los oficiales al sistema, en caso de que alguna sea robada y usada, como el arma del ayudante del alguacil que se usó en los dobles homicidios de noviembre de 2004.

Los detectives dijeron que esos casos — donde cuatro hombres fueron asesinados en una lluvia de balas del arma corta y otras dos armas de fuego — son un buen ejemplo de cómo rastrear un arma o municiones puede llevar a los investigadores hasta un asesino.

"No teníamos testigos, no teníamos nada sino casquillos y proyectiles usados, tomados de las víctimas," dijo el Detective de la policía de West Palm Beach, Donald Iman.

Los investigadores empezaron a comparar esas balas y las pudieron vincular a un arma — la Glock. Las muestras de balas fueron la clave que vinculó a Derek Dixon con los asesinatos.

"Es evidencia si podemos probar que el arma estuvo en las manos de una persona," dijo Iman.

La policía arrestó a Dixon como sospechoso en el robo de un vehículo a mano armada casi dos meses después de los asesinatos. Se le imputaron los asesinatos en base al testimonio de un co-acusado y una conversación grabada desde la cárcel del condado, donde admitió haber cometido los asesinatos, según reportes policiales. En marzo, Dixon, de 22 años, confesó ser culpable

231

de los cuatro cargos de asesinato en segundo grado y ahora está cumpliendo 40 años en prisión federal por los asesinatos, que correrán al mismo tiempo que los 40 años que ya está cumpliendo por el robo de un vehículo a mano armada y posesión de un arma de fuego por parte de un criminal culpable.

Iman documentó cómo las muestras del arma y la red nacional ayudaron a mapear la racha violenta de Dixon:

Para obtener el arma del ayudante del alguacil del ladrón que la robó, Dixon intercambió algunas joyas robadas en una trato callejero en julio de 2004.

Usando la base de datos balísticos para buscar concordancias con las balas disparadas en cada una de las escenas, la policía rastreó los ataques de Dixon entre agosto y diciembre de 2004.

Más tarde, fue identificado a partir de cámaras de vigilancia del tiroteo en un restaurante Steak 'n Shake en agosto. Nadie salió lesionado, pero en el lugar quedaron casquillos.

El 25 de septiembre, Dixon disparó el arma corta tras una pelea en Okeechobee Boulevard, pero nuevamente nadie salió lesionado, dijo la policía. Las víctimas se negaron a cooperar, pero la policía halló más casquillos.

El primer homicidio doble ocurrió el 4 de noviembre, cuando Dixon creyó que las víctimas, Reynold Barnes, de 23 años, y Eddie Lee Gibbs, de 26, eran las personas a quienes estuvo disparando en el incidente de Steak 'n Shake. Tras salir de un restaurante IHop, Dixon disparó el arma corta Glock, y otro tirador disparó una Beretta .380, dijo la policía.

Gibbs y Barnes fueron alcanzados al menos 10 veces y fallecieron.

Tres días después, el 7 de noviembre, Dixon vio a Larry Turner, de 23 años, quien pensó había intentado matar a su hermano. Siguió a un auto con tres personas dentro y abrió fuego en un tiroteo desde un vehículo en movimiento. Turner fue herido, pero Ali Jean y Turner Norwood, ambos de 22, fueron asesinados, y atrás quedaron casquillos del arma corta.

En un robo de vehículo a mano armada, el 3 de diciembre, afuera de un restaurante Arby's restaurant en Palm Beach Gardens, se hicieron disparos y un arma corta Glock se dejó tirada en la escena.

Era la que la policía estaba buscando.

Análisis de "Cruce Peatonal"

La siguiente tabla demuestra el alto nivel de consistencia que hay entre las Recomendaciones de Política para Protocolos de Delincuencia Armada del Condado de Palm Beach y *Las 13 Tareas Fundamentales*. Funciona como un "paso peatonal" que permite al lector ir y venir entre los protocolos y las 13 tareas, para comparar puntos de similitud.

Las 13 Tareas Fundamentales	Política para Protocolos de Delincuencia Armada del Condado de Palm Beach
#1—Cómo Gestionar Partes Interesadas	
Desarrollar al menos un defensor de alto nivel que tenga la influencia necesaria para impulsar la iniciativa, con el fin de allegarse toda la gente correcta al proceso.	Se desarrollaron varios defensores: El alcalde, el Jefe de Policía de West Palm Beach, los Capitanes Van Deusen y Maney, el Alguacil del Condado de Palm Beach (PBC), ATF, el Consejo de Planeación de Seguridad Pública del Condado de Palm Beach (LEPC), y la Comisión de Justicia Penal del Condado (CJC).
Identificar y asignar participantes para los grupos tácticos (políticas) y estratégicos (operaciones) de partes interesadas.	La política mantiene grupos permanentes de partes interesadas (de políticas y operativos), usa puntos de contacto designados por la agencia y la valía táctica y estratégica de supervisión del Coordinador de Proyectos Especiales—Armas de Fuego (asignado a la División de Delitos Violentos de la Oficina del Alguacil del Condado de Palm Beach). El puesto de Coordinador—Armas de Fuego se creó específicamente para ayudar a la oficina del Alguacil del PBC a implementar el protocolo por todo el condado.
Llevar a cabo una sesión moderada para concientizar sobre el punto de vista presuntivo, para que el grupo de trabajo las de partes interesadas genere un consorcio más amplio de defensores.	Lograda por la carta de Forensic Technology al alcalde y comunicaciones telefónicas con la Capitán Van Deusen.
Llevar a cabo un taller moderado con el fin de desarrollar el protocolo del punto de vista presuntivo para el grupo de trabajo las de partes interesadas, y transmitir las recomendaciones al grupo estratégico (políticas).	Se llevó a cabo el *Taller de las 13 Tareas Fundamentales* en West Palm Beach, que se centró en asumir el punto de vista presuntivo, y transmitió los resultados al Consejo de Planeación de Seguridad Pública del Condado de

	Palm Beach.
Planear, desarrollar e implementar un programa regional sustentable para generar oportunamente beneficios de resolución de delitos y prevención de delitos, asumiendo el punto de vista presuntivo para investigar los delitos que involucren el mal uso de armas de fuego.	Se están implementando las recomendaciones escritas de políticas.
Estar preparados para llegar y transmitir los protocolos y expectativas del nuevo programa a todas las partes interesadas afectadas.	Lo política usa una serie de comunicaciones: Alcance comunitario, capacitación para implementación del protocolo, y herramientas especiales.
Establecer un proceso continuo para monitorear el desempeño entre los dos grupos de trabajo, con el fin de asegurar que la iniciativa esté bien coordinada y se estén logrando los objetivos deseados.	La política revisa y mide el desempeño. El Centro de Criminología e Investigación de Políticas de la Universidad Estatal de Florida también incluye la iniciativa en evaluaciones regulares.

Las 13 Tareas Fundamentales	Política para Protocolos de Delincuencia Armada del Condado de Palm Beach
#2— Cómo Integrar Programas	
Integrar información de los programas delictivos pertinentes (tales como pandillas, rastreo de armas homicidas, mapeo geográfico de la delincuencia, y detectores acústicos de disparos) incluyendo datos forenses tales como balística, ADN, y huellas digitales.	Lo política se integra con el Proyecto para Prevención de Delincuencia Juvenil de la Comisión de Justicia Penal del Condado de Palm Beach, que integra soluciones innovadoras referentes a los tribunales, prevención de la delincuencia, correcciones, y seguridad pública. Además, integra otras soluciones como eTrace del ATF, forense, tales como ADN y huellas dactilares, y otros programas, como el Centro Nacional para Información Delictiva (NCIC) y vehículos robados.
Apalancar la información entrante y saliente, así como los resultados de los programas delictivos pertinentes.	La política apalanca la información saliente de NIBIN y eTrace y demás datos forenses, como ADN y huellas dactilares, con datos de armas de fuego y vehículos robados del NCIC, información de vídeo y audio policial, relatos de testigos, y el Programa Análisis de Tráfico de Armas del Proyecto LEAD[23] y el Programa de Delincuente con antecedentes y armado de la ATF.
Procesar de manera efectiva los datos salientes tanto para usos tácticos como estratégicos.	Los diversos datos salientes se apalancan con otros datos para mejorar el caso a mano. Esto es evidente en iniciativas como el "Aumento de condena para delincuentes con antecedentes del ATF" para poseedores ilegales de armas, y también estratégicamente con programas como el Programa Análisis de Tráfico de Armas del Proyecto LEAD del ATF, el cual rastrea patrones y tendencias para identificar estratagemas para el tráfico ilegal de armas.

---

[23] N. del T.: El Proyecto LEAD es un sistema automatizado de datos que rastrea armas de fuego ilegales. Suministra pistas de investigación a las fuerzas del orden público mediante el análisis de datos de rastreo de armas homicidas e información de ventas múltiples para identificar indicadores de tráfico ilegal de armas de fuego.

| Eliminar silos y estancamientos | Las recomendaciones de políticas son modelos de colaboración intra- e inter-agencias con información que entrecruza líneas tanto internas como externas. |

Las 13 Tareas Fundamentales	Política para Protocolos de Delincuencia Armada del Condado de Palm Beach

#3— Cómo Establecer un Entendimiento Formal y Reforzar Directrices

Documentación exhaustiva del programa y las directrices—desde la visión y estrategia de alto nivel hasta la ejecución táctica de base y las operaciones cotidianas.	Se están implementando las recomendaciones escritas de políticas.
La emisión de las directrices de política desde el nivel de autoridad que corresponda (agencia, administrativo, legislativo).	El Oficial en Jefe de Seguridad Pública de West Palm Beach implementó los Protocolos para Delincuencia Armada de West Palm Beach iniciales.
Memoranda Formal de Entendimiento para permitir la participación en operaciones conjuntas entre diversas organizaciones independientes de partes interesadas.	Memoranda Formales de Entendimiento firmados por el Oficial en Jefe de Seguridad Pública que implementan las Recomendaciones de Política para Protocolos de Delincuencia Armada del Condado de Palm Beach.
Un mecanismo interno de revisión con gerentes de alto nivel que sean responsables por el apego de sus subordinados con las directrices.	Un centro académico de criminología y política pública rastrea el desempeño y avance, al igual que el Consejo de Planeación de Seguridad Pública y la Comisión de Justicia Penal del Condado.

Las 13 Tareas Fundamentales	Política para Protocolos de Delincuencia Armada del Condado de Palm Beach
#4— Cómo Recolectar Armas de Fuego y Muestras Asociadas	
Colaborar con las partes interesadas afectadas para identificar un proceso sustentable y oportuno para seguir el uso del punto de vista presuntivo en la recolección de información desde dentro y fuera de un arma homicida equilibrando gente, procesos y tecnología.	El Consejo de Planeación de Seguridad Pública , la Comisión de Justicia Penal del Condado y *El Taller de Las 13 Tareas Fundamentales* que se llevó a cabo en West Palm Beach generó consenso entre las partes interesadas afectadas para el procesamiento oportuno de delincuencia y muestras de armas, incluyendo: Rastreo de Armas Homicidas, disparos de prueba e ingreso de datos a NIBIN, ADN, huellas dactilares, y procesamiento de arrestos para delincuencia armada.
Como mínimo, establecer un protocolo para: (1) hacer disparos de prueba con todas las armas que entren en custodia policial que sean de ciertos tipos y calibres específicos, que los datos indiquen tengan mayor probabilidad de usarse en delitos, (2) ingresar todas las evidencias de disparos de fuego y todas las muestras balísticas recuperadas de calibres correspondientes a través de un sistema automatizado de balística como IBIS y una red como NIBIN, y (3) rastrear todas las armas que entren en custodia policial a través de un sistema electrónico para gestión de la información como eTrace del ATF o Firecycle de IBIS.	Las recomendaciones de política exceden por mucho los estándares mínimos recomendados en este libro.
El protocolo para recolección de datos debe ser documentado exhaustivamente e integrado a los procedimientos operativos estándar dentro de las agencias y a través de un MOU formal por todas las agencias que operen dentro de la misma área afectada por la delincuencia.	Las recomendaciones de política hacen esto a un grado extraordinario de detalle y amplitud de alcance dentro del DP de West Palm Beach PD, al igual que en las agencias asociadas de todo el condado.

Las 13 Tareas Fundamentales	Política para Protocolos de Delincuencia Armada del Condado de Palm Beach
#5— Cómo Transferir Muestras	
Mapear los que entren en custodia para procesamiento e identificar cualquier obstáculo de tiempo y distancia que impida la explotación oportuna de información de armas homicidas y muestras asociadas, a la vez que se sigue el punto de vista presuntivo.	El *Taller de Las 13 Tareas Fundamentales* que se llevó a cabo en West Palm Beach cubrió esta acción y es además un esfuerzo permanente gestionado por el Coordinador de Proyectos Especiales—Armas de Fuego de la Oficina del Alguacil del Condado de Palm Beach.
Equilibrar gente, procesos y tecnología para diseñar una solución oportuna, eficiente y sustentable para gestionar los elementos faltantes para llevar las muestras desde el punto de custodia hasta las unidades aplicables forenses y de análisis.	El *Taller de Las 13 Tareas Fundamentales* que se llevó a cabo en West Palm Beach cubrió esta acción. El grupo de trabajo desarrollado propuso soluciones singulares para gestionar los elementos faltantes (consulte *Las Inquietudes de los Participantes Generadas a Partir del Taller para Diseñar una Red Más Eficiente y Efectiva para Resolver la Delincuencia con Armas de Fuego en el Condado*).
Documentar el proceso nuevo e implementarlo como política estándar.	Las recomendaciones de política hacen esto dentro del DP de West Palm Beach y en las agencias asociadas de todo el condado.

Las 13 Tareas Fundamentales	Política para Protocolos de Delincuencia Armada del Condado de Palm Beach
#6— Cómo Valorar y Evaluar las Muestras	
Crear una oportunidad temprana para que el especialista forense y el investigador colaboren e intercambien información oportuna e importante con la finalidad de afinar y ayudar a optimizar los procesos restantes.	Los investigadores y los peritos en armas de fuego manejan esto con buena disposición.
Establecer la matriz de decisión necesaria contra la cual puedan compararse los hechos y circunstancias en un caso dado, a fin de determinar los protocolos o pasos siguientes a seguirse (p. ej., análisis forense adicional,	Las recomendaciones de política son muy específicas.

alcance de la correlación, selección de las municiones para disparos de prueba, rastreo de arma homicida).	

Las 13 Tareas Fundamentales	Política para Protocolos de Delincuencia Armada del Condado de Palm Beach
#7— Cómo Hacer Disparos de Prueba	
Establecer protocolos de seguridad y anticontaminación de armas de fuego para hacer disparos de prueba.	Los Protocolos de Palm Beach para Hacer Disparos de Prueba aluden a la seguridad y la contaminación cruzada.
Establecer protocolos para elegir municiones con el fin de hacer disparos de prueba.	Los Protocolos de Palm Beach para Hacer Disparos de Prueba aluden a la elección de municiones.
Asegurar que se haya implementado un proceso oportuno y sustentable para hacer disparos de prueba de las armas (p. ej. Para ingreso a IBIS) que la policía haya decomisado, incluyendo aquellas que no tengan una conexión inmediata aparente con un homicidio u otro delito grave.	Las Recomendaciones de Política para Protocolos de Delincuencia Armada del Condado de Palm Beach hacen esto dentro del DP de West Palm Beach y en las agencias asociadas de todo el condado.

Las 13 Tareas Fundamentales	Política para Protocolos de Delincuencia Armada del Condado de Palm Beach
#8— Cómo Obtener Huellas balísticas de Componentes de Municiones Disparadas	
Capacitación: La capacitación IBIS y proficiencia adecuada es un componente fundamental. El peor caso posible para el usuario y el proveedor de tecnología es no lograr el éxito con IBIS por causa de una operación inadecuada.	Todos los operadores de IBIS en el Condado de Palm Beach asistieron a y siguieron la capacitación IBIS/NIBIN necesaria.
Aseguramiento de calidad: Debe implementarse un protocolo de aseguramiento de calidad para monitorear el ingreso tanto de huellas balísticas como de datos asociados al caso.	Esto se hace para calidad de la digitalización.
Apego Permanente con los Protocolos: Los protocolos IBIS que se enseñaron	Está bajo revisión.

durante la capacitación IBIS están diseñados para optimizar las ventajas del sistema. Por lo tanto, deben seguirse. Por ejemplo, el sistema permite la captura de tres tipos distintos de marcas de la superficie de casquillos disparados. Deben capturarse los tres a fin de optimizar el proceso de correlación.

Las 13 Tareas Fundamentales	Política para Protocolos de Delincuencia Armada del Condado de Palm Beach
#9— Cómo Revisar Resultados de Correlación	
Capacitación: Adquirir las habilidades necesarias para interpretar los resultados de correlación IBIS y utilizar las diversas herramientas para análisis de MATCHPOINT+.	Todos los operadores de IBIS en el Condado de Palm Beach asistieron a y siguieron la capacitación IBIS/NIBIN necesaria.
La evaluación exhaustiva de todos los datos generados, tales como los resultados de correlación de impresiones del cierre de recámara, impresiones del percutor, y marcas del expulsor, así como otra información del caso.	Actualmente se revisa el tema de las marcas del expulsor.
Un protocolo obligatorio para asegurar que se lleve a cabo la revisión de resultados de correlación de cada muestra reportada, y que se lleve a cabo de una manera oportuna que satisfaga las necesidades de las partes interesadas de investigación y fiscales.	Todas las revisiones de correlación se mantienen al día.

Las 13 Tareas Fundamentales	Política para Protocolos de Delincuencia Armada del Condado de Palm Beach
#10— Cómo Confirmar Aciertos	
Peritos capacitados y calificados en armas de fuego que puedan confirmar concordancias y establecer aciertos.	Los peritos en armas de fuego del Condado de Palm Beach están capacitados y calificados en su campo, y como operadores de IBIS en el Condado de Palm Beach han asistido a la capacitación IBIS/NIBIN necesaria.

La recuperación de la evidencia física de su lugar de almacenaje de forma oportuna, de acuerdo con protocolos de cadena de custodia y procesos establecidos para ingreso al laboratorio.	La política cubre este tema.
Reportar los resultados de los peritajes.	La oportunidad en el reporte es algo que los Protocolos del Condado de Palm Beach han atendido con métodos como la carta de acierto NIBIN y la coordinación por parte del Coordinador de Proyectos Especiales—Armas de Fuego.

Las 13 Tareas Fundamentales	Política para Protocolos de Delincuencia Armada del Condado de Palm Beach
#11— Cómo Transmitir Información de Aciertos	
Colaborar con las partes interesadas afectadas en el desarrollo e implementación de procesos eficientes para generar información que vincule delitos, armas y sospechosos, y transmitirlos a los investigadores de manera oportuna.	Carta de acierto NIBIN y el Coordinador de Proyectos Especiales—Armas de Fuego
Concientizar sobre el proceso, su valía y las expectativas de las partes interesadas.	Capacitación por parte del Consejo de Políticas de Seguridad Pública clave, coordinada por el Coordinador de Proyectos Especiales—Armas de Fuego y el Gerente de la Unidad de Armas de Fuego de la Oficina del Alguacil del Condado de Palm Beach y el ATF.
Requerir el seguimiento de investigación de los aciertos.	Carta de acierto NIBIN.
Reportar la acción de investigación y la valía de los aciertos.	Carta de acierto NIBIN.
Rastrear los aciertos y reportarlos a las partes interesadas.	Capacitación para todas las partes interesadas asociadas y presentaciones al Consejo de Planeación de Seguridad Pública.

Las 13 Tareas Fundamentales	Política para Protocolos de Delincuencia Armada del Condado de Palm Beach
#12— Cómo Apalancar Tácticas y Estrategias	
Llevar a cabo juntas regulares para compartir toda la información desarrollada desde dentro y fuera del arma cuando las partes interesadas operativas asociadas utilicen el punto de vista presuntivo.	Juntas Mensuales de Información de los Condados Norte y Sur, y supervisión diaria por parte del Coordinador de Proyectos Especiales—Armas de Fuego.
Apalancar la información saliente, como aciertos, datos de rastreo de armas homicidas, huellas dactilares, ADN, ubicaciones de las armas homicidas, y tipos de municiones usadas.	Se está haciendo como parte de las recomendaciones de política.
Colaborar de forma rutinaria con las partes interesadas asociadas para mejorar las tácticas y estrategias, y desarrollar nuevas que optimicen el valor de los resultados.	Se encargó esto al Consejo de Planeación de Seguridad Pública, a la Comisión de Justicia Penal del Condado y al Coordinador de Proyectos Especiales—Armas de Fuego.

Las 13 Tareas Fundamentales	Política para Protocolos de Delincuencia Armada del Condado de Palm Beach
#13— Como Mejorar los Programas	
Realizar mejoras al programa que sean cotidianas y orientadas operativamente, a través de la colaboración táctica de las partes interesadas.	Se encargó esto al Coordinador de Proyectos Especiales—Armas de Fuego.
Usar mediciones de desempeño y retroalimentación de las partes interesadas para impulsar las mejoras.	El Centro de Criminología e Investigación de Políticas de la Universidad Estatal de Florida, el Consejo de Planeación de Seguridad Pública y el Coordinador de Proyectos Especiales—Armas de Fuego están involucrados en el rastreo y medición de estas medidas.
Juntar periódicamente a las partes interesadas orientadas operativamente y a las partes interesadas orientadas estratégicamente para hacer revisiones completas del programa, con el fin de validar la valía de los resultados del	Se encargó esto al Coordinador de Proyectos Especiales—Armas de Fuego, al Consejo de Planeación de Seguridad Pública, y a la Comisión de Justicia Penal del Condado.

programa, e identificar lo que funciona y lo que no.	

Conclusión

Los protocolos Regionales para Armas Homicidas son un conjunto de acciones predeterminadas y consistentes asumidas por la policía y personal forense, diseñadas para generar la máxima información útil de armas de fuego y muestras balísticas halladas durante investigaciones delictivas llevadas a cabo dentro de aquellas áreas geográficas en las cuales es más probable que los delincuentes armados crucen múltiples jurisdicciones policiales.

Los protocolos generarán beneficios distintos para cada uno de los grupos de partes interesadas atendidas.

Por ejemplo, pueden:

- Ayudar a los laboratorios de criminalística para aumentar la productividad y efectividad.

- Ayudar a la policía y a los fiscales a resolver más delitos y para eliminar de la sociedad a más delincuentes violentos.

- Ayudar a los administradores públicos y creadores de políticas a mantener la confianza de que hay soluciones sustentables implantadas para enfrentar la delincuencia violenta.

- Ayudar a hacer a una región un lugar más seguro para la gente que vive ahí.

Como lo demuestra este estudio de caso, Los Protocolos Regionales para Armas Homicidas pueden sustentarse e institucionalizarse a fin de generar beneficios sustanciales para todas las partes interesadas a través del equilibrio de gente, procesos y tecnología en todas *Las 13 Tareas Fundamentales.*

21

Chapter

Lo Más Importante

Los veinte capítulos anteriores de este libro han cubierto muchas cosas importantes. Un consultor de planeación estratégica que suministraba servicios al ATF dijo una vez: "Si bien hay muchas cosas que son importantes y deben hacerse—hay solo **una** cosa que es la más importante".

Es imperativo identificar lo más importante y luego reconsiderar el tema en cuestión desde esa perspectiva. Esta técnica ayuda a la gente a enfocarse en la esencia del tema que se esté considerando. Una vez que ese enfoque sea claro, entonces puede apoyarse en todas las otras cosas importantes que deben hacerse.

La lista a continuación representa lo que este autor cree es lo más importante en cada capítulo. Sirve como un resumen a la mano de este libro.

- El punto de vista presuntivo hacia la investigación de delitos que involucran armas de fuego supone que hay una abundancia de datos dentro y fuera de cada arma criminal. Al explotarse por entero, estos datos pueden usarse para generar información útil de gran valor táctico y estratégico para la resolución de delitos.

- La adopción de nuevas tecnologías para combatir la delincuencia y el desarrollo de procesos son necesarios para optimizar sus beneficios (velocidad y productividad aumentadas), a fin de identificar más rápidamente a delincuentes armados antes de que tengan la oportunidad de disparar y matar otra vez.

- Equilibrar gente, procesos y tecnología no es solo un objetivo, sino una forma de superar obstáculos y salvar elementos faltantes para lograr la meta que, en este caso, es brindar beneficios sustentables y sustanciales al público para la resolución de delitos.

- *Las 13 Tareas Fundamentales* desarrolladas por profesionales de seguridad pública y forenses, con el asesoramiento de reconocidos investigadores académicos para integrar y apalancar tácticas y estrategias, brindan al público beneficios sustanciales y sustentables para la resolución de delitos con armas de fuego de una manera eficiente y efectiva.

- Debe desarrollarse un defensor de defensores que tenga el poder para impulsar el cambio en los niveles requeridos para agrupar a las diversas partes interesadas que se necesiten para asumir el punto de vista presuntivo, así como suministrar y defender el apoyo de recursos para la gente, procesos y tecnología que serán necesarios.

- La integración de programas es un pre-requisito para asumir el punto de vista presuntivo debido a: los distintos grupos involucrados, los programas que ya estén implementados, la cantidad y naturaleza de los datos a recolectarse que estén asociados a la delincuencia con armas de fuego, y los diversos métodos que se usen para procesar los datos.

- La creación de directrices operativas estándar por parte de las fuerzas de seguridad pública de alto nivel promueve el concepto de asumir el punto de vista presuntivo por el cual se pide cuentas a las partes que deben ser responsables.

- La recolección exhaustiva de los muchos tipos de datos debe ser parte del punto de vista presuntivo, que incluye datos balísticos, datos de rastreo de armas homicidas, ADN, huellas dactilares, y muestras de rastreo.

- La trasferencia de muestras y bienes asegurados al laboratorio debe hacerse de forma tal que evite demoras, dando así como resultado una solución sustentable para asumir el punto de vista presuntivo que satisfaga las necesidades de oportunidad de todas las partes interesadas, aún si requiere de cambios a la conducta y procedimientos organizacionales.

- Se requiere fomentar pláticas de colaboración al inicio del proceso de laboratorio para permitir al especialista forense dar información preliminar de manera oportuna al investigador.

- Debe implementarse un proceso para asegurar la recolección segura de pruebas, para comparación de disparos de prueba y para elegir materiales de municiones que puedan optimizar el proceso automatizado de comparación.

- Los datos con buena calidad de imagen recolectados de especímenes de balas y casquillos disparados, tanto en dos como en tres dimensiones, ayudan a garantizar que se generen los mejores datos posibles a partir del proceso automatizado de digitalización balística.

- El proceso para revisión de resultados de correlación IBIS es un entregable crucial en el proceso general. Debe darse atención oportuna y cuidadosa a esta tarea y sus diversos elementos porque, si una concordancia se pasa por alto, pudiera no presentarse una segunda oportunidad.

- Debe haber personal capacitado y calificado disponible para confirmar concordancias prospectivas (aciertos) y dar a los detectives pistas oportunas de investigación.

- Deben establecerse protocolos para asegurar que la información de aciertos se transmita a los investigadores de manera oportuna, que se dé el seguimiento debido a los aciertos, y que no se mal gasten las oportunidades para la resolución de delitos.

- El apalancamiento de los diversos datos salientes (p. ej., aciertos balísticos, datos de rastreo de armas homicidas, huellas dactilares, ADN, datos de evidencia) deben usarse para mejorar las tácticas y estrategias actuales, para desarrollar nuevas, y para optimizar la valía de resolución y prevención de delitos para el público.

- Las revisiones regulares de mejoras de los programas ayudan a sustentar el programa a través de alertar a las partes interesadas sobre los problemas de forma sistemática—son de esperarse algunos problemas y bajos índices de éxito al principio. No son razones para detenerse, sino que representan un desafío para mejorar.

- Un protocolo regional sustentable para procesamiento de armas homicidas y muestras debe operar en toda la región afectada por la delincuencia, y todas las agencias de seguridad pública de la región deben estar de acuerdo con él y ejecutarlo.

- La determinación y esfuerzo necesarios para mantener un punto de vista presuntivo enfocado regionalmente a la investigación de delitos que involucren el mal uso de armas de fuego mediante el equilibrio de gente, procesos y tecnología, para una efectividad sustentada.

Así que, si bien cada capítulo incluye una "cosa más importante", ¿cuál es la sola cosa más importante en términos de este libro?

¿Es lo más importante la gente, procesos o tecnología? ¿Lo son *Las 13 Tareas Fundamentales*, o quizás los Protocolos Regionales para Armas Homicidas? ¿Lo es la balística, ADN o huellas dactilares? ¿Podrían ser las fuerzas de seguridad pública o la prevención de la delincuencia? ¿Penas más severas o intervención social? ¿Más armas? ¿Menos armas?

¿Exactamente qué es lo más importante?

Puede hallarse una pista en el prologo al inicio de este libro. En esa sección, un conspirador de asesinato tratando de calmar a su compinche agitado dice: **"no tienen nada—todo lo que tienen es algo de casquillos sobre el piso."**

Etiquetar los "casquillos sobre el piso" como "nada" que sea de ayuda, es mucho decir. Tiende a indicar que hace 30 años los delincuentes no tenían miedo de las muestras balísticas, o de cualquier evidencia forense de hecho, excepto quizás de las huellas dactilares. En ese momento, el ADN aún estaba en el laboratorio de investigación.

Hoy, la situación es muy distinta. Los avances en la ciencia y la tecnología hay ayudado a la administración de justicia condenando al culpable y liberando a los erróneamente acusados.

Hoy, las palabras "forense" e "investigación de escena del crimen" son términos de uso común que llevan a los abogados y a los jurados a exigir:

"¿dónde está la evidencia forense?" Si bien estas elevadas expectativas de la ciencia forense en cada caso pueden frustrar a la policía y a los fiscales, han servido para aumentar la concientización y sacar lo mejor de las fuerzas del orden público.

Entonces, se podría concluir que lo más importante es la ciencia forense después de todo. No lo es.

El autor propone que lo más importante es la **innovación**—la voluntad para avanzar, mejorar, cambiar y modernizar.

El joven agente del ATF presentado al inicio de este libro buscó la innovación y aprendió una lección—una lección que después sería el motivador para ayudar a crear NIBIN, defender el punto de vista presuntivo, y escribir este libro.

La innovación, en todos los sentidos, combinada con la voluntad para hacer que suceda ciertamente es **lo más importante**.

La innovación hecha realidad por los emprendedores que fundaron Forensic Technology e introdujeron al mundo a IBIS, que ahora está ayudando a la policía en más de 50 países a resolver más delincuencia armada.

La innovación explorada por científicos y peritos forenses en los laboratorios de criminalística.

La innovación trabajada a conciencia y conformada por los hombres y mujeres de los departamentos policiales y oficinas fiscales que se dedican a encontrar formas de ser continuamente más astutos que los delincuentes y lograr sacarlos de las calles.

La innovación apoyada por los creadores de políticas y legisladores, quienes se espera enfrenten los graves problemas sociales como la delincuencia y la violencia, e implantar nuevas soluciones.

Por último y más importante, la innovación concebida por todos nosotros, viviendo y trabajando en nuestras comunidades, preocupados por la seguridad de nuestras familias, amigos y vecinos, quienes vemos la necesidad de cambiar para hacer lo que nos corresponde y clamar por la libertad y justicia para todos.

La innovación es lo más importante. Sin ella, no podríamos asumir el punto de vista presuntivo para develar la historia que cada arma homicida tiene qué contar. La innovación es la clave para hacer del mundo un lugar más seguro en el cual vivir.

www.ingramcontent.com/pod-product-compliance
Lightning Source LLC
Chambersburg PA
CBHW022102280326
41933CB00007B/233